ドイツ語
命令・要求表現

鈴木 康志 著

東京 大学書林 発行

目　　次

はじめに

　言語には必ず語り手が存在し、その言語表現には客観的な発言内容に加えて、発言内容に対する語り手の主観的な立場が示される。例えばドイツ語の定動詞の形 „Er kommt." は「彼は来る」という事柄とともに、その事柄の現実度に対する語り手の立場を示していて、これが「(話)法(Modus)」と呼ばれるものである。

　ドイツ語には直説法(Indikativ)、接続法(Konjunktiv)、命令法(Imperativ)という3つの話法がある。例えば上記のように „Er kommt." という直説法は、語り手が「彼が来ること」を現実の出来事として捉えていることを示す。ただし「～として」であり、必ずしも事実とは限らない。Bosmanszky (1976:65f.)で触れられているように、直説法で嘘や想像も表すことができるからである。それに対して „Er komme./Er käme." という接続法は、「彼が来ること」が必ずしも現実の出来事ではなく、だれかから聞いたにすぎなかったり、あるいは頭の中で思ったにすぎないことを示す。そして2人称の場合に限定してさらに命令法 „(du) Komm(e)!, (ihr) Kommt!" がある。これは話し手が、聞き手に要求した事柄「来ること」が実行されること、現実になることを要求していることを一般には示している。本書はドイツ語の命令・要求表現を扱うため、この命令法(形)あるいは命令文の形態、意味、機能に関する記述がまず中心になる。(1)

　しかし命令・要求、あるいは願望表現は、命令法(文)だけでなく、直説法や接続法でも、さらに話法の助動詞や不定詞などによっても表される。例えば以下の文をみてみよう。

(1) Du **bleibst** hier!
　　君はここにいるんだ！
(2) Beklagter **bleibe** hier!
　　被告人はここにいるように！　（裁判などで）

(3) Du **sollst** hier **bleiben**!

　　君はここにいるようにって！

(4) Hier **bleiben** (**geblieben**)!

　　ここにいろ！

(5) **Bleib** hier!

　　ここにいなさい！

　上記のようにコンテキスト次第で、例文(1)のように直説法現在 (bleibst) でも、例文(2)のように接続法 (bleibe) でも、あるいは例文(3)、(4)のように話法の助動詞 (sollst) や不定詞 (bleiben)、過去分詞 (geblieben) を使っても、例文(5)の命令文のように命令・要求、あるいは願望を表すことができる。逆に動詞の形態は命令形でも、命令・要求を表しているとは言えなかったり、間投詞化して命令・要求の意味が希薄になったり、命令というより条件を表すものもある。例えば Altmann (1987:23), (1993:1008) などを参考に、以下の文をみてみよう。

(6) **Sei** kein Frosch! (Ratschlag)

　　気どらず、一緒にやろうよ！　（助言・忠告）

(7) **Fahr** zur Hölle! (Verwünschung)

　　とっとと失せろ！　（呪い・悪態）

(8) **Bleib** gesund!/**Schlaf** gut! (guter Wunsch)

　　お元気で！／お休み！　（相手のことを願う気持ち）

(9) **Halt**'s Maul! (beleidigende Zurechtweisung)

　　黙れ！　（侮辱的な叱責）

(10) Ach **leck** mich doch am Arsch! (Beleidigung)

　　くそくらえ！　（侮蔑）

(11) **Bring** doch bitte ein paar Zigaretten **mit**! (Bitte)

　　数本巻タバコを持って来てくれ！　（依頼）

(12) A. Darf ich gehen? B. **Geh** nur! (Erlaubnis)

　　A.行っていいですか。　B.どうぞ、構いません。　（許可）

(13) **Lass** mich in Ruh! (Zurückweisung)

　　ほっといてくれ！　（拒否）

（14）**Schau**, Peter, sei vernünftig!

　　ねえ、ペーター、バカなことはやめて！　（間投詞化）

（15）**Komm**, gehen wir!

　　さあ、行こうか！　（間投詞化）

（16）**Mach** eine Bewegung, und ich drücke los.[2]

　　もし動けば、撃つぞ。　（条件）

　上記の文の動詞はすべて命令形であるが、(6)〜(13)は命令・要求というより、助言、悪態、願望、侮蔑、依頼などで命令とは意味的に多少異なるし[3]、(14)〜(16)は命令・要求の意味は薄れ、間投詞化したり、条件を表している。つまり命令文の用法は多様である。

　そこで本書前半ではまず、命令形の形態をもつ「ドイツ語の命令文」について様々な視点から考察してみることにする。Ⅰ章では、1. 現代ドイツ語の命令形の形態、2. 命令形の形態の歴史的な考察、3. 敬称の命令文の歴史的な変遷、4. 命令文の統語論的な特徴（主語省略、定動詞の文頭化、主文制限、時制と態など）を考察する。Ⅱ章では、ドイツ語動詞の命令文の作成可能性（Imperativierbarkeit）を、Ⅲ章では、要求を表さない命令文（1. 交話的用法、2. 条件的命令文、3. 語りの命令形や慣用語法など）について考察し、Ⅳ章では、ドイツ語命令文に現れる心態詞や関心の与格について述べる。

　後半は命令文以外に命令・要求、あるいは願望を表すものとして、Ⅴ章では、接続法による要請・願望文（勧誘表現を含む）について述べる。命令法による命令文は、聞き手（2人称）に対して明確に要求の実現を求めるものである。それに対して接続法Ⅰ式の要請・願望文（Heischesatz）は、ある事柄の実現を望ましいこととして話者が頭に描いている、あるいは神などに願っているだけで、語ったとしても、必ずしもその場にいるだれかに直接命令しているわけではない。「命令」と「願望」、あるいは「命令法」と「接続法」には基本的に差異があるという立場から、命令法やその代用形による「命令・要求表現」に対して、接続法によるものを「要請・願望文」という用語を使用する。本書は、要請・願望表現より、命令文やその代用形による命令・要求表現に重点を置いている。ただし、歴史的な経緯や語用論的な使用から、sein 動詞 „Sei ruhig!" 「静かにしなさい！」や敬称の2人称 „Kommen Sie zu mir!" 「私のところに来てください！」のように、接続法であっても命令文と

同じ機能をすることもある。この点に関しては、その経緯についても触れる予定である。Ⅵ章では、命令形の代用形（Ersatzform）Ⅰとして、話法の助動詞や使役動詞 lassen による命令・要求表現、Ⅶ章では代用形Ⅱとして、直説法現在、未来形、疑問要求文、非人称受動文、独立した dass 構文、不定詞、過去分詞、方向規定と mit ＋代名詞、対格名詞と方向規定、副詞、前置詞、名詞、形容詞、省略などによる命令・要求表現を検討する。Ⅷ章では、同じ西ゲルマン語である英語やオランダ語の屈折形態の歴史的な比較、さらに Satzname（名詞化された命令文）や広告における命令文などドイツ語の命令文がなす言語的な可能性について述べてみたい。

　また各章の最後にコラム欄を設け、その章の内容にも関連し、命令文研究で印象に残ったテキストや事柄について触れてみた。

注（はじめに）

(1) Imperativ（ラテン語の imperāre「命令する」による）の訳は、直説法や接続法との対比が問題の場合は「命令法」とし、動詞の形態が問題となっている場合は「命令形」とする。また命令法の文には「命令文（Imperativsatz）」という名称を用いる。また文の種類（Satzart）として、平叙文（Deklarativsatz［Aussagesatz］）や疑問文（Interrogativsatz［Fragesatz］）と対比する場合も「命令文」を使用する。また、命令法の命令文に対して、直説法や話法の助動詞による命令文の代用形については、便宜上区別し、「要求文」ないし「要求表現」を用いる。命令文とその代用形などによる要求表現全般を「命令・要求表現（Aufforderungsausdrücke）」と呼ぶ。

(2) Bertolt Brecht: *Die Tage der Kommune*. In: *Bertolt Brecht Stücke 8*. Frankfurt am Main (Suhrkamp) 1992, S.260. 以下作品からの引用は、(B. Brecht: *Kommune*, S.260) のように、著者、タイトルないしタイトルの一部とページ数のみを示す。

(3) 命令文では Befehl（命令）、Forderung（要求）、Anordnung（指示）、Verbot（禁止）、Bitte（依頼）、Verwünschung（悪態）といった話し手の利害だけでなく、Ratschlag（助言・忠告）、Warnung（警告）、Empfehlung（勧め）、Ermunterung（励まし）、Erlaubnis（許可）、guter Wunsch（相手のことを願う気持ち）など、聞き手の利害にかかわるものも、Angebot（申し出）、Drohung（脅し）など両者の利害にかかわるもの、さ

らに個々の聞き手ではなく一般的な妥当性を示す Maxime（格言）など
も表現される。Hindelang (1978:73ff.), Bartschat (1982:74ff.), Donhauser
(1986:151ff.), Gysi (1997:73f.) など参照。

┌─ **便宜上の使い分け** ─────────────────────────

命令文　→　命令法の文、ただし接続法の sein 動詞や敬称の2人称
　　　　　　の命令表現も含む（Ⅰ～Ⅳ章）

要求文　→　代用形（直説法、話法の助動詞など）で命令・要求を表
　　　　　　す文（Ⅵ、Ⅶ章）

要求表現　→　代用形（不定詞、過去分詞など）で命令・要求を表すも
　　　　　　の（Ⅶ章）

要請文　→　接続法Ⅰ式＋Er/Sie（単数）形式による2人称に対する
　　　　　　敬称的命令文（これは17世紀から19世紀までだけにみ
　　　　　　られる特殊形態である。Ⅰ章3節）

勧誘表現　→　話し手を含んだ、聞き手に対する勧誘や提案を表すも
　　　　　　の（Ⅴ章）

要請・願望文　→　接続法Ⅰ式による要請・願望を表す文（Ⅴ章）
　　　　（命令文や多くの代用形と異なり、聞き手（2人称）への直接の要求
　　　　ではない。）

　例文の文頭のアステリスク（*）は非文（成立しない文）であることを
示す。文頭の（?）は、文の成立に多少疑義があること、（??）は非文とは
言えなくとも文の成立に問題があることを示している。
　また小説の会話文の引用符は「» «」で、戯曲などの会話文導入の記
号は「.」で揃えた。

└─────────────────────────────────────

Ⅰ章　ドイツ語の命令文について

1.1. 現代ドイツ語の命令形の形態について

1.1.1. 一般の動詞の命令形の形態

　2人称 (du, ihr, Sie) に限り命令形があり、以下の形態をとる。そして口頭では、文末下降イントネーションで、書く場合は原則として感嘆符 (!) を文末に付け、命令文であることを明示する。

	komm-en （来る）	fahr-en （行く）	helf-en （助ける）	seh-en （見る）
du : -(e)!	Komm(e)!	Fahr(e)!	Hilf!	Sieh!
ihr : -t!	Kommt!	Fahrt!	Helft!	Seht!
Sie : -en Sie!	Kommen Sie!	Fahren Sie!	Helfen Sie!	Sehen Sie!

　du に対して：語幹だけで命令ないし要求を表す (Komm!「来い！」)、あるいは語幹に -e を添える (Komme!)。これは2人称単数で -st, -est という語尾をもつ直説法 (kommst) や接続法 (kommest) と異なる命令形固有の形態である。[1] また現在形で幹母音が変化する動詞のうち、a → ä 型 (fahren) は a のまま (Fahr!) だが、e → i 型と e → ie 型の動詞 (helfen, sehen) は命令形でも語幹を i または ie に変える (Hilf!, Sieh!)。語幹だけで命令文をつくるのか、語幹に -e を付けるかどうかは以下の通り。

1. -e を付けない動詞 (e-lose Form)
1）(i)e 型の動詞（nehmen → nimm!, treten → tritt! は子音綴りに注意！）
　　brechen → brich!, essen → iss!, geben → gib!, gelten → gilt!,
　　messen → miss!, nehmen → nimm!, sprechen → sprich!, sterben → stirb!,

treffen → triff!, treten → tritt!, werfen → wirf!, vergessen → vergiss!,
befehlen → befiehl!, empfehlen → empfiehl!, lesen → lies! usw.

例外　sehen → sieh!, siehe![2], sein → sei!, werden → werde!(1.1.2. 参照)

2）lassen → lass!

2．-e を付ける動詞 (e-haltige Form)

語幹が -dm, -tm, -gn, -chn 等で終わる複子音のもの［子音（鼻音と流音以外）＋ 鼻音］。これらの動詞はどんな場合にも -e が付き、-e はむしろ語幹の一部とも考えられる。

widmen → widme!, atmen → atme!, leugnen → leugne!,
rechnen → rechne!, öffnen → öffne!

3．-e を付ける動詞が一般的、ただし -e なしもありうる

1）-eln, -ern, -igen で終わる動詞、-eln, -ern の場合、語幹 el, er の e を落とすことがある。[3]

sammeln → samm(e)le!, handeln → hand(e)le!, wandern → wand(e)re!,
feiern → fei(e)re!, entschuldigen → entschuldige!

2）語幹が母音ないし二重母音で終わる動詞

befreien → befreie!, klauen → klaue!

3）語幹が -d, -t で終わる動詞 [4]

reden ⌐ rede!, schneiden ⌐ schneide!, arbeiten ⌐ arbeite!, warten ⌐ warte!
　　　└ red!　　　　　　└ schneid!　　　　　　└ arbeit!　　　　　└ wart!

4．どちらも可能な動詞

（多くの動詞がこのタイプ、現在では、特に口語の場合 -e なしの場合が多い）

kommen ⌐ komme!, gehen ⌐ gehe!, tragen ⌐ trage!, lernen ⌐ lerne!
　　　└ komm!　　　　└ geh!　　　　└ trag!　　　　└ lern!

　ihr に対して：2人称複数の現在形と同じく、語幹＋ t で表す。ただし du の場合と同様に語幹が -d, -t で終わるもの、あるいは語幹が -dm, -tm, -gn, -chn 等で終わる複子音のものは口調上の e を入れて -et になる。[5]

reden → redet!, warten → wartet!, widmen → widmet!, atmen → atmet!,
rechnen → rechnet!, öffnen → öffnet!

Sie に対して：接続法Ⅰ式を用いる。しかし直説法と形態が同じため (-en)、
直説法と区別するため定動詞が倒置されている。また bitte「どうか」を添え
ると丁寧な命令文になる。bitte は文頭、文中、文末すべてに入りうるが、
書く場合文末ではコンマで区切る。敬称の２人称 Sie の由来に関しては１章
３節参照。

kommen → Bitte(,) kommen Sie! または Kommen Sie, bitte!
「どうか来てください。」（アクセントは動詞 kommen にある）
herein|kommen（入ってくる）など分離動詞は命令文で前つづりが分離す
る。
Komm/Kommt/Kommen Sie herein!　（お入りなさい！）

1.1.2. sein 動詞など特殊な動詞の命令形の形態
―なぜ sein 動詞の命令形の形態は接続法なのか？―

	sein （英語の be）	werden （～になる）	haben （もつ）	wissen （知っている）
du に対して	**Sei!**	Werde!	Habe!	Wisse!
ihr に対して	**Seid!**	Werde**t**!	Habt!	Wisst!
Sie に対して	**Seien Sie!**	Werde**n** Sie!	Habe**n** Sie!	Wisse**n** Sie!

sein 動詞の場合は例外的な形態（接続法Ⅰ式）を用いて表す。その経緯は
以下の通りである。現代ドイツ語 sein は、古高ドイツ語（750 ～ 1050 年）で
は sîn, wesan の２つがあった。[6] wesan には命令形２人称単数 wis と複数形
weset があったが（例文 (1)、(2)）、sîn には命令法の形態はなかった。しかし
すでに９世紀には、sîn の接続法２人称単数 sîs(t) と複数形 sît が、要求話法
ではなく wis, weset とならんで２人称の命令に用いられることがあった（例
文 (3)、(4)）。その後接続法の複数形 sît は、weset とともに中高ドイツ語
（1050 ～ 1350 年）以後において命令形として理解されるようになり（例文 (5)、

(6)、(7))、古い2人称複数の命令形の形態 weset をしだいに排除した。中高
ドイツ語では2人称単数の命令形 wis, bis はまだ用いられたが（例文(8)、
(9))、その後、複数形 sît に対して、古い2人称単数の wis, bis の代わりに
単数形の sei が用いられるようになる (Paul (1958:156f.), Dal (1966:139),
Braune/Eggers (1987:302f.) 参照)。つまり、古高ドイツ語、中高ドイツ語に
おいて命令形を保持していた wesan は現代ドイツ語では消滅し、接続法で
あった sît が、本来命令形であったものを排除し、命令形として理解される
ようになったのである。初期新高ドイツ語 (1350 〜 1650 年) では、sein の命
令形はおもに bis, sei (sey), seid で、現代のドイツ語の命令形に近づくが、
Besch (1967:309f.) によれば、bis がすでに 13 世紀から用いられていたのに対
して sei はやや遅れて現れ (1447 年に使用例)、急速に浸透した。この変化は
ルターでも明らかで、Besch によればルターは、1530 年までまだ bis を使っ
ているが、その後は sei を用いているとのことである。初期新高ドイツ語に
関しては、例文 (10)、(11)、(12) 参照。ただし、bis は 17 世紀まで使用され
ている。例えば、17 世紀後半のグリンメルスハウゼンの『阿呆物語』では
bis と sei がともに使われている。(例文 (13)、(14))

古高ドイツ語 (wls, weset がまだ支配的 thu (du), ir (ihr))

(1) In Aegýpto **wis (sei)** thu sár, ...

        (Otfrids *Evangelienbuch* ［以下 Otfrid］: I, 19, 5, S.41)[7]

    まずエジプトにいなさい。

(2) **weset (seid)** ir thuruhthigané.   (Tatian: 32.10), (Held (1903:10) より)

    汝ら、完璧であれ。

(3) Thú **sis (sei)** jungoro sín.   (Otfrid: III, 20, 131, S.142), (高橋(1994:173)より)

    汝は彼の弟子であれ。

(4) **sít (seid)** givago iuwara líbnara.

        (Tatian: 13, 18), (Braune/Eggers (1987:303), 高橋 (1994:173) より)

    汝らの報酬で満足しろ。

中高ドイツ語 (wëset から sît へ)

(5) **sît (seid)** willekomen, her Sîvrit.   (*Das Nibelungenlied* 290, S.88)[8]

    よくぞお出でくださいました（歓迎されてあれ）、ジーフリト様。(前 85)

(6) Her kunec, nu **sît (seid)** hie heime.　　　　(*Das Nibelungenlied* 172, S.54)

国王は城中に留まられるように。(前 54)

(7) **weset (seid)** iemer saelec unde gesunt!

(Gottfried von Straßburg: *Tristan* 1425, S.92)

末永く幸福で、健やかであられますように。

(8) gehabe dich wol, **wis (sei)** unverzagt:

(Hartmann von Aue: *Iwein* 6566, S.380)

安心しろ、恐れることはない。

(9) **bis (sei)** willekomen, neve Fruote.　　　　(*Kudrun* 220, S.74)

ようこそ(歓迎されてあれ)、フルーテ殿。

初期新高ドイツ語 (bis, sei (sey), seid)

(10) so **bis** sunder zweifel, das …　　((Hartlieb 21), Ebert u.a. (1993:422)より)

…をためらうな。

(11) Jch wils thun. **Sey** gereiniget.

(Das Neue Testament von Martin Luther [以下 Luther]: *Lucas* 5.13, S.166)

そうしてあげよう、清くあれ！

(12) **Seid** frölich vnd getrost.　　　　(Luther: *Mattheus* 5.12, S.20)

喜び、安らかであれ。

(13) Bub, **biß (sei)** fleißig, loß di Schoff nit ze weit vunananger laffen.

(Grimmelshausen: *Simplicissimus*, I.2, S.21 [1669 年])

われ、しっかりするだぞ、羊を散らすでねえぞ。(望月市恵訳(上) 38)

(14) Mein Sohn, **schweig**, ich tue dir nichts, **sei** zufrieden.

(*Simplicissimus*, I.7, S.32)

坊よ、喚くでない。わしはなんにもせんから。恐がるでない。

(望月市恵訳(上) 52)

また werden (〜になる) は du wirst, er wird となる動詞であるが、命令形の単数でも幹母音を変えない。(du) werde!「成れ」、(ihr) werdet!、werden Sie! で、ゲーテの Stirb und werde!「死して成れ！」は有名である。[9] wissen (知っている) は過去現在動詞 (Ⅱ章注 (2) 参照) の中で唯一歴史的な命令形の形態をもつものである (wizze, wizzet (中高ドイツ語) wisse, wisst)。[10]

haben に関しては、完了の助動詞としては、基本的に命令形はない。本動詞としての haben の命令形の使用制限に関しては Ⅱ章で述べる。

1.1.3. 特殊な動詞を中心とした現代ドイツ語の命令文

　sein 動詞など特殊な動詞を中心に、18 世紀後半から 20 世紀までの現代（新高）ドイツ語における命令文の実例を文学作品の中からみてみよう。

[18 ～ 19 世紀]

(15) **Seid** unbekümmert, meine Getreue! **Flieht**, wohin Ihr wollt, …

　　 [ihr に対する命令文]

　　 妻よ、気にすることはない！　どこへでも逃げるんだ。

　　 (Chr. F. Gellert: *Leben der schwedischen Gräfin von G***, S.25 [1750 年])

(16) … **wisse**, mein Kind, dass ein Gift, welches nicht gleich wirket, darum kein minder gefährliches Gift ist. [du に対する命令文]

　　　　　　　　　　　　　　　 (Lessing: *Emilia Galotti*, S.30 [1772 年])

　　 エミーリア、毒はすぐ効かなくても、危険でない訳がないことを覚えておきなさい。

(17) Zurück! **Bleibt** fern! **Habt** Achtung vor dem Toten. [ihr]

　　 戻れ、近寄るな、死人を敬え。

　　　　　　　　　　　　 (Schiller: *Die Jungfrau von Orleans*, S.87 [1801 年])

(18) Dein Bruder ist der schlechteste Sohn, **werde** du die beste Tochter! [du]

　　　　　　　　　　　　　　　 (F. Hebbel: *Maria Magdalena*, S.63 [1844 年])

　　 おまえの兄は最悪の息子だ、おまえは最良の娘になってくれ！

　まず 18 ～ 19 世紀の例文をみてみよう。例文 (15) は、死刑判決を受けた夫の、妻への助言、例文 (16) は母の娘エミーリアへの忠告、例文 (17) は高貴な死人に近づこうとする者たちに発せられた言葉、例文 (18) は父の娘への願いである。例文 (15)、(17) は複数 2 人称に対する命令文であるが、例文 (17) が実際の複数の人々に対する命令文であるのに対して、例文 (15) は妻に対する敬称の 2 人称複数形である。このような敬称の 2 人称複数は中世のドイツ語から 19 世紀まで続いた。[詳しくはⅠ章 3 節参照] 次に 20 世紀の作品をみてみよう。

[20 世紀]

(19) Ja, dann **geh** mit Gott, Jean. … Aber **sei** vorsichtig, ich bitte dich, **nimm** dich in acht! Und **habe** ein Auge auf meinen Vater! [du]

(Th. Mann: *Buddenbrooks*, S.179［1901 年］)

わかったわ、では行ってらっしゃい、神様がついていてくださるように、ジャン、でも気を付けて、お願い、用心してください、私の父のことも気を付けていてください。

(20) **Tue** es doch! **Handele** doch danach! Aber **rede** nicht darüber! **Schwatze** nicht darüber! [du] (*Buddenbrooks*, S.319)

やればいいだろう！　その通りにすればいい！　だがそれを口にするな！　べらべらしゃべるのはよしてくれ。

(21) Und nun **redet** mal, nun **antwortet** mir mal! [ihr]

(*Buddenbrooks*, S.151)

ああ、おまえたち言ってみろ、さあ私に答えてみろ。

(22) Und zu Christian: »**Werde** was Ordentliches!« [du]

(*Buddenbrooks*, S.71)

そしてクリスチャンへ「まともな人になるようにな！」

　トーマス・マンの『ブデンブローク家の人々』からであるが、例文(19)は革命が起こり、民衆が騒然としているなか、議会へ出かける夫に向けた妻の言葉、例文(20)はトーマスとクリスチャンの兄弟喧嘩の一場面、例文(21)は水先案内人シュヴァルツコップの妻と息子への発言、例文(22)は病床を離れられなくなった老ブデンブロークが孫のクリスチャンに言い残した言葉である。18 世紀からの新高ドイツ語では、命令形の動詞の形態は 1.1.1. と 1.1.2. の表の通りで、一部 2 人称の敬称表現を除けば、一般の動詞はもとより、特殊な動詞においても、命令形の形態は 18 世紀から現代まで大きな相違はないことがわかる。

注（Ⅰ章 1 節）

(1)　2 人称単数の命令形になぜ語尾 -(e)st がないのか、1 つには命令文はいつも聞き手と関連していて（hörerbezogen）、聞き手を表す 2 人称語尾を必要としないためと考えられる (Redder (1992:137))。事実ドイツ語や英

語はもとより、多くの印欧語の２人称単数の命令形は語幹からだけの、語尾のない単純な形をしている。一般に命令文に主語代名詞がないのもこの点と関係があると言えよう。（この点はⅠ章４節参照）

(2) sehen には siehe! がある。本の参照指示として „Siehe Seite 18!“「18 ページ参照」など慣用的な用法以外に、間投詞的な用法としても用いられる。„Und **siehe** da: ...“「そして、どうだろう」(*Buddenbrooks*, S.73)、この用法は Buddenbrooks に頻繁に用いられている。また、ゲーテやニーチェなどの作品には「見ろ」という意味で Siehe! が用いられている。„**Siehe** Neapel und stirb!“「ナポリを見て死ね」ゲーテ『イタリア紀行』1787 年 3 月 2 日。„**Siehe** diesen Torweg!“「この門道を見よ」(Nietzsche: *Zarathustra*, S.147)。なお、中世低地ドイツ語、さらにゲーテからハイネの時代には、(i)e 型の動詞の du に対する命令形を規則的に用いることがあった（例えば helf(e)!, tret(e)!）。今日では口語以外では用いられることは少ないが、書き言葉でも使用される例外として fechte!（戦え）、flechte!（編め）、melke!（乳をしぼれ）がある Duden (1984:174), Bergmann (1990:253) 参照。また、変母音から i, ie に変わるものがある。löschen（消す）→ lisch!、gebären（産む）→ gebier!、ただし lösche も可、gebier は古形で、現在では gebär(e)! が一般的である。

(3) Duden (2006:445) では、日常言語では sammel! が可能であると記している。例えば „Lauf und **handel** nicht herum, es geht ums Leben.“「行って、でも駆け引きはしないで、命に係わることだから」(Brecht: *Mutter Courage,* S.50) がある。また Donhauser (1986:62) は、これらの動詞も南ドイツの口語では -e なしが可能としている。例えば kündig! (kündigen), zwinker! (zwinkern), bummel! (bummeln) などである。

(4) -e を付けるのが一般的であるが、Donhauser (1986:62) は文学作品から -e なしの例を示している。例えば „Und **red** keinen Unfug!“「バカなこと言わないの」(Frisch: *Andorra*, S.46)。 母語話者に聞いても一般的ではないがＯＫとのことである。マックス・フリッシュの『アンドラ』における命令文を調べると、„Dann **schneid** uns das Brot.“「じゃあパンを切って」(S.44) のように e なしが多いが、reden でも „So **rede** doch.“「話してごらん」(S.63) のように e 付きの例もあり、併用されている。またブレヒトの演劇には e なしがしばしばみられる。„**Red** doch, du dummer

Hund, …"「話せ、このバカたれ」、„**Red** nicht so laut!"「そんなに大声で話すな」(Brecht: *Mutter Courage*, S.45, 92)。

(5) 形態は直説法からの借用と考えられる。詳しくは Donhauser (1986:247) 参照。また古高・中高ドイツ語をみると明らかなように、複数の語尾は本来 -et であったものがしだいに e を省いて -t になった(次節参照)。したがって現代でも古めかしいものには -et が見られる。„**Freuet** euch!"「喜びたまえ」(Th. Mann: *Buddenbrooks*, S.549)。

(6) 古高ドイツ語、中高ドイツ語の sīn/wesan, wësen (sein) の直説法現在形、接続法 I 式の人称変化と命令形は以下の通りである。Braune/Eggers (1987:302f.), Paul/Wiehl/Grosse (1998:271), 高橋 (1994:82), 古賀 (1979:20f.), 浜崎 (1986:123) など参照。初期新高ドイツ語に関しては Besch (1967: 309ff.) 参照。矢印は筆者による。

		古高ドイツ語		中高ドイツ語		現代ドイツ語
		sīn	wesan	sīn	wësen	sein
直説法・現・単	1.	bim, bin	wiso	bin	wise	bin
	2.	bis(t)	wisis	bist		bist
	3.	ist	wisit	ist, is		ist
複	1.	birum, umēs		birn, sîn, sint		sind
	2.	birut		birt, sît, sint		seid
	3.	sint	wesent	sint, sīn		sind
接続法・I・単	1.	sī		sî	wëse	sei
	2.	sīs(t)	wesēs	**sîs(t)**	wësest	seist
	3.	sī	wese	sî	wëse	sei
複	1.	sīn	wesēn	sîn	wësen	seien
	2.	**sīt**	wesēt	**sît**	wëset	seid
	3.	sīn	wesēn	sîn	wësen	seien
命令形	単 2.	ø (sis)	**wis**	ø	wis/bis (消滅)	sei (1447-)
	複 2.	ø (sît)	**weset**	**sît**	wëset (消滅)	**seid**

(7) オトフリート・フォン・ヴァイセンブルクの『福音書』(9世紀)は、本文5巻と3つの献呈詩からなる。テキストは Oskar Erdmann 編の „Otfrids Evangelienbuch" (1957) を使用し、巻数(ローマ数字)と章と行数ならびにページ数を示す。なお、Ludwig はルートヴィヒ・ドイツ王への献呈詩からの引用である。邦訳には、やや古いが Johann Kelle の現代ドイツ語訳 „Christi Leben und Lehre" (1870)、さらに現代ドイツ語訳付きのレクラムの抜粋版 (2010) や新保 (1993) の詳細な注釈と訳を参考にしている。

(8) 『ニーベルンゲンの歌』に関しては、テキストは現代ドイツ語訳付きのレクラム版の „Das Nibelungenlied" (2015) を使用し、レクラム版の詩節番号とページ数を記した。邦訳は相良守峯訳『ニーベルンゲンの歌』(前・後編) 岩波文庫によっているが、訳は変更している箇所もある。中高ドイツ語に関しては、他の作品も現代ドイツ語訳付きのレクラム版を使用し、作品の行数とレクラム版のページを記した。『ハルトマン作品集』(郁文堂) など、邦訳のある場合は参照させていただいた。

(9) ただし、古高ドイツ語では命令形は wird、中高ドイツ語では wirt である。グリムの辞書 (Band 29.S.223) では、命令形が werde になったのは、接続法Ⅰ式2人称単数 (werdest) にならい、2人称複数命令形 (werdet!) に同一化された、と説明されている。下記は中高ドイツ語と古高ドイツ語の例である。„**wirt** erslagen"「打ちのめされよ」Dal (1966:151)、„nu **wird** thu stummer."「唖になれ」((Otfrid: I, 4, 66), (Erdmann (1886:119) より)。

(10) Erdmann (1886:119), Dal (1966:151) によれば、wissen の命令形はすでに11世紀に見られる „daz wizzet"「それを知ってください」(Williram)。中高ドイツ語ではすでに頻繁に用いられている。„daz **wizze** en rehten triuwen"「(それを)よく覚えていてください(前230)」*(Das Nibelungenlied* 839, S.246)、„frouwe, **wizzet** daz"「王女様、お聞きください(前70)」*(Das Nibelungenlied* 237, S.72)。wizzet は敬称の2人称複数の命令形である。

1.2. ドイツ語命令形の形態の歴史的な考察
―2人称単数のe付き、eなしの問題を中心に―

1.2.1. 古高ドイツ語（8～11世紀）における命令形の形態

　前節では現代ドイツ語の命令形の形態をみた。ここではドイツ語の命令形の形態を歴史的に考察してみよう。すでに触れたように、ドイツ語では、2人称単数の命令形だけが独自で、-(e)st の語尾をもつ直説法や接続法の2人称単数形とはっきりと区別される。それは古高ドイツ語においても同じである。ただし、現代のドイツ語と異なり、古高ドイツ語では2人称単数の命令形の形態は、強変化動詞と弱変化動詞との間にはっきりとした区別がある。弱変化動詞の2人称単数の命令形は -i, -o, -e というテーマ母音で終わるのに対して、強変化動詞は一部を除き、[1] 子音で終わる。例えば強変化動詞 nëman (nehmen) の直説法現在、接続法Ⅰ式、命令形の語形変化は以下のようになる。[2]

			nëman (nehmen)
直説法・現在・単数	1人称		nim-u
	2人称		nim-is
	3人称		nim-it
	複数	1人称	nëm-umēs, -amēs, -emēs; (-ēm)
		2人称	nëm-et (nëm-at)
		3人称	nëm-ant
接続法・Ⅰ式・単数	1人称		nëm-e
	2人称		nëm-ēs
	3人称		nëm-e
	複数	1人称	nëm-ēm, (-amēs, -emēs)
		2人称	nëm-ēt
		3人称	nëm-ēn
命令形	単数	2人称	**nim**
	複数	1人称	nëmamēs, -emēs; nëmēm
		2人称	**nëmet**, (nëmat)

　nëman のような強変化動詞の場合、２人称単数の命令形は、直説法２人称単数 nimis から語尾 -is をとった形 nim である。[3] また、複数２人称に対する命令形は、直説法と接続法２人称複数と同じ形態 (nëmet) であることがわかる。[4]

　次に弱変化動詞をみてみよう。古高ドイツ語の弱変化動詞は、語尾によって３つに区分される。第１類は -en、第２類は -ōn、第３類は -ēn の語尾である。同様に直説法現在と接続法Ⅰ式の人称変化と命令形をみてみよう。(Braune/Eggers: a.a.O.)

			suochen（１類）(suchen)	salbōn（２類）(salben)	habēn（３類）(haben)
直説法・現在・単数	１人称		suoch-u	salb-ōm, -ōn	hab-ēm, -ēn
	２人称		suoch-is	salb-ōs, -ōst	hab-ēs, -ēst
	３人称		suoch-it	salb-ōt	hab-ēt
	複数	１人称	suoch-emēs	salb-ōmēs, salb-ōn	hab-mēs; hab-ēn, -ēēn
		２人称	suoch-et	salb-ōt	hab-ēt
		３人称	suoch-ent	salb-ōnt	hab-ēnt
接続法・Ⅰ式・単数	１人称		suoch-e	salb-o	hab-e
	２人称		suoch-ēs, -ēst	salb-ōs(t)	hab-ēs(t)
	３人称		suoch-e	salb-o	hab-e
	複数	１人称	suoch-ēm, -en	salb-ōm, -ōn	hab-ēm, -ēn (-ēmēs)
		２人称	suoch-ēt	salb-ōt	hab-ēt
		３人称	suoch-ēn	salb-ōn	hab-ēn
命令形	単数	２人称	**suochi**	**salbo**	**habe**
	複数	１人称	suochemēs, ēn	salbōmēs, salbōn	habēmēs, habēn, -ēēn
		２人称	**suochet**	**salbōt**	**habēt**

　上記のように弱変化動詞の場合２人称単数の命令形では、第１類は suochi のように -i、第２類は salbo のように -o、第３類では habe のように -e といっ

たテーマ母音で終わることになる。なお、複数2人称の直説法と接続法と命令形は同じ形態(suochet, salbōt, habēt)である。すると古高ドイツ語の -e 付き、-e なしは以下のように図示される。(Donhauser (1986:65) 参照)

古高ドイツ語	命令形の形成原理		強変化動詞	弱変化動詞		
thu (du)	語幹	↗ テーマ母音なし(強変化動詞)	nim ø (語尾なし)			
		↘ テーマ母音(弱変化動詞)	biti -i	suochi, salbo, habe -i	-o	-e
ir (ihr)	-et		nëmet	suochet, habēt		

それでは古高ドイツ語の具体的な命令文の実例をみてみよう。ここではオトフリート・フォン・ヴァイセンブルクの『福音書(Evangelienbuch)』(9世紀)からの例文である。

(1) Lángo, líobo druhtin mín, **láz** imo thie dága sin, (Otfrid: *Ludwig* 35, S.2)
親愛なる神よ、王を長く生きながらえさせてください。

(2) **Húgi** weih thir ságeti, ni **wis** zi dúmpmuati,
firním thesa léra, … (Otfrid: I, 3, 29-30, S.17)
私があなたに言ったことを考えなさい、あまりに無思慮でないようにこの教えに耳を傾けなさい。

(3) **Drahto** io zi gúate so waz thir gót gibiate;
ili iz io irfúllen mit míhilemo wíllen;
Bilido ío filu frám thesan héilegon man: (Otfrid: II, 9, 65-67, S.73)
なにであれ、神が命じることを益と考え、
いつも喜んで実行するように努めなさい。
この聖なる人をいつも手本としなさい。

(4) **Fernémet** sar in ríhti, thaz Krist ther brútigomo si, … (Otfrid: II, 9, 7, S.71)
キリストが花婿であり…であることを素直な気持ちで聞きなさい。

例文 (1) の láz は強変化動詞 lâzan (lassen) の 2 人称単数の命令形、例文 (2) の húgi は弱変化動詞 huggen (denken) の、wis は wesan (sein) の 2 人称単数に対する命令形、firním は強変化動詞 firneman (vernehmen) の 2 人称単数に対する命令形である。例文 (3) の drahto, ili, bilido は弱変化動詞 drahtôn (überlegen), îlen (streben), bilidôn (nachbilden) の 2 人称単数に対する命令形、例文 (4) の fernēmet は ferneman (hören) の 2 人称複数形に対する命令形である。強変化動詞 lâzan, firneman の 2 人称単数に対する命令形が、語尾なし (láz, firním) であるのに対して、弱変化動詞 (huggen, drahtôn, îlen, bilidôn) の 2 人称単数に対する命令形 (húgi, drahto, ili, bilido) は、テーマ母音の -i, -o で終わっていることがわかる。また複数形に対する命令形は直説法や接続法と同じ fernémet である。なお、huggen のように子音が重複する場合は hug のように単純化される (Braune/Eggers (1987:264) §312 注 1 参照)。

1.2.2. 古典期 (12 ～ 13 世紀) の中高ドイツ語における　　命令形の形態

中高ドイツ語は一般に 1050 年から 1350 年までをいうが、その中で古典期、つまり 12 ～ 13 世紀の中高ドイツ語においても強変化動詞の 2 人称単数命令形の語尾なしは同じである。例えば nëmen (nehmen) と lâzen, lân (lassen) の例でみてみよう。[5]

			nëmen (nehmen)	lâzen, lân (lassen)	
直説法・現在・単数		1 人称	nim-e	lâze	lân, lâ
		2 人称	nim-es(t)	lâzest	lâst, læst
		3 人称	nim-et	lâzet	lât, læt
	複数	1 人称	nëm-en	lâzen	lân
		2 人称	nëm-et	lâzet	lât
		3 人称	nëm-ent	lâzent	lânt
接続法・Ⅰ式・単数		1 人称	nëm-e	lâze	lâ
		2 人称	nëm-es(t)	lâzest	lâst
		3 人称	mëm-e	lâze	lâ
	複数	1 人称	nëm-en	lâzen	lân
		2 人称	nëm-et	lâzet	lât
		3 人称	nëm-en	lâzen	lân

命令形	単数	2 人称	**nim**	**lâz**	**lâ**
	複数	1 人称	nëme(n)	lâzen	lâzen
		2 人称	**nëmet**	**lâzet**	**lât**

　中高ドイツ語の強変化動詞 (nëmen, lâzen, lân) の 2 人称単数命令形は古高ドイツ語と同様に直説法現在 2 人称単数 nimest, lâzest, lâst から語尾 -(e)st をとった形 (nim, lâz, lâ) である。複数 2 人称はやはり古高ドイツ語と同様に直説法と接続法と命令形の 3 つとも同じ形態 (nëmet, lâzet, lât) である。

　次に中高ドイツ語の弱変化動詞をみてみよう。古高ドイツ語の弱変化動詞には 2 人称単数の命令形に -i, -ō, -ē というテーマ母音が付いていたが、中高ドイツ語においては -e に統一される。loben と sagen でみてみよう。

			loben	sagen
直説法・現在・単数		1 人称	lob-e	sag-e
		2 人称	lob-es(t)	sag-est
		3 人称	lob-et	sag-net
	複数	1 人称	lob-en	sag-en
		2 人称	lob-et	sag-et
		3 人称	lob-ent	sag-ent
接続法・Ⅰ式・単数		1 人称	lob-e	sag-e
		2 人称	lob-es(t)	sag-est
		3 人称	lob-e	sag-e
	複数	1 人称	lob-en	sagen
		2 人称	lob-et	saget
		3 人称	lob-en	sagen
命令形	単数	2 人称	**lobe**	**sage**
	複数	1 人称	loben	sagen
		2 人称	**lobet**	**saget**

　中高ドイツ語 2 人称単数の命令形は、語幹に -e を付けた形 (lobe, sage) で、現代ドイツ語とほぼ同じ形であると言える。複数 2 人称に関しては、やはり

直説法、接続法、命令形は同じ形態 (lobet, saget) である。図示すると以下の
ようになる。

中高ドイツ語	命令形の形成原理	強変化動詞	弱変化動詞
du	語尾なし(強変化動詞) ↗ 語幹 ↘ -e(弱変化動詞)	nim, lâz, lâ ø(語尾なし)	
			lobe, sage -e
ir	-et	nëmet, lâzet, lât	lobet, saget

　中高ドイツ語の命令文の実例をハルトマン・フォン・アウエの『哀れなハ
インリヒ』(1195 年頃) と『ニーベルンゲンの歌』(1200 年頃) でみてみよう。

(5)　Nû **enhil** mich dînes willen niht.

　　　　　　　　　　　(Hartmann von Aue: *Der arme Heinrich* 1083, S.84)

　　　あなたの本心を隠さないでください。(en-, niht: 否定の重複は否定)

(6)　**lâ** mich bezzern lôn enphân, …　　　　(*Der arme Heinrich* 634, S.46)

　　　私にもっとよい報いを受けとらせておくれ。

(7)　**lâzet** iuwer swester für iuwer geste **gân**.　(*Das Nibelungenlied* 272, S.82)

　　　それゆえ御妹君(クリエムヒルト)をも客人の前にお見せください。
　　　(前 79)

(8)　… **sage** mir, wie bistû hiute ûf sô fruo?　(*Der arme Heinrich* 908-9, S.64)

　　　…なぜ今日はそんなに早く起きたのか、私に言いなさい。

(9)　**senftet** iuwere riuwe, …　　　　　　　(*Der arme Heinrich* 738, S.54)

　　　あなたの悲しみを和らげてください。

(10)　**Geloubet** iuch des sturmes, alle mîne man!

　　　　　　　　　　　　　　　　　　(*Das Nibelungenlied* 214, S.66)

　　　戦いをやめろ、わが家来たち。(前 64)

　例文(5)、(6)の enhil (en + hil), lâ は強変化動詞 heln (verbergen), lân (lassen)

の、例文 (8) の sage は弱変化動詞 sagen の 2 人称単数に対する命令形である。例文 (7) の lâzet は強変化動詞 lâzen の、例文 (9)、(10) の senftet, geloubet は弱変化動詞 senften (mildern), glouben (aufhören) の 2 人称複数に対する命令形である。強変化動詞では 2 人称単数に対する命令形は語尾がなく (enhil, lâ)、弱変化動詞の sagen の場合は -e が付いていることがわかる。2 人称複数に対する命令形 (lâzet, senftet, geloubet) は接続法と同じ -et という語尾である。なお、例文 (10) は、訳文からも明らかなように、複数の 2 人称に対する命令形であるが、例文 (7)、(9) は敬称の 2 人称複数形である。この点は次節参照。

1.2.3. 初期新高ドイツ語（14 ～ 17 世紀）における 命令形の形態

　古典期の中高ドイツ語にみられた、2 人称単数の命令形における強変化動詞の語尾なし、弱変化動詞の -e 付きという区別は、初期新高ドイツ語（1350 ～ 1650 年）の時期には大きく崩れることになる。まず簡単に記せば、一方には弱変化動詞に -e なしが現れ、一方には強変化動詞に -e 付きが現れることになる。

　この点に関しては Besch (1967:306f.) の研究に基づいて記してみよう。Besch によれば、中高ドイツ語に見られた区別（強変化動詞 → 語尾なし、弱変化動詞 → -e）は、14 ～ 15 世紀に語末音消失（Apokope）と語末音添加（Epithese）により、完全に混乱の時期に入り込む。Besch による 15 世紀の言語地図[6]は見る者を錯綜の時期に連れ込む。この地図によれば、中部ドイツ地域と北に面した地域（85, 86, 88, 90, 91）は基本的には中高ドイツ語から受け継がれた規則がまだ有効である。ただ 87 と 89 に強変化動詞に -e が付くなどの揺れがある。南部ドイツはまったく異なっている。まず語末音消失の作用が明らかで、弱変化動詞の語尾の -e は取り除かれ、それによって語尾のない統一した命令形が生み出されている。（地図では○の箇所を参照）ただ、唯一 23（シュトラースブルク）だけはまったく別の方向を取り、すべてに -e を付けている。つまりこの世紀は一部は語尾を省略し、一部は以前の語尾のままに、一部は類推により不必要な -e が加えられている。Besch によれば、今日 -e を付けない gib ですら、語末音添加の例外ではなく 23, 53, 58, 67a, 89 には gibe という表記があるということである。ルター（Martin

Luther 1483 〜 1546 年）の場合は興味深く、最初は南部ドイツ語のように -e
なし、それから中部ドイツ地域に従う傾向がある。つまりルターは命令形を
最初はもっぱら -e なしで、後に特に 1545 年の聖書訳では -e を付けている。
初期新高ドイツ語の場合を図示すると以下のようになる。(Donhauser
(1986:65) 参照)

初期新高ドイツ語	命令形の形成原理	強変化動詞	弱変化動詞
du	語幹 + e 変化形への解釈	類推により Epithese （語末音添付 (-e)) へ ⇐ → gibe	sage -e
	語幹 + ∅	gib ∅	Apokope （語末音消失）により ∅ へ → sag
ir	-et, -t	gebet, gebt	saget, sagt

　具体的な例としてまずハンス・ザックスの謝肉祭劇『熱い鉄』(1524 年) を
みてみよう

　　代母 → 女房
（11）Darumb **hab** fleiß vnd **richt** auch **an**,　だからお前も一生懸命やって
　　　Das diß heiß Eyssen trag dein Man!　旦那に熱い鉄を運ばせてごらん。
　　　Schaw, daß du jn könst vberreden!　さあ、旦那を説きふせるんだよ。

　　亭主 → その妻
（12）**Schweig** vnd kein wort darwider **sag**!　黙れ、つべこべ言うな。
　　　Flucks **nimb** das Eyssn, weil es ist heiß,　熱いうちにさっさと鉄を摑んで、
　　　Vnd **trag** es sittlich auß dem kreiß,　きちんと輪の外へ運び出せ。
　　　(Hans Sachs: *Das heiße Eisen*, S.104, 112f., 邦訳は藤代・岡田・工藤
　　　(1983:54,73) より)

　上記の例からもわかるように、ハンス・ザックスの謝肉祭劇『熱い鉄』で
は、強変化動詞はもとより、sagen のような弱変化動詞もすべて語尾 (-e) な

しになっている。上記以外でも schem のように弱変化動詞にもすでに語末音消失 (Apokope) が生じている。

　逆に、語末音添付 (Epithese) の例として、ルターの 1545 年の聖書訳の中からヨハネによる福音書の箇所をみてみよう。

(13)　**Mache** dich auff von dannen vnd **gehe** in Judeam.

(Luther 1545: *Johannes* 7.3, S.256)

　ここを去ってユダヤに行ってはどうでしょう。

(14)　**Forsche** vnd **sihe**/Aus Galilea stehet kein Prophet auff.

(Luther: *Johannes* 7.52, S.259)

　よく調べてみよ、ガリラヤからは預言者は現れていない。

(15)　Jhesus aber sprach. So verdamne ich dich auch nicht. **Gehe** hin vnd **sündige** fort nicht mehr.　　　　(Luther: *Johannes* 8.11, S.260)

　イエスは言われた。私もあなたを罰することはしない、帰りなさい、そしてもう今後は罪をおかさないようにしなさい。

　ハンス・ザックスとは逆に強変化動詞の gehen や sehen すらも、ここではすべてに -e が付いている。これらはすべて会話文で、現代語訳では mach, geh, sieh のように e なしである。通時的には -e は本来テーマ母音の反映で、語幹の一部であると考えられるものが、強変化動詞にも -e が付くことで変化語尾のように解釈されるようになる。なお、2 人称複数の語尾は、中高ドイツ語の -et から -t に変わり始める。（次節の例文 (9)、(10)、(12)、(13) 参照）

DARSTELLUNG DER EINZELPROBLEME

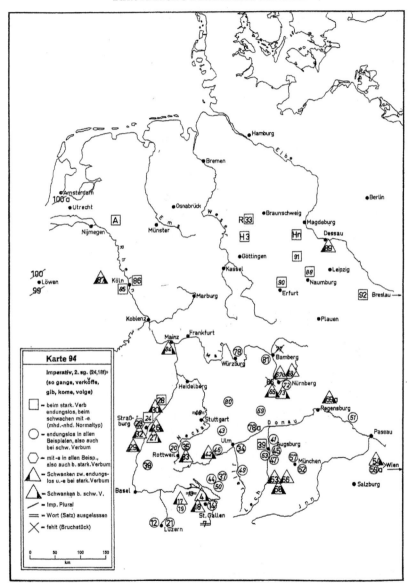

（Werner Besch (1967): Sprachlandschaften und Sprachausgleich im 15. Jahrhundert.
München, S.308 より）

1.2.4. 新高ドイツ語（17〜20世紀）における命令形の形態

ハンス・ザックスやルターは16世紀であるが、高田 (2013:209f.) は、17世紀の文法家の文典において2人称単数の命令形が lieb/liebe のように -e なしと -e 付きが併記されていることに触れている。これは17世紀の作品を少し見れば明らかになる。ここではグリンメルスハウゼンの『阿呆物語』(1669年) の最初の箇所をみてみよう。

(16) Mein Sohn, **schweig**, ich tue dir nichts, sei zufrieden.

　　　　　　　(Grimmelshausen: *Simplicissimus*, I. Buch, 7. Kap., S.32)

息子よ、黙りなさい、私はなにもしないから、恐がるな。

(17) Ach liebes Kind, **schweige** und lerne, solches ist dir viel nötiger als Käs.

　　　　　　　(I. Buch, 8. Kap., S.37)

ああ息子よ、黙って学ぶんだ、それのほうがおまえにはチーズより必要だ。

(18) »**Bleib** nur«, sagte der Einsiedel, »es ist noch keine Gefahr vorhanden …«

　　　　　　　(I. Buch, 10. Kap., S.43)

「慌てなくてもよい、まだ心配ないから。」と隠者は言った。

(19) »Liebster Sohn« sagte er, »vor allen Dingen **bleibe** standhaftig, …«

　　　　　　　(I. Buch, 12. Kap., S.49)

「息子よ、わけても自分の心をしっかりともつんだよ。」と隠者は言った。

(20) Aber **laß** hören, wie pflegst du zu beten?　(II. Buch, 13. Kap., S.166)

おまえがどのように祈るか、聞きたいものだ。

(21) Ach nein, mein Sohn, **lasse** mich fahren.　(I. Buch 12. Kap., S.48)

いや、いあ、息子よ、私を行かせてくれ。（望月市恵訳を参照した拙訳）

上記のようにわずかに最初の箇所をみるだけでも同じ動詞の2人称単数の命令形が -e なしであったり (schweig, bleib, lass)、-e 付きであったりする (schweige, bleibe, lasse)。グリンメルスハウゼンの『阿呆物語』第1冊の動詞の命令形をみると以下のようである。

　-e なし：sag, lauf … weg, quck, komm, schweig, laß, lob, sprich, gib, erlös, bleib, halt, fahr, schlag, zerreiß, hol, strick … zu, bring, nimm

-e 付き：walte, verleihe, höre, <u>schweige</u>, lerne, esse, gehe, wehre, berichte, lasse, folge, <u>bleibe</u>, stehe … auf, leiste, schnarre, schieße … nieder, errette, habe, befleißige dich, bedebke, tue, siehe, empfahe

ここでは (i)e 型の動詞 (sprich, gib, nimm) などは -e なしであるが、ルターの場合のように、弱変化動詞はもとより、強変化動詞も -e 付きであったり、両方で用いられたりしている。なお、2 人称複数に対する命令形の語尾は -et と -t が混在している。

さらに 18 世紀に関してはレッシングの『賢者ナータン』(1779 年) に現れる 2 人称単数と 2 人称複数（複数は第 1 幕のみ）の命令形をみてみよう。

-e なし：<u>sag</u>, nimm, schweig, horch, sieh, geh, lass, fühl, komm, meld, zahl, mach, schilt, <u>borg</u>, versprich, verdieb, erzähl, besinn, trau, tritt, sprich, denk, versteh, halt, <u>verzeih</u>, hol, leg, brauch, erklär, verschweig, pfleg, such, bring, schick, <u>trag</u>, gib, steh auf, lenk ein, nenn, vergib, beschäm, tu, bekenn, fahr, hör usw.

-e 付き：töte, martere, glaube, eile zu, <u>verzeihe</u>, warte, <u>sage</u>, rede, <u>borge</u>, <u>trage</u>, sperre, gebiete, teile, spiele, sorge, habe, übe, belone, frage, bereite usw.　　　　　　　　　　　　　(Lessing: *Nathan der Weise*)

2 人称複数の命令形：lächelt, lasst, hört, seht, schaudert, reißt … auf, ratet, lebt, eilt usw.（第 1 幕のみ）(Lessing: *Nathan der Weise*)

sag, sage，borg, borge，verzeih verzeihe など両方で使われているものがある。また (i)e 型の動詞 (nimm, sprich, gib) はもとより、不規則動詞は、ほぼすべて -e なしである。さらに horch, zahl, mach などの規則動詞も -e なしになっている。多くに -e が付いていたグリンメルスハウゼンの『阿呆物語』とは対照的である。-e 付きは規則動詞が中心で、特に語幹が ern で終わる動詞や -d, -t で終わる動詞である。

現代ドイツ語の成立に大きな役割を果たしたルターは、すでに触れたように最初は南ドイツの傾向を示したが、後に中部ドイツの形になり、1545 年の聖書は -e 付きになっている。Besch によれば、ルターの 1545 年の聖書におけるこの使用により「簡略さという命令文の性格に本来矛盾し、それゆえ

日常言語では引き続き避けられる命令文における -e の導入は特に書き言葉の現象 (Besch (1967:309))」になる。このように書き言葉では i(e) 型の不規則動詞などを除き -e 付きが一般的になるが、一方また単純化という言語使用の一般法則、モーザーの言う「言語経済性 (sprachliche Ökonomie)」(Moser (1971:9, 15)) により、語尾の -e は省略されるようにもなる。全体を見るにはより詳しい調査、検討が必要であるが、『阿呆物語』はまだルターを引き継いだ -e 付きのタイプ、演劇という会話文である『賢者ナータン』は -e なしのタイプになっていると言える。なお、2人称複数に対する命令形の語尾は、『賢者ナータン』では、現代ドイツ語と同様に語幹が -d, -t で終わる動詞以外はほぼ -t になっている。

1.2.5. 現代ドイツ語における2人称単数の命令形の形態
—e 付きか、e なしか—

　現代ドイツ語の命令形の形態についてはすでに触れた。(1.1.1. 参照) 現在のドイツ語では i(e) 型の不規則動詞などの -e なし、語幹が -dm, -tm, -gn, -chn 等で終わる動詞の -e 付きを除くと、多くの動詞は不規則動詞であれ、規則動詞であれ、-e 付き、-e なしの両方で使われている。そしてこの -e 付きか、-e なしかは、文法書などでは標準語 (Hochsprache) は → e 付き、言語の経済性が発揮される話し言葉 (Umgangssprache) では → e なしで捉えられることが多かった。

　それに対して、小説などにおいて口語的な描写でなくても -e なしが多く用いられることから、-e なしの理由を話し言葉に見ることに疑問を呈し、この問題を文体的視点から解釈したのが Bosmanszky (1976:89ff.) である。Bosmanszky の考察の要点を簡単に述べれば、1. 不安、興奮、怒りなどの感情の働きによってなされる強調の命令文では -e なしになる。急ぎの要求の場合も同様 -e なしである。2. それに対して、特に注意の喚起や説得を目的とした場合のように、言葉をより長く耳に残しておく際は -e 付きが好まれる。3. ただし、強調もなく、落ち着いた提案や命令にでも　—多分言語の経済性が働き—　-e が省略されることもある。Bosmanszky は多くの実例で自説を展開しているが、3. の場合に見られるように例外も多々あり、標準語と話し言葉による使い分けの説明と同様に、-e 付き、-e なしの1つの方向性は示してはいても、明確な原理とは言えないであろう。

　これに対して Donhauser (1986:69) は、ドイツ語の２人称単数の命令形における -e なしと -e 付きの形態の並存は、標準形か、そのヴァリエーションとしての例外形かという区別ではなく、２つの独立した形成原理の競合とする。したがって Donhauser によって例示される下記の図も、標準形（例えば -e 付き）から、-e なしがつくられるのではなく、語幹のみによる形成原理がなお活きている相互の形成原理の重なりのプロセスとして提示されている。つまりドイツ語の場合、多くの動詞には異なる形成原理に基づく２つの形態があるということである。これを図示すると以下のようになる。

	形成原理	不規則動詞		規則動詞
新高ドイツ語	Ⅱ．語形変化による形成		**-e** komme　sage gehe　lerne	
	Ⅰ．語幹のみによる形成	gib nimm lies	**∅** komm　sag geh　lern	rechne atme sammle

まとめ

　これまでの考察結果を整理してみよう。ドイツ語では、２人称単数の命令形だけが、独自で、-(e)st の語尾をもつ直説法や接続法の２人称単数形と区別される。その際２つの異なる形態がある。古高ドイツ語や（古典期の）中高ドイツ語においては２人称単数の命令形は、強変化動詞で語尾なし、一部の強変化動詞や規則動詞ではテーマ母音（古高ドイツ語）や -e（中高ドイツ語）で終わるという規則があった。ところが初期新高ドイツ語の時代になると、一方には語末音消失により弱変化動詞に -e なしが現れ、他方では語末音添付により強変化動詞に -e 付きが現れるようになる。その際中部ドイツ地域は基本的に中高ドイツ語の規則に沿っているが、南ドイツは語末音消失で規則動詞でも -e なしが顕著になる。ルターの 1545 年の聖書訳は -e 付きで、その後２人称単数の命令形は、(i)e 型の動詞などを除き、-e を付けるのが書き言葉では一般的になるが、言語的な経済性の傾向から話し言葉などでは -e が省略されることも多く、現代ドイツ語では (i)e 型動詞の -e なし、-dm, -tm, -gn, -chn で終わる動詞の -e 付きを除くと、どちらにでも用いられる動

詞が多い。-e 付きか -e なしかは、文法書などでは「標準語(-e 付き)」対「話し言葉(-e なし)」で説明されたり、Bosmanszky (1976) のように文体的視点から考察されたりするが、それらは1つの方向性は示していても、説得力のある説明とは言えず、Donhauser はこれらを異なる形成原理に基づく2つの形態とする。また2人称複数に対する語尾は、古高、中高ドイツ語の -et が、初期新高ドイツ語から -et, -t が混在し始め、地域差もあると思われるが18世紀のレッシングにおいては、ほぼ現代ドイツ語と同様に -t に統一されている。ドイツ語が、単数で -e、複数で -t という語尾を残すのは、命令形が語幹だけとなったオランダ語や英語と大きく異なる点である。西ゲルマン語(英語、オランダ語、ドイツ語)における命令形の屈折形態の歴史的な比較に関してはⅧ章で扱う。

注 (Ⅰ章2節)

(1) 不定詞語尾 -en をもつ少数の強変化動詞 (例えば bitten「願う」) は、弱変化動詞の第1類と同じ語形変化をし、2人称単数の命令形は biti で、母音で終わる。高橋 (1994:69) 参照。

(2) Braune/Eggers (1987:255f.) 参照。なお、変化表は同書 256 ページと 257 ページの間に挿入された Paradigmen der starken und schwachen Verba (強変化動詞と弱変化動詞の語形変化表) によっている。

(3) 直説法2、3人称単数語尾 -is, -it の -i によるゲルマン語の i ウムラウトのため、neman の語幹の e が i に変わった (Paul/Wiehl/Grosse (1998:57))。そして古高ドイツ語や古ザクセン語の命令形が nim のように i 語幹になるのは、直説法2人称の dū minis の類推的影響に起因すると考えられる。(Franck (1909:230), Bergmann (1990:256) 参照)

(4) 複数1人称の命令形、いわゆる勧誘表現 (Adhortativ) に関してはここでは扱わない。この点に関しては、Ⅴ章3節参照。

(5) 中高ドイツ語の変化表に関しては Paul/Wiehl/Grosse (1998:238f.), 古賀 (1979:82, 113), 浜崎 (1986:120f.) などを参考にしている。なお、lân は lâzen の縮約形である。

(6) Besch (1967:308) の言語地図 94 をそのまま借用、転載したものである。

1.3. 敬称の命令文の歴史的な変遷
―古高ドイツ語から現代ドイツ語まで―

はじめに

　ドイツ語の命令形は2人称単数 du (Komme!)、2人称複数 ihr (Kommt!) に対して用いられる。そして敬称的な命令形には3人称複数から転用された Sie (Kommen Sie!) を用いる。1章2節で見たように、du や ihr に対する命令形が古高ドイツ語以来歴史的に一貫しているのに対して、Sie は18世紀になってからよく使われるようになったものである。それではどのような経緯で Sie が用いられるようになったのだろうか？　現在、敬称の2人称 Sie は身分関係ではなく、人間関係に基づいているが、敬称的な命令・要求表現が　―少なくとも歴史的には―　ドイツ語においても必要だったことは容易に想像される。それでは18世紀以前、つまり Sie が用いられる前に、目上の人に対する敬称的な命令や依頼はどのようになされていたのだろうか。[1]

　わが国ではもとより、ドイツにおいても命令文の研究はほとんどが共時的な研究、つまり現代のドイツ語における命令文の研究である (Bosmanszky (1976), Donhauser (1986), Winkler (1989), Rosengren (1993), Markiewicz (2000), Wratil (2005) など)。通史的な研究として Simmler (1989) の「ドイツ語の命令文とその代用形の歴史」と Horváth (2004) の「中高ドイツ語から初期新高ドイツ語までの要求文のタイプ」があり、特に Horváth はハルトマン・フォン・アウエの『イーヴェイン』(1200年頃)、ハンス・ザックスの『散文対話』(1524年)、ローエンシュタインの『クレオパトラ』(1680年)、レッシングの『賢者ナータン』(1779年)、ヘッベルの『マリア・マグダレーナ』(1844年) の命令文やその代用形(話法の助動詞による書き換え、lassen 構文、接続法) などを分析対象として調べている。ただ Horváth は、話法の助動詞による代用形などには実例があげられているのに、肝心の命令文には実例があげられておらず、統計的な資料ばかりである。そこで時代的な作品選択や方法は Horváth を参考に、しかし調査対象を広げ、自分で調べてみることにした。筆者が調べた作品は以下の通りである。

著者・作品名	成立年	世紀
1．オトフリートの『福音書』（一部）	863-871 年	9 世紀
2．ハルトマン・フォン・アウエ『哀れなハインリヒ』	1195 年頃	12〜13 世紀
3．『ニーベルンゲンの歌』	1200 年頃	13 世紀
4．テープル『アッカーマン・アウス・ベーメン』	1400 年頃	14〜15 世紀
5．『ティル・オイレンシュピーゲル』	1510 年頃	16 世紀
6．ハンス・ザックス『散文対話』	1524 年	16 世紀
7．ハンス・ザックス『熱い鉄』	1550 年代	16 世紀
8．グリンメルスハウゼン『阿呆物語』（一部）	1669 年	17 世紀
9．ローエンシュタイン『クレオパトラ』（一部）	1680 年	17 世紀
10．レッシング『ミンナ・フォン・バルンヘルム』	1767 年	18 世紀
11．レッシング『賢者ナータン』（12 世紀の設定）	1779 年	18 世紀
12．ハインリヒ・フォン・クライスト『こわれがめ』	1808 年	19 世紀
13．フリードリヒ・ヘッベル『マリア・マグダレーナ』	1844 年	19 世紀
14．シュニッツラー『アナトール』	1893 年	19 世紀
15．シュニッツラー『輪舞』	1900 年	20 世紀

　すでにみたように、ドイツ語の歴史は大まかに４つに分けられる。つまり、750 年から 1050 年までの古高ドイツ語、1050 年から 1350 年の中高ドイツ語、1350 年から 1650 年までの初期新高ドイツ語、1650 年以降の新高ドイツ語である。ここでは古高ドイツ語から現代のドイツ語までの２人称への命令文で、目上の人、つまり敬称が必要な相手への命令や依頼がどのようになされてきたかをみてみたい。これらは「呼称代名詞（Anredepronomen）」の変化と密接に結び付いている。[2] 17 世紀以降の作品を多く扱うのは、後で触れるように 17 世紀から呼称形式に大きな変化が生じるためである。

　ドイツ語では、中高ドイツ語、初期新高ドイツ語、さらに現代ドイツ語を通して、du に対する語尾なしの命令形は特有で、-(e)st 語尾を付ける直説法や接続法と明確に区別される。それに対して２人称複数 ihr に対する命令形は直説法と接続法に形態が一致している。そのためこの命令文は主語の省略、コンテキストにより、直説法や接続法から区別されることになる。

1.3.1.　2人称複数の命令形による敬称表現（9〜16世紀）

　ゲルマン語においては、2人称単数への呼称（Anrede）には、ただ1つの代名詞 þu (du) が用いられていた (Simon (2003:93))。古高ドイツ語においても当初身分いかんを問わず duzen（du を使って話しかけること）が用いられていたが、しだいに2人称複数 ir (ihr) が敬称的な呼称として用いられるようになる。Simon (2003:94) は2人称単数への敬称の代名詞 ir の最も初期の使用例としてオトフリート・フォン・ヴァイゼンブルク（800〜875年）が残したコンスタンツ司教にあてたドイツ語手紙の例をあげている。

（1）Oba **ir** híar fíndet iawiht thés　thaz wírdig ist thes lésannes:
　　　もしあなたがここで読むに値すると思うものを見つけられたら
　　　(Otfrid: Salomoni Episcopo Otfridus. 7, S.8. (長友 (1988:24)), (Simon
　　　(2003:94)) より)

　しかしながら古高ドイツ語において敬称の呼称としての ir がはっきりとしないのは、例えばオトフリートにおいて上記の司教への手紙には ir が数例現れながら、Simon (S.96 Anm.18) によればオトフリートの『福音書』主要部にそれが1例も見出せないことである。確かに Reclam 抜粋版の『オトフリートの福音書』における命令表現などをみても、願望、要求の表現は接続法Ⅰ式3人称単数の要求話法か、du に対する命令文が中心で、ir に対する命令文があっても (fernemet (II, 9, 7), lazet (III, 14, 99f.), irbintet, bringet (IV, 4, 10), saget (IV, 4, 12), zêllet (V, 25, 30))、複数2人称に対するものと考えられ、2人称単数に対する命令文に敬称の ir 形式が用いられているものはない。（例文 (2) 参照）2人称複数 ihr の命令形が敬称としてはっきり現れるのは中高ドイツ語の時代になってからであろう。

（2）„wíht", quad, „ságen ih iu thaz,　ni **nemet** scázzes umbi tház,
　　　iu **lazet** únthrata　thero wóroltliuto míata." 　(Otfrid: III, 14, 99f., S.126)
　　　主は言った「あなた方に命じておくが、そのことでお金をとってはならぬ、人の報酬を価値なきものとしなさい。」（nemet, lazet は複数者に対する命令形で、敬称の2人称複数形ではない。）

　そこでまず、ハルトマン・フォン・アウエの『哀れなハインリヒ』からみてみよう。この物語の主な登場人物は、騎士ハインリヒ、病気のハインリヒのため自らを犠牲にしようとする少女、その少女の両親、医者などである。父親の少女に対する命令文（例文（3））あるいはハインリヒの少女に対する命令文（例文（4））では duzen が用いられ、この場合は敬称を用いる必要はない。

(3)　dâ von **tuo zuo** dînen munt!　　　　　(*Der arme Heinrich* 585, S.44)
　　　だからおまえの口を閉じなさい。
(4)　… **sage** mir, wie bistû hiute ûf sô fruo?　(*Der arme Heinrich* 908-9, S.64)
　　　　　　　　　　　　　　　　　　　　　　　　　　［1.2. 例文（8）］
　　　なぜ今日はそんなに早く起きたのか、私に言いなさい。

　tuo zuo は、動詞 zuo tuon (zu|tun) の 2 人称単数 du に対する命令形である。sage は現在のドイツ語の du に対する命令形と変わらない。それでは、医者がハインリヒに（例文（5））、あるいは少女が医師に対して述べる依頼文（例文（6））ではどうなるであろうか。身分的に敬称が必要になる。

(5)　nû **lât** daz gedingen!　　　　　　　　(*Der arme Heinrich* 194, S.20)
　　　もう希望をお捨てください。
(6)　durch got, daz **tuot** enzît!　　　　　　(*Der arme Heinrich* 1155, S.94)
　　　お願いですから（神の名のもの）、すぐそれ（手術）をやってください。

　lât, tuot は動詞 lâzen (lassen), tuon (tun) の 2 人称複数形に対する命令形である。ここではハインリヒや医者のように相手が一人であるにもかかわらず、2 人称複数形の命令形が使われている。つまり中世のドイツ語では、目上の人に対する命令文は、相手が一人であっても、2 人称複数の形を使うことにより敬意を表していたのである。つまり ir (ihr) は中高ドイツ語で du の複数形であるが、敬称形式でもあり、しかも一人の相手に対しても、また複数の人にも、敬称形式として用いられていたわけである。(Horváth (2004:250f.))
　この点は『ニーベルンゲンの歌』においても基本的に同じである。例えば作品冒頭で、鷹の夢をみたあとのクリエムヒルトと母ウーテの会話をみてみよう。

母からクリエムヒルトへ（例文（7））、クリエムヒルトから母へ（例文（8））

(7) »Nu **versprich** ez niht ze sêre«, sprach aber ir muoter dô.

»soltu immer herzenliche zer werlde werden vrô, daz geschiht von mannes minne. …«

(8) »Die rede **lât** belîben« sprach si (Kriemhild), …

(*Das Nibelungenlied* 14f., S.10)

「まあそのようなことはあまり言わぬがよい」母が答えた。

「この世で心から楽しく暮らせるとしたら、それは殿御の情けをうけてこそのこと。…」

「そんな話はおやめになって。」クリエムヒルトがさえぎった。（前11）

　母の発言の versprich は versprechen（反論する）の du に対する命令形であり、クリエムヒルトの発言の lât は lân (lassen) の ir に対する命令形である。母から娘へは duzen、それに対して娘のクリエムヒルトは母に敬称の2人称複数の命令形を用いていることがわかる。[3]

　このような2人称複数形による敬意表現はヨーロッパの言語によく見られる。例えばフランス語の tu に対する敬称の2人称の vous などである。この敬意表現は、古くはラテン語における「君主の複数（plural of majesty）」として1人称複数形を用いるローマ皇帝に対して、臣下たちが「敬意の複数（plural of reverence）」として2人称複数形で呼びかけた用法から来ていると言われる。この習慣は古典・中世ラテン語を通じロマンス語やゲルマン語にも引き継がれた。[4]

　次にハンス・ザックスの『散文対話』（1524年）の靴職人（Schuster）と司教座参事会員（Chorherr）の第一対話と、同じくハンス・ザックスの謝肉祭劇『熱い鉄』（1550年代）をみてみよう。『熱い鉄』の筋は、夫の浮気を疑う妻が、昔の習慣に習い、無罪の証に燃える鉄を素手でつかみ、輪の外に運び出してくれと夫に頼む。夫は気分を害しながらも、こっそり手に木片を忍ばせ、燃える鉄を運んでみせる。そして今度は妻に、おまえもやってみろ、と言う。妻は燃える鉄をつかむのを恐れ、自分の浮気を次々と暴露してしまう話である。

『散文対話』(Prosadialoge)

司教座参事会員 → 靴職人　(S.10)　　　　［ihr に対する命令形を使用（敬称）］
　(9)　**Lehret** michs.　　　　　　　　　　私にそれを教えてください。

靴職人 → 司教座参事会員　(S.10)　　　　［ihr に対する命令形を使用（敬称）］
　(10)　**Lest** das Biechlein Martini Luthers.　マルティン・ルターの本を読んでください。

司教座参事会員 → 料理女　(S.18)　　　　［du に対する命令形（敬称なし）］
　(11)　Lieb Köchin, **ruf** unserm Calefactor.　さあ、下男を呼んでくれ。

謝肉祭劇『熱い鉄』
　　　　　　　(Das heiße Eisen, 邦訳は藤代・岡田・工藤 (1983:62, 66, 73) より)
代母 → 亭主（［百姓］）　(S.107)　　　　［ihr に対する命令形を使用（敬称）］
　(12)　**Macht** nur da einen weyten Kreiß!　さあ、大きな輪を描きなされ、
　　　　 Da **legt** jms Eyssen in die mit!　　　鉄はその真ん中に置いて。
亭主 → 代母　(S.109)　　　　　　　　　　［ihr に対する命令形を使用（敬称）］
　(13)　Mein Gfattern, **thut** darzu ewr stewr!　代母さんや、それを手伝っておくれ。
　　　　 Legt das Eyssn wider in das Fewr, ...　鉄（を）…また火の中に入れて
　　　　 Darnach so **bringt** mirs wider her,　　熱くなったらまたもって来ておくれ。
亭主 → その妻　(S.112-3)　　　　　　　　　［du に対する命令形（敬称なし）］
　(14)　**Schweig** vnd kein wort darwider sag!　黙れ、つべこべ言うな。
　　　　 Flucks **nimb** das Eyssn, weil es ist heiß,　熱いうちにさっさと鉄を摑んで
　　　　 Vnd **trag** es sittlich auß dem kreiß,　きちんと輪の外へ運び出せ。

　『散文対話』では、料理女など敬意を表す必要がない場合は du に対する
命令形が使われているが、話し相手である靴職人と司教座参事会員に対して
はお互いに敬意を表し、2 人称複数の命令形が用いられている。同様に、謝
肉祭劇『熱い鉄』においても、敬意を表す必要のない夫婦同士の会話（例文
(14)）では du に対する命令形が使われているが、例文 (12)、(13) の代母から
亭主へ、あるいは亭主から代母へは 2 人称複数による敬称の命令形（macht,
legt, thut など）が使われている。驚くことに、12 〜 13 世紀のハルトマン・
フォン・アウエの時代から 16 世紀のハンス・ザックスの時代まで数百年、
敬称には複数形の命令文が用いられ続けたことがわかる。しかも司教座参事
会員から靴職人、亭主から代母への命令文にさえ、敬称形が使われているこ

とから、もはや高い身分の人に対する命令文に使われるだけのものではなくなっていることも伺える。

　時代は少し前後するが、中高ドイツ語とハンス・ザックスの間に位置するヨハネス・フォン・テープルの『アッカーマン』(1400 年頃) と『ティル・オイレンシュピーゲル』(1510 年頃) をみてみよう。

農夫 → 死神　(S.40)　　　　　　　　　　[ihr に対する命令形を使用]

　(15) **Nempt** beyspel bey mir: … han jch icht vngleiches oder vnhubsches gegen euch geparet; des vnterweyst mich, … Jst des nicht, so **ergeczent** mich oder **vnterweysent** mich, wie jch widerkome meynes grossen herczeleydes.　　　　　　　　　　　　　　(Tepl: *Der Ackermann*, S.40)

　　私の場合を例にしてくれ、…私があなたになにか不当なこと、あるいは失礼なことをしたらそれを教えてくれ、…そうでないのであれば、私に償いをするか、私がこの大きな悲しみをどのように乗り越えたらいいか教えてくれ。

従者 → リューネブルク公　(S.74)　　　　　[ihr に対する命令形を使用]

　(16) **Sehent**, Herr, hie stot Ulenspiegel in eins Pferdes Hut (= Haut).

　　　　　　　　　　　　　　　　　　　　(*Dil Ulenspiegel*, S.74)

　　　見てください、あそこにオイレンシュピーゲルが馬の皮の中に立っています。

　ここでも農夫から死神、従者からリューネブルク公には敬称の 2 人称複数の命令形が使われていて、事情は同じである (Besch (2003:2607))。ただし、nempt 以外ここでは -ent 形という 2 人称複数の命令形 (ergeczent, vnterweysent, sehent) が使われている (藤代他 (1983:137) 参照)。初期新高ドイツ語の時代はまだ語彙や文法形式に現在のような統一はなかった。ただ、いずれにせよ 16 世紀まではほぼ同じ敬称表現が用いられたことになる。

1.3.2.　接続法Ⅰ式＋Er/Sie (単数) による敬称的要請文の登場 (17 世紀)

　次に 17 世紀の作品を扱う。ドイツは 17 世紀前半、つまり 1618 年から

1648 年まで 30 年戦争で人口は半減し、領地は荒れ果てる。その状況は『阿呆物語』の中にも記述されている。ここではグリンメルスハウゼン『阿呆物語』(1669 年) とローエンシュタインの劇『クレオパトラ』(1680 年) をみてみよう。

『阿呆物語』(Der abenteuerliche Simplicissimus, III.13 と IV.5)

(17) »Liebster Sohn, **schenket** Euer Schindgeld, Gold und Silber weg.« …
　　　»So **sehet**, wo Ihr mehr bekommt; … **laßt** die alte Schabhäls geizig sein,
　　　…«　　　　　　　　　　　　　　　　　　　　　　　　　　　　(S.305)
　　　「息子殿、穢れた金を撒いてしまいなさい、金貨も銀貨も撒き散らしちまいなさい。」…
　　　「では、どこでもっと手に入れるかを考えるがよかろう。…慾を深くするのは死に瀕の出た老耄れにまかせておくことじゃ。」
　　　　　　　　　　　　　　　　　　(望月市恵訳　岩波文庫 (中) 75 ページ)

(18) »Herr, wenn Ihm Sein Kopf lieb ist, so **unterstehe Er** sich dessen nit,
　　　was Er im Sinn hat; **Er lege** sich, und sei versichert, da Er mit Ernst sich
　　　bemühen wird, diese Dame wider ihren Willen zu sehen, daß Er
　　　nimmermehr lebendig von hinnen kommt!«　　　　　　　　　(S.380)
　　　「ムシウ、首をなくすのがお嫌だったら、そういうお考えはお棄て遊ばせ。ではベッドへおはいり下さいまし。くれぐれも御注意しますが、あの方のお顔を強って御覧になろうとしましたら、生きてここを出られませんから。」　　　(同　岩波文庫 (中) 156 〜 7 ページ)

　17 世紀に入り命令文の敬称表現に大きな変化が現れる。『阿呆物語』では、最初の例文 (17) は今までと同様に 2 人称複数形 (schenket, sehet など) で敬意が表されている。ところが 2 つ目の例文 (18) では、2 人称単数に対する要求が、unterstehe Er のように、接続法 I 式 ＋ 3 人称の代名詞 (Er) で表現されている。[5] 3 人称代名詞が、2 人称単数に対する代名詞に転用される場合、Er, Sie のように頭文字が大文字表記されることが多くあった。次にダニエル・カスパー・フォン・ローエンシュタインの『クレオパトラ』をみてみよう。すべてエジプトの女王クレオパトラに対する敬意を含んだ発言である。

（19）Durchlauchste Königin / **Sie gebe** sich zu Ruh.

(Lohenstein: *Cleopatra*, S.64)

女王様、おやすみください。

（20）**Sie weiger'** uns mein Schatz nicht unser letztes Bitten.

(*Cleopatra*, S.117, Horváth (2004:253))

拒否しないでください、大事な方、私たちの最後の願いを。

（21）So **kwäle sie** mich doch auch nach dem Tode nicht.　　(*Cleopatra*, S.118)

死んだ後まで私を苦しめないでください。

ローエンシュタインの『クレオパトラ』にいたってはすべて3人称代名詞で目上の人への要求が表現されている。ただしここでは3人称代名詞は文頭以外小文字になっている。

　16世紀まで長きにわたって使用されていた du/ihr の二分法が17世紀に入り崩れ始めた。すでに16世紀の例でみたように、2人称複数による敬意が減退し、社会的にそれほど身分や地位の高くない人にまで使われるようになった。その代わりに3人称単数形による敬称表現が生じ始めたわけである (Gading (1952:219), Horváth (2004:253f.), Simon (2003:106) 参照)。目の前の相手を「彼・彼女」として扱うのは、相手から距離を置くことで敬意を表すことになる。(6) これは「虫めがね」(拡大) から「遠めがね」(遠方) の変化と言える (高田 (2011:148))。この時代 (17世紀) は、命令・要請表現が、2人称単数 du、2人称複数 ihr、そして接続法＋3人称 (er/sie) による3つの形が混在することになる。それでは18世紀はどうなるのであろうか

1.3.3. Sie（3人称複数）による敬称表現の登場（18世紀）

　18世紀に関してはレッシングの戯曲『ミンナ・フォン・バルンヘルム』(1767年) でみてみよう。

宿の亭主 → 少佐の従僕ユスト　(S.6)　［3人称単数 Er による要請文 (敬称)］

（22）**Denke Er** nicht mehr daran, …

　　その件はもうお考えになりませんように、…

ユスト → 宿の亭主　(S.6)　　　　　　［3人称単数 Er による要請文 (敬称)］

（23）**Mache Er** sich keine Mühe, Herr Wirt.　どうぞお構いなく、ご亭主。

ヴェルナー → フランツィスカ　(S.46)　［3人称単数 Sie による要請文（敬称）］

(24) **nehm Sie** sich von dem Manne in acht! この男には気をつけるように！

亭主 → 宿の見習い　(S.6)　　　　　　　　［du に対する命令形（敬称なし）］

(25) **Gib** her; **geh!**　よこせ、もう行け。

　これらから、ユスト・亭主間では3人称主語（接続法＋Er）による敬称の要請文が、女性のフランツィスカには、接続法＋Sie（単）による敬称の要請文が使われていることがわかる。一方、見習いなど身分の下の者には du の命令文が使われている。さらに別の例をみてみよう。

テルハイム少佐 → 婦人　(S.12)　　　　［3人称複数 Sie による命令文（敬称）］

(26) **Reden Sie** frei, gnädige Frau!　自由にお話しください、奥様。

婦人 → テルハイム少佐　(S.13)　　　　［3人称複数 Sie による命令文（敬称）］

(27) Aber **denken Sie** auch von mir nicht zu klein! **Nehmen Sie** das Geld, Herr Major; …

　　でも私のことも小さくお考えにならないでください。お金を受け取ってください、少佐様。

　婦人とテルハイム少佐間では敬称の2人称の Sie が使われている。これは現代ドイツ語の敬称と同じである。Simon (2003), 高田 (2011) などの呼称代名詞に関する研究によると、すでに見たように複数形の敬称も3人称代名詞による敬称も俗化し、18世紀にはドイツ語の敬称の呼称は迷路に入り込んだ状態だった。そこで高位の人々に対する敬称として、Eure Majestät（陛下）、Eure Ehre（閣下）、Eure Gnaden（閣下）のように「威厳」「名誉」「恩寵」などの抽象名詞を付す呼称が発達した。これらは、女性抽象名詞を前方照応する形で sie が用いられ、これが3人称複数代名詞と同音のため、これに敬称の機能が移ったというものである。この混迷の一端を、同じくレッシングの有名な戯曲『賢者ナータン』でみてみよう。

娘（レーハ）→ 父（ナータン）　(S.19)　　［ihr に対する命令形を使用（敬称）］

(28) Mein Vater! **lasst, lasst** Eure Recha doch nie wiederum allein!

　　お父さん、あなたのレーハをもう二度とひとりにしないでください。

神殿騎士 → ナータン　(S.55)　　　　　　　　[ihr に対する命令形を使用（敬称）]
　(29)　**Vergesst**, was ich gesagt; Und **lasst** mich!
　　　　私の言ったことを忘れてください、そして私をほっておいてください。
父（ナータン）→ 娘（レーハ）　(S.50)　　　　[du に対する命令形（敬称なし）]
　(30)　**Lass** es keine Sorge dir machen.
　　　　おまえは心配しないでいい。

　このようにレッシングの『賢者ナータン』における敬称表現は、基本的に、中世ドイツ語以来の２人称複数の命令形の形をとっている。これは『賢者ナータン』の話が 12 世紀という中世に設定されていることに関係があるのかもしれない。しかしレッシングという一人の劇作家が 18 世紀において、１）du に対する命令形に加えて、２）複数 ihr による敬称命令表現、３）３人称単数 Er/Sie による敬称要請表現、４）３人称複数 Sie による敬称表現と、実に４つの形式、そのうち３種類の敬称の命令文を使っていることになる。２人称の目上の人に対する表現方法が３種類もあることは混迷に近いと言えるかもしれない。その敬称の度合いは以下のようになる。

　＊＊左はど敬意が高い。

Sie ［３人称複数形（複＋遠）］	>	Er/Sie ［３人称単数（遠）］	>	Ihr ［複数２人称（複）］	> du

1.3.4.　敬称の２人称複数と接続法Ⅰ式＋ Er/Sie の消滅（19 世紀）

　それでは 19 世紀はどうなるのだろうか？　19 世紀初頭はまずハインリヒ・フォン・クライストの『こわれがめ』(1808 年) でみてみよう。

エーフェ → 母　(S.24)　　　　　　　　　[ihr に対する命令形を使用（敬称）]
　(31)　O liebste Mutter, **folgt** mir, … **Laßt** diesem Unglückszimmer **uns** entfliehen!
　　　　ねえ、お母さん、帰りましょう。こんないやな場所からは逃げ出しましょう。

エーフェ → 村長アーダム　(S.24)［3人称単数による要請文（すでに蔑称？）］

（32）Eve.　　Ich sag **Ihm, Er** soll gehn.

　　　Adam.　Evchen! Ich bitte dich! Was soll mir das bedeuten?

　　　Eve.　　Wenn **Er** nicht gleich —! Ich sags **Ihm, laß Er** mich.

　　　エーフェ．行ってくださいって言っているんです。

　　　アーダム．エーフヒェン、お願いだ、どういうことなんだ。

　　　エーフェ．すぐ行ってくれないと、ほっといてって言ってるでしょ。

エーフェ → 村長アーダム、村長アーダム → エーフェ　(S.25)

（33）Adam.　Nichts? Gewiß nicht?

　　　Eve.　　Ich sag Ihm, **geh Er. Laß Er** mich zufrieden.

　　　Adam.　**Hör** du, bei Gott, **sei** klug, ich rat es dir.

　　　アーダム．なにもない？　ほんとうになにもないな？

　　　エーフェ．行ってくださいって、言ってるでしょ。寄ってこないでく
　　　　　　　ださい。

　　　アーダム．いいか、よく聞け。かしこくな（しゃべるなよ）、忠告して
　　　　　　　おくぞ。

　エーフェは母に対しては複数形の敬称表現を使っているが、しつこい村長アーダムには3人称代名詞をともなった要請文を用いている。またアーダムはエーフェに du による命令文を使っている。つまり作品には、2人称複数による命令文と3人称単数による要請文と du に対する命令文、さらにここでは例をあげていないが、女中たちへの複数2人称の敬称とは関係ない命令文もある。敬称表現の混迷は続いていると言えるし、エーフェの村長アーダムへの3人称は敬意というより、軽蔑に近いものがある。高田(2011), 荻野(2016)が触れているように3人称は19世紀になると、その価値が急落する。

　クライストの『こわれがめ』は1808年の作品であるが、次に19世紀の半ばに書かれたフリードリヒ・ヘッベルの劇『マリア・マグダレーナ』（1844年）を簡単にみてみよう。

親方アントン → レーオンハルト　(S.51)　　　　　　［3人称単数による要請文］

（34）Leonhard.　　…Ich kam, **Ihn** um **Seine** Tochter —

Meister Anton.　**Halt' Er ein!** Vielleicht sag ich nicht Nein!
Leonhard.　　　Das hoff ich! …
レーオンハルト．…私が参りましたのは、あなたに、あなたの娘さん
　　　　　　　を。
親方アントン．　待ちなさい。多分俺もダメとは言わんさ。
レーオンハルト．そう願いたいですね。…

　持参金目当てに結婚の許可をもらいにくるレーオンハルトと親方アントン
の間ではまだ「あなた」に対して3人称の Er (Ihn, Sein) が用いられているが、
敬称の意味は薄れている。さらにこの後親方アントンのもとにやって来る廷
吏アーダムの言葉 „So hör' Er!"「さあ聞け」、„Halt' Er's Maul!"「黙れ」には
3人称が用いられていても、そこには敬称のかけらもない。また Horváth
(2004:256) も触れているように、ヘッベルでは2人称複数形による敬称表現
はもう使われなくなっている。2人称複数や3人称単数による敬称表現の消
滅が始まっていると言えよう。

1.3.5.　人間関係の du (ihr) と Sie へ（19 〜 20 世紀）

　19世紀後半になると、現在のような「親称の du」と「敬称の Sie」に基
づいた命令文に整理されていく。例えば19世紀後半のシュニッツラーの戯
曲『アナトール』(1893年) や『輪舞』(1900年) では du と Sie の命令文だけ
である。

(35) Anatol und Max. Ilona — was wollen **Sie** — Ilona — Was willst **du** —?
　　 Ilona.　　**Laßt** mich! … **Laßt** mich gehen.
　　 Anatol. **Sei** gescheit — **beruhige dich** —! ……
　　 Max.　　**Sie** sind doch vernünftig, Ilona, **Sie** wollen ja keinen Skandal …
　　 Ilona.　　**Lassen Sie** mich —　　　　　(Schnitzler: *Anatol*, S.86f.)
　　 アナトールとマックス．イローナ、どうしようというの、イローナ、
　　　　　　　　　　　　　どうしようってんだ。
　　 イローナ．　放して！ …私を行かせて！
　　 アナトール．分別をもてよ、落ち着けよ！　…
　　 マックス．　冷静になってイローナ、スキャンダルを起こそうなんて

　　　　思わないよね。
　イローナ.　　放してください。

　アナトールとイローナは duzen、マックスとイローナは siezen になっている。つまり 1.3.3. (18 世紀) でみた敬称の序列の上と下のものに整理されていくことになるが、それはもはや上下関係ではなくなる。社会が身分ではなく、人間関係を重視するようになり、19 世紀以降の du と Sie の呼称体系は、社会的な身分に基づくものではなく、人間関係が親密か一般的・形式的かによること (高田 (2011:161)) になる。これまでの結果を整理すると以下のような表（上段ほど敬意が高い）になる。(Simon (2003:93) も参照)

9 世紀～ Otfrid	12 世紀～ H. von Aue, Nibelungenlied	16 世紀 Hans Sachs	17 世紀 Grimmelshausen Lohenstein	18 ～ 19 世紀 Lessing, Kleist, Hebbel	19 世紀後半～ Schnitzler
thu (du)	Ihr (ir) （複数命令形）	Ihr （複数命令形）	接続法 I + Er/Sie 3 人称単数	Sie （3 人称複数 命令形）	Sie du （身分関係から 人間関係へ）
				接続法 I + Er/Sie 3 人称単数 ↓	
	du	du	Ihr （複数命令形）	Ihr（複数命令形） 敬称の用法は 消滅へ	
			du	du	
				3 人称単数 Er/Sie 卑称詞、消滅へ	

まとめ

　ドイツ語では、中高ドイツ語から 16 世紀の初期新高ドイツ語まで、敬称の命令表現には 2 人称複数形の形が用いられてきた。これが 17 世紀に入るとその敬意が減り、その代わりに接続法＋ 3 人称単数 (Er/Sie) による要請の敬称表現が生じる。さらに 18 世紀に入ると、3 人称代名詞による敬称も俗化し、命令文も 3 人称複数の Sie が用いられるようになる。ドイツ語の敬称

表現は、複数 → ３人称（遠く）→ 複数で３人称（遠く）、という変化であるが、18 世紀はこれらが入り混じった混迷の時代である。一方、18 世紀後半から19 世紀になると３人称代名詞はその価値を下げ、卑称詞として用いられるようになり、その後、要請文を含め敬称表現としては消滅する。また Ihr は、２人称複数としての意味も敬称としての意味ももっていたが、19 世紀から敬称の意味は消滅し、19 世紀後半からは 命令形は Sie と du に整理される。またこれらはもはや身分関係ではなく、人間関係に基づいたものになる。そして現代まで Sie と du の関係も決して安定的なものではなかったことに関しては、長友 (1988), 岡村 (1994) に詳しく触れられている。例えば最近でも『フランクフルター・アルゲマイネ紙（以下 FAZ）』2016 年 9 月 29 日に「敬称の Sie との別離」という記事があり、⁽⁷⁾なぜ目の前の話しかける相手を ihr（あなたたち）ではなく、Sie（彼ら）のように呼ぶのか、といった疑問に触れられていた。ドイツ語の敬称の命令文は複雑な歴史的な変遷を辿ってきたが、それは今後も続くかもしれない。

注（Ⅰ章３節）

(1) ここでは、命令法 (Imperativ) と接続法Ⅰ式 (Konjunktiv I) による、聞き手、つまり２人称に対する命令文のみを扱う。その際、命令形によるものを今まで通り命令文と呼ぶのに対して、歴史的に特異な形態である「接続法Ⅰ式＋ Er/Sie（単）」によるものを命令文と区別して「要請文」と呼ぶ。ここでの接続法Ⅰ式は願望的なものではない。

(2) 呼称代名詞の歴史的な変遷については Gading (1952), Besch (2003), Simon (2003), 長友 (1988), 岡村 (1994), 高田 (2011), 荻野 (2016) などが参考になる。

(3) 『ニーベルンゲンの歌』では ir に対する命令文が多い中、du に対する命令形が用いられているのは、Ⅰ部では例文以外ではグンテル王とジーフリト (337, 452, 453, 652 詩節番号)、ジーフリトとブリュンヒルト (459, 726)、グンテル王、ゲルノート、ギーゼルヘルトとクリエムヒルトの兄弟間 (609, 694, 1046, 1076, 1079)、クリエムヒルトとブリュンヒルト (814, 839)、それ以外は身分の高い者から使者や家臣たちへ (89, 223, 414, 486) などである。Ⅰ部の「ジーフリト謀殺の物語」において ir と du の使われ方で興味深いのはクリエムヒルトとブリュンヒルトの会話であ

る。クリエムヒルトと（彼女の兄グンテル王の妃である）ブリュンヒルトは縁者で、基本的に duzen であるが、言い争いのあとは急に ihrzen の要求文に代わる。

ブリュンヒルト → クリエムヒルト

(a) daz **wizze** en rehten triuwen, ez ist mir immer leit.

 getriuwer heinliche sol ich **dir** wesen unbereit.

(*Das Nibelungenlied* 839, S.246)

 これは私としても悲しいことですが、よく覚えていてください、

 以後は縁者のよしみなどは、おことわりいたしますから。

（前 230）

ブリュンヒルト → クリエムヒルト

(b) dô sprach diu vrouwe Brünhilt: »**ir sult** noch stille **stân.**

 ir jâhet mîn ze kebesen. daz **sult ir** mich lâzen **sehen.**«

(*Das Nibelungenlied* 843, S.246)

 王妃ブリュンヒルトが声をかけた。「お待ちなさい。

 あなたは私を側妻だと仰しゃったが、証拠でもあるのですか。」

（前 231）

例文 (a) のように二人の言い争いも決裂までは duzen で、命令文も wizze のように du に対する命令形が使われている。しかし次にブリュンヒルトがクリエムヒルトに声をかけるとき（例文 (b)）には ir sult と ihrzen になっている。これは敬称の 2 人称と言うより、距離をとる、あるいは疎遠を表す ir と言えよう。

(4) 岡村 (1994:422), 苅部 (1999:3), 高田 (2011:146), 荻野 (2016:32) など参照。

(5) 『阿呆物語』が 1 つの境目になっていることは Gading (1952:219) にも触れられている。この形式は歴史的には「一種の命令形」と呼ばれたが、現在は使われない (Donhauser (1986:249))。

(6) 現代でもドイツ語以外に、イタリア語 (Lei) やハンガリー語 (ön, önök) などにこのタイプの敬称表現がある。苅部 (1999:1), Péteri (2004:325) など参照。

(7) „Abschied vom Sie" In: *Frankfurter Allgemeine Zeitung*, 29. September 2016, S.9.

1.4．命令文の統語論的な特徴

　命令文の普遍的な特性には、1．仮定性[1]、2．2人称性（主語の聞き手指示）、3．非過去性（過去を表す副詞（句）と共起できない）などがある。そしてさらに命令文の統語論的な特徴として、発音の際の文末下降イントネーション以外に、1．主語代名詞の省略、2．定動詞の文頭化、3．主文制限（命令文は従属文には用いられない）、4．wahrscheinlich, glücklicherweise, leiderなどの文副詞との非共起などがあげられる[2] (Fries (1983:94f.), Donhauser (1986:70f., 213f.), Markiewicz (2000:65f.))。ここでは1．命令文の主語、2．定動詞の文頭化、3．主文制限、4．命令文の時制と態など命令文の統語論的な問題に関して述べていきたい。

1.4.1．命令文の主語について
1.4.1.1．命令文の主語
　ドイツ語の命令文では、敬称の2人称の場合 Sie は省略されることはないが、一般に主語を省くのが普通である。[3]ただ、再帰代名詞や、形容詞 eigen（英語の own）の前の所有形容詞の人称、数、性は、主語のそれと一致するので、[4]以下の命令文から省略されている主語は、2人称 (du, ihr) であると考えられる。(Huber/Kummer (1974:47f.) 参照)

（1）座りなさい。(sich hin/setzen)
　　　Setze **dich** hin!
　　　*Setze mich hin!
　　　*Setze uns hin!
　　　*Setze euch hin!
　　　*Setze sich hin!

（2）仲直りしなさい。(sich zusammen/raufen)
　　　Rauft **euch** zusammen!
　　　*Rauft mich zusammen!
　　　*Rauft uns zusammen!
　　　*Rauft dich zusammen!
　　　*Rauft sich zusammen!

(3) 自分の頭を使いなさい！

    Benutze **deinen** (*meinen, *seinen) eigenen Kopf!

1.4.1.2. 命令文に主語が現れる場合

　また、敬称の２人称以外の命令文でも、様々な理由（権威的な強調、人物の特定、対比、話者のいらだち）から主語が現れることがある。[5] Schmerling (1975:502f.) は強調以外に英語において命令文に主語が現れるケースを３つあげている。ドイツ語でも同じことが言えることを示すため、ドイツ語母語話者に確認し、ドイツ語の拙訳を添えた。日本語でもこのような場合「あなた」を明示することが多いと思われる。

1）指示的な場合（deictic）

  (4a) **You**$_i$ hold the door open, and **you**$_j$ stand outside and see if anyone's coming.

  (4b) **Du**$_i$ halt die Tür auf und **du**$_j$ stehe draußen und sieh ob jemand kommt.

    あなた$_i$はドアを開けて、あなた$_j$は外に立って、だれか来るか見ていて。

2）対比的な場合（contrastive）

  (5a) **You** go on ahead; I'll wait here.

  (5b) **Du** geh voraus, ich warte hier.

    あなたは先に行って、私はここで待っているから。

3）話者のいらだち（impatient）

  (6a) **You** get out of here this minute!

  (6b) **Du** verschwinde von hier in dieser Minute!

    あなたはここからすぐ出て行って。

4）Davies (1986:146f.) では同様に強調、対比、いらだちの例があげられているが、さらに３）に対して励まし（encouragement）や安心（reassurance）の場合をあげている。

  (7a) **You** sit down and put you feet up.

  (7b) **Du** setz dich hin und lege deine Füße hoch.

    あなたは座って、リラックスしてなさい。

　この場合も現れるのは２人称 (you (du)) である。ただし英語では "You

open the door!"「あなたがドアをあけなさい！」のように、主語 → 動詞の語順をとり、"*Open you the door!" のような、動詞 → 主語の語順は許容されないのに、ドイツ語の場合、„Öffne du die Tür!" のように動詞 → 主語の語順が普通である。⁽⁶⁾実例をみてみよう。

（8a）Ich spreche beständig von mir, … Nun **erzähle du**.

(Th. Mann: *Buddenbrooks*, S.302)

（8b）I have been talking the whole time about myself: … Now, **tell** me your affairs.　　(*Buddenbrooks*, translated by H.T. Lowe-Porter, p.249)

私自分のことばかり話してしまうわ、さあ、今度は兄さんが話して。

（9a）Ich geh ins Badezimmer, **wasch du** dich hier, …

(H. Böll: *Ansichten eines Clowns*, S.46f.)

（9b）I'm going to the bathroom, **you wash** here, …

(H. Böll: *The Clown*, translated by L. Vennewitz p.39)

私は浴室に行くけど、あなたはここで洗って。

上記のように『ブデンブローク家の人々』や『道化師の告白』でも、動詞 → 主語の語順が英訳では主語省略ないし、主語 → 動詞 (you wash) の語順に代わっている。

1.4.1.3. 主格（主語）か呼格か？

さて、このような2人称主語の命令文以外に、主格（Nominativ）の不定代名詞（einer, jeder など）を伴った接続法Ⅰ式の文（例文（11））や命令文（例文（12））がある。

（10）**Gib** mir was zu trinken!　　なにか飲むものをください。
（11）**Gebe** mir **einer** was zu trinken.　だれか、なにか飲むものをください。
（12）**Gib** mir **einer** was zu trinken!　だれか、なにか飲むものをください。

この不定代名詞 einer は命令文（12）の3人称主語と言えるのだろうか。このような命令文は今まであまり考察されることがなかったが、どのようなタイプがあり、どのような機能的な特色があるのだろうか。例えば、例文（11）、

(12)は、2人称主語の命令文(10)とどのような違いがあるのだろうか。また、一見同じ意味にみえる接続法の例文(11)と直説法の例文(12)の相違はなにか。ここではこのような点を明らかにしてみたい。

主格（主語）か呼格か？

　命令文の主語として一般には2人称が想定されてきたが、英語圏の研究では、命令文の主語に関して今までいろいろ議論されてきた。Thorne (1966) は、2人称主語の命令文以外に不定代名詞を伴った命令文 "Somebody pay the bill."「だれか勘定を払って！」や呼格（Vokativ）を含んだ命令文 "John, come here."「ジョン、こっちに来て！」などをあげ、一般に異なったものと考えられていた呼格と主語を同一のカテゴリーのヴァリエーションと説明しようとした。つまり命令文の深層構造に you を設定し、呼格も主語もそのヴァリエーションと考えた。これに対して Downing (1969), Schmerling (1975), Downes (1977), Bolinger (1977) など実証的な観点からの批判がある。ここではドイツ語について考察するので Donhauser (1986:83-112) に基づき、Downing と Schmerling を簡単にみてみよう。

　Downing (1969:574f.) は呼格の標識として以下の6つをあげる。
　1）聞き手に注意を喚起する機能。
　2）1）と関連して呼格は単独で（降昇調の）イントネーションを構成する。
　3）代名詞は2人称しか現れないが、場合によっては不定代名詞も現れる。
　4）呼格は文章中の他の2人称を指示。
　5）定冠詞はない。
　6）間接話法は不可能。　　*I asked him, John, to lend me his pen.

　Downing はこれらの標識（特に1）と2））により、Thorne の you や somebody を呼格とする読みを退ける。Schmerling (1975:503f.) が論文の注3であげる呼格の標識は以下の4つである。[7] ただし Schmerling は you だけを問題にしている。
　1）呼格には文とは別のイントネーションがある。
　2）呼格と主語とは共起できる。　　John, you hold the door open.
　3）You there が命令文の呼格には生じるが、主語には現れない。

４）both of you, you both は主語だけで呼格には生じない。（数量詞フロートの問題）

　　Donhauser (S.94) は、これらはあくまで英語の基準で、ドイツ語には当てはまらないものがあるとして、まず Schmerling 3) をあげ、ドイツ語では Du da, Du dort (You there) が可能として „Du da gehst sofort nach Hause!.“「そこの君すぐ家に帰るように！」のような平叙文による命令表現をあげている。Donhauser は検討していないが、Schmerling の例を独訳し、３名のドイツ人インフォーマントに聞くとやはりドイツ語では両方可能と答える場合があり、揺れがあると言える。[8]

(13)　You there, hold the door open.　（呼格）そこのあなたドアをあけておいて。
(14)　*You there hold the door open.　（主語）　　　(Schmerling (1975:503-4))
(13')　Du da, halt die Tür auf.　（呼格）
(14')　?Du da halt die Tür auf.　（主語）　　　　　((13)、(14) のドイツ語訳)

　　また Schmerling 4) もドイツ語では２人称複数形の命令文に heda, ihr beide vs. *heda, beide von euch があるだけで、その論証リストから外している。しかしこれも独訳し、ドイツ人にたずねると beide von euch は受け入れにくいが、ihr beide は主語でも呼格でも可能と答える場合がある。

(15)　No, both of you go ; I'll be O.K.　（主語）
　　　いいえ、二人とも行って、私は大丈夫。
(16)　No, you both go ; I'll be O.K.　（主語）
(17)　??Both of you, (you) come here.　（呼格）　　二人とも、ここに来て。
(18)　*You both, (you) come here.　（呼格）　　　(Schmerling (1975:504f.))

(15')　Nein, beide von euch geht ; ich komme allein zurecht.　（主語）
(16')　Nein, ihr beide geht ; ich komme allein zurecht.　（主語）
(17')　??Beide von euch, kommt her!　（呼格）
(18')　?Ihr beide, kommt her!　（呼格）　　((15)、(16)、(17)、(18) のドイツ語訳)

Donhauser (S.95) は Downing 6) も、そもそも命令文の埋め込み、間接化が無理として退け、以下の4つをまずドイツ語の場合の呼格の基準としてあげる。

1）呼びかけ、聞き手に注意を喚起する機能　(Downing 1)
2）イントネーション　(Downing 2, Schmerling 1)
3）無冠詞の名詞、代名詞は2人称のみ現れる、主語と呼格の共起
　　(Downing 3, 5, Schmerling 2)
4）呼格は文章中の他の2人称を指示　(Downing 4)

3）、4）はすべての呼格に当てはまるが、2人称主語との区別には必ずしもならない。そして Donhauser (S.96f.) はドイツ語の場合の基準として次のものをさらに加える。

5）呼格は文成分ではない。(Jung (1982[7]:63))

つまりドイツ語では定動詞の前にただ1つの文成分だけが可能であり、ポジションテストで主語か呼格かの区別が可能になる。これは3）、4）と異なり2人称代名詞の区別に援用することができる。

Donhauser は上記の5つの基準から、命令文の主格ないし主格に類する以下のもの 1）無冠詞で用いられる名詞（Franz, Vater, Idiot など）、2）2人称代名詞 du、3）様々な不定代名詞（einer, jeder など）、4）不定文（wer kann, …など）が主語なのか、呼格なのかを検討する。

1）Franz, Peter といった個人名、Vater, Mutter, Kind, Tochter, Sohn などの親族名称、さらに Lümmel, Idiot, Schatz といった価値要素を含んだ名称などについてまずみてみよう。

これらには du Idiot, du Hans, Lieber Hans なども含まれる。これらは以下のポジションテストから呼格であることが明らかである。

(19a) Hans (Kind, Schatz), bring die Flaschen in den Keller!
　　　ハンス（おまえ［子どもに］、ダーリン［夫に］）、その瓶を地下室にもって行って。
(19b) Hans (Kind, Schatz), die Flaschen bring in den Keller!

（19c）Die Flaschen, Hans (Kind, Schatz), bring in den Keller!

　上記の文がすべて可能であることから Hans 等が文成分でない、つまり呼格であることが明らかになる（基準５））、また聞き手に注意を喚起する機能はもとより、イントネーションも認められる（基準１）、２））。さらに以下の例文から基準の３）、４）も満たすことがわかる。
　（20a）Hans_i (Kind_i, Schatz_i), pass auf **dich**_i auf!　ハンス、（自分に）注意して。
　（20b）Hans_i (Kind_i, Schatz_i), pass auf *mich_i (*ihn_i,*sie_i) auf!

２）つぎに２人称代名詞 du についてみてみよう。
　Donhauser によれば du の場合は複雑で、１）の場合のように、ポジションテストでは決められず、du が命令文の前域に文成分として置けるかはイントネーションの性格と関わってくる。Donhauser が 53 名の学生に尋ねたところ、du は、以下のように間を置き、命令文から離した場合、命令文の前域に置くことが受け入れられた。
　（21a）Du, geh jetzt nicht nach Hause!
　（21b）Du, nach Hause geh jetzt nicht!　（du の呼格の可能性）
　（21c）?Nach Hause, du, geh jetzt nicht!

　Donhauser によれば、（21c）に学生から疑念が出されるのは、du が文成分としての性格をもつことに対してではなく、以下のように du の文頭に来る傾向が強いことによるだろうとする。
　（22a）Du (Hans), heute ist schönes Wetter!　（文頭の du はＯＫ）
　（22b）Heute ist schönes Wetter, ?du (Hans)!　（文末の du は？）

　命令形でこの du が強いアクセントをもつと（ボールド **DU** で指示）、du と nach Hause の前域での結び付きは多くの学生に拒否される。
　（23a）**DU** geh jetzt nicht nach Hause!
　（23b）***DU** nach Hause geh jetzt nicht!　（du の主語の可能性）
　（23c）*Nach Hause **DU** geh jetzt nicht!

　ドイツ語の場合、アクセントのある **DU** は以下のように通常命令形の動詞

のあとである。

(24) Geh **DU** jetzt nicht nach Hause!

このイントネーションと位置の相違が基準1）と関わってくる。例文（22a）は呼格の呼びかけ機能である、しかし例文（23a）は、呼びかけやコンタクトが問題ではなく、指示が問題となっている。上記から Donhauser (S.102) は、人称代名詞 du は、呼格としての機能も、主語としての機能もあるとする。Donhauser ではあげられていないが、複数の母語話者に確認し、(25) „Du, **DU** mach das!" 「あなた、あなたがそれをして！」という文が可能であることからも、du の場合は、主格と呼格の両方が可能であると推測される。

3）最後に不定代名詞(die Indefinitpronomina)と4）不定文(die Indefinitsätze)についてみてみよう。

命令形と結び付いて現れる不定代名詞は einer, keiner, jeder, niemand, wer (irgendeiner の意味)、不定文は wer kann, …, wer sterben soll, … などである。(everyone, nobody, somebody などは英語では数量詞表現（quantifier）と言われる）以下のポジションテストからこの2つのグループのどちらも文成分であるとみなされる。

(26a) Einer gib mir bitte den Aschenbecher!
　　　だれか私にその灰皿をくれますか。

(26b) *Einer den Aschenbecher gib mir mal bitte!

(26c) *Den Aschenbecher einer gib mir mal bitte!

(26b) Den Aschenbecher gib mir mal bitte einer!

(27a) Wer will, (der) nimm sich den Katalog mit nach Hause!
　　　欲しい人はカタログを家にもっていきなさい。

(27b) *Wer will, den Katalog nimm sich mit nach Hause!

(27c) *Den Katalog, wer will, nimm sich mit nach Hause!

(27d) Den Katalog nimm sich mit nach Hause, wer will!

(26b)、(26c) の場合と同様に、(27b)、(27c) はだれにも受け入れられなかった。これは基準5）により不定代名詞や不定文は呼格とは異なると考えられる。また不定代名詞や不定文は呼格のようなイントネーションもなければ（基

準２))、呼格の形式制限も満たしていない(基準３))。また下記のように呼びかけとしても用いられない。(基準１))

(28) Heda, Hans! He, du!

(29) *He, einer! *Heda, wer will!

さらに再帰代名詞も２人称(基準４))ではなく、以下の例文のように３人称 (sich) である。

(30) Nimm dir ein Stück Kuchen!　ケーキを１つとりなさい。

(31a) Nimm **sich jeder** ein Stück Kuchen!

　　　だれも(各自)１つケーキをとりなさい。

(32a) Nimm **sich, wer möchte**, ein Stück Kuchen!

　　　欲しい人はケーキを１つとりなさい。

(31b) *Nimm dir jeder ein Stück Kuchen!

(32b) *Nimm dir, wer möchte, ein Stück Kuchen!

　上記から、命令文に現れる不定代名詞、不定文は呼格ではなく、主語であると考えられる。以上、Donhauser (1986) に従った考察である。[9]

1.4.1.4. 不定代名詞、不定文を主語とする命令文

　Donhauser (1986) は主格と呼格の問題に関しては詳しく触れても、不定代名詞を主語とする命令文そのものには簡単に触れているだけである (S.103, 279f.)。このようなドイツ語の不定代名詞ないし不定文を主語とする命令文に関してはわが国でもこれまで詳細には取り上げられることはなかった。そこでこのタイプの命令文に関して、これまでの研究を踏まえ、実例やその用法をみてみたい。

　不定代名詞と不定文を主語とする命令文に早くから触れているのは、接続法Ⅰ式の命令法への接近について論じた Windfuhr (1967) である。Windfuhr によれば、接続法Ⅰ式では、１人称複数形は勧誘法(Adhortativ) „Gehen wir schon!" に、３人称複数形は敬称の命令文 „Kommen Sie bitte!" に、２人称複数形は e が落ち、２人称の命令形 (gebet: gebt) にと、３つの複数形は命令表現に推移している。接続法の単数は、１人称は要請に用いられ(Ⅴ章１節)、２人称は現在では用いられることがなく、３人称単数のみが間接話法以外で

もよく使われる唯一のものであるが、やはり意味的には３人称に対する要請・願望である。（逆に言えば、２人称単数命令形の形態だけが接続法からの推移とは関係がない唯一のものである。(Liedtke (1993:66f.))

　さらに不定代名詞や不定文を主語とする３人称単数の接続法Ⅰ式の文は、e を落とした場合は、３人称主語の命令文（語幹に変化がない場合）と形式的にも区別がつかなくなる。

(33a) Kehre jeder vor seiner eigenen Tür. 「人のおせっかいはするな。(諺)」

(33b) Kehr jeder vor seiner eigenen Tür.

(34a) Versuche das einer mal. 「だれかそれを試してごらん。」

(34b) Versuch das einer mal.

　Windfuhr によれば上記はどちらも可能、e ありが勧められるが、一方 e なしは具体的な要求を表す。確かに kehre, versuche は接続法Ⅰ式でも命令形でも可能であり、接続法の e 落ちと考えれば kehr, versuch も両方の解釈が可能である。また以下の例ではまったく重なることになる。

(35) Rette sich, **wer** kann. 「逃れられる者は逃げろ。」

　さらに、語幹が一般に変わる動詞が、命令文で変化しない場合があり、その場合はまた同じになる。

(36) Wirf mir das mal einer rüber.

　　 それをだれかこっちにちょっと投げてくれ。

(37) Werf mir das mal einer rüber.

　Windfuhr は、多くの話者は (36) を使うだろうが、(37) も自分のまわりでは聞くことがあると述べている。確かに treffen および helfen の命令形でTriff!, Treff!、Hilf!, Helf(e)! の２つが用いられる。多数は Triff!, Hilf! であるだろうが、日常語ではインターネットや様々な調査から Treff!, Helf! が使われる場合が多々報告されている。[10] この場合も接続法Ⅰ式との相違はなくなることになる。

　次に不定代名詞を伴う命令文に触れているのは、Matzel/Ulvestad (1976: 98-105) である。彼らは Windfuhr を読んでいない。Matzel/Ulvestad によれば、

今までの文法書は 3 人称に対する要求は「接続法Ⅰ式だけによってなされる」と記述されてきた。例えば文法書は接続法の用例として次のような例をあげる：„Geh einer von euch, ... (Schiller).“。そこでシラーの『フィエスコの反乱』からこの例文の当該箇所をみてみよう。

(38) **Geh** einer von euch, streu es in Genua aus, ich sei heitern Humors, ...

(Schiller: *Die Verschwörung des Fiesco zu Genua*, S.14)

おまえたちの一人がジェノヴァに行き、私は愉快である…と、そこで広めてくれ。

ここでは geh は接続法ではなく、命令形と理解される。Matzel/Ulvestad (1976) は 18 の散文作品から geh einer タイプの文を 30 例取り出し（sieh einer タイプ 9 例、schau einer タイプ 2 例、kuck einer an タイプ 3 例、hör einer タイプ 3 例など）、3 人称の要求、命令は接続法現在 3 人称だけでなく、実際に 3 人称主語の命令形が用いられることを示している。

これに対して Erben (1983a:405f.) は、同じシラーの『フィエスコの反乱』から (39) Helfe mir Gott! (S.26) など明らかに接続法の例文を多数あげ、Matzel/Ulvestad (1976) を批判し、20 世紀においても 18 世紀においても Geh einer von euch の文は接続法 3 人称単数の構文であると述べている。そして一般によく知られている、そして接続法とは考えられない (40) Sieh mal einer an! に関しては、Man sehe doch! と Sieh mal! の混合から生じたのだろうという、苦しい説明をしている。しかし、後でみるように、日常会話でも文学作品でも用いられる以下の用法

(41) **Hilf** mir einer! 「だれか助けて！」 （例文 (53) 参照）

(42) **Nimm** mir einer das! 「だれかそれを取って！」

などを見れば、接続法Ⅰ式 3 人称の用法に固執するより、不定代名詞を主語とする命令文を認めたほうが賢明であろう。事実その後の研究では、不定代名詞を主語とした命令文であることが確認されている。

接続法Ⅰ式は、命令法のパラディグマへの移行にあるとする Windfuhr (1967) をやや批判的に論じているのが Wichter (1978:159f.) である。Wichter はまず Windfuhr の例文の出典が明示されておらず、これらの表現がよく使われているとは思えないと述べ、さらに (43) Gib mir mal einer sein Buch.「だ

れか私に彼の本を渡して！」という文は、命令文で、このような文が可能になるのは聞き手に直接話しかけるような会話状況でおいてのみであり、そうでない場合は (44) Einer soll mir mal sein Buch geben. という話法の助動詞の文を用いるか、(45) Einer gebe mir sein Buch. という接続法 I 式の表現を使わなければならないとする。つまり、この 2 つの表現の使い方の相違を指摘している。この接続法と命令法との相違の問題にさらに詳しく触れているのは Fries (1983:87f., 197f.) である。例えば

　(46) Komm **einer** her.　だれか来て。

の場合 einer は一人（あるいは何人かの）そこにいる人に向けられている、つまり wer von den Anwesenden（そこにいるだれか）の意味である。ところが

　(47) Nehme mir doch **einer** die Last ab!　だれか私から重荷を取ってくれ。

の接続法の場合、einer はそこにいない人にも向けられている。この相違は、Fries によれば一方には命令法と接続法による違い、他方には語用論的な条件による相違から来ている。Liedtke (1993:66) も Fries (1983) を踏まえ、例文 (11)、(12) ですでにあげた例 Gebe (Gib) mir einer was zu trinken. で、接続法と命令法の場合の同様の相違（命令文はそこにいる人に直接向けられる要求）に触れている。また、Winkler (1989:49f.), Zifonun (1997:1727), Marillier (2006:157), (2007:104f.) や Eisenberg (2013:195) にも jeder, jemand, keiner, niemand, wer などの様々な不定代名詞を主語とする命令形の例文があげられている。さらに Rosengren (1993:27f.), Kibardina (2001:318) でも触れられているように、einer, jeder などが単数扱いであるのに対して、alle, beide などは複数扱いになる。(11)

　(48) **Komm einer** her!　「だれか来て！」

　(49) Nun **danket Alle** Gott.　「いざやもろびと、神に感謝せよ。」

(Buddenbrooks, S.706)

　Rosengren あるいは Fries (1983:201), Winkler (1989:43) によれば、この 2 つにはさらなる相違がある。まず、複数の alle は再帰代名詞に影響を与えない。つまり alle でも再帰代名詞は sich ではなく euch になる。

　(50) Nehmt **euch** jetzt **Alle** zusammen!　さあ、みんな気をつけて。

さらに alle は主語でも einer のような単数の場合とも異なる。

　(51) Besucht ihn **alle**!

（52）Besuch ihn **jeder**!

　上記で（51）はすべての人が一緒にある特定の人を訪問することと理解される が、（52）は順による個別の訪問と考えられる。また（51）は alle を省略 しても聞き手に大きな意味の相違はないが、（52）で jeder を省略すれば意味 の異なる文になってしまう。（52）では聞き手は一人以上と考えられるが、 Besuch ihn! の場合は聞き手も行為者も同じ1名に限定されてしまう。

　以上を整理すれば以下のようになる。

1 ）様々な不定代名詞、不定文を主語とする命令文が存在する。

2 ）3人称の不定代名詞を主語とする接続法Ⅰ式の文とは意味的な相違が ある。

3 ）3人称の不定代名詞には単数と複数の場合がある。

4 ）複数の alle などは再帰代名詞に影響を与えない。

5 ）単数の場合は省略すると意味に相違がでるが、複数の場合は大きな意 味の違いはない。

　さて、今までの例文はいくつかを除けば出典が明示されていない文法的な 例文であった。Matzel/Ulvestad (1976) は実例を多くあげているが、すべて einer の例だけである。また Winkler (1989:50f.), Marillier (2007) にはいろい ろな例があげられていて参考になるが、多くが Internet からの例文で、必ず しもコンテキストが明らかではない。実際に不定代名詞や不定文を主語とす る命令形があるのかどうか、その場合にどのようなタイプがあり、どのよう な機能があるのかを筆者が文学作品や他の研究から収集した実例でみてみよ う。

einer

　（53）Hilf mir **einer**.　　　　　　　　(B. Brecht: *Mutter Courage*, S.61)
　　　　だれか助けて！

　（54）Da schau **einer** an, die Leo.　　　(B. Schlink: *Selbs Betrug*, S.28)
　　　　おい、（見ろよ、）あのレオだ。

keiner

（55）Bleibet haußen, folg ihm **keiner**!　　　　　　（Goethe: *Faust I*, S.38）

外にいろ、ついて入ってはならない！

（56）**Keiner** betritt die Klasse!　（B. Knabe: *Das grüne Geheimnis im Stein*, S.60）

教室にだれも入ってはならない！

Jede(r)

（57）Trage **jeder** das Seinige!　　　　　（F. Hebbel: *Maria Magdalena*, S.78）

だれでも自分のことは自分でしろ！

（58）Stellt auch ihr euch in den Kreidekreis, faßt **jede** eine Hand des Kindes, und wenn ich >los< sage, dann bemüht euch, das Kind aus dem Kreis zu ziehen.　　　　　　　　（B. Brecht: *Die unwürdige Greisin*, S.187）

おまえたちもチョークで描いた輪の中に入り、各々その子の片手をつかめ、そして私が「始め」といったら、輪からその子を引っ張り出せ。

alle

（59）Tretet **alle** zurück!　　　　　　　　　（Schiller: *Don Carlos*, S.168）

みな、さがっておれ。

（60）»Trinkt aus!« rief der Meister. »Trinkt **alle** aus!«

（O. Preußler: *Krabat*, S.273）

「飲み乾すんだ。」親方は叫んだ。「みんな、飲み乾すんだ。」

wer ...

（61）Schwerenot!　Das zieht. Macht de Tiere zu, **wer** reinkommt.［原文ママ］

（G. Hauptmann: *Die Weber*, S.8, Marillier (2007:108) より）

畜生！　すきま風が入るぞ。入った奴は戸を締めろ。

（62）Schwimme, **wer** schwimmen kann, und wer zu plump ist, geh' unter!

（Schiller: *Die Räuber*, S.19）

泳げるものは泳げ、あまりに不器用なものは沈め。

これらの実例からわかることを整理すれば以下のようになる。

1．実際に多様な不定代名詞、不定文（einer, keiner, jeder, jemand, alle, wer … 等）を主語とする命令文が実例として存在する。ただし man はない。[12]

2．これらをコンテキストの中でみると明らかなように、必ずそこにいるだ

れかに要求していることがわかる。やはり文法的な例文（単文）だけで
はなく、コンテキストの中で見る必要がある。

3. alle では、シラーやプロイスラーの実例からも明らかなように動詞は
   tretet, trinkt のように複数になっている。また例文(61)では不定文が複
   数扱いになっている。
4. プロイスラーの例文 „Trinkt aus!", „Trinkt alle aus!" から alle があっても
   なくても意味がほぼ同じであることがわかる。一方 Hilf mir einer! から
   einer などは省略すれば要求の対象者が変わってしまう。
5. jeder は単数形とされるが、ブレヒトの例文(58)のように複数扱いにな
   ることがある。

　頻繁に現れる命令文ではないため、注目されることがあまりなかったが、
実際には様々な不定代名詞や不定文を主語とする命令文があり、普通の命令
形と機能も異なる。またこのような不定代名詞を伴う命令文はそこにいるだ
れかに直接向けられた要求で、接続法Ⅰ式の場合とは使われ方が異なるな
ど、文法的にも興味深い問題（命令形も人称がある？）を含んだ命令形の一
用法と言えよう。

1.4.1.5. 主語のない命令文の主語は PRO か pro か？

　命令文では主語は通常明示されないが、隠れた主語は2人称 (du, ihr) と考
えられること、また語用論的な理由で主語が顕在化されることがあるが、こ
の場合も現れるのは2人称である。さらに不定代名詞（数量詞表現）や不定
文を主語とする命令文があることをみてきた。この場合も形式的には3人称
でも、主語は語用論的には聞き手ないし聞き手の部分集合であり、2人称性
を有している。しかし主語のない命令文の主語とはどのように考えたらいい
のだろうか。例えば Rosengren (1993), Platzack/Rosengren (1998) は、命令文
は CP 構造ではなく C'（節中間投射）として、命令文には主語がない、ある
いは平叙文の主語とは異なると考える。(13) つまり今まで考察してきた命令
文の主語は平叙文におけるプロトタイプの主語とは異なるという考えであ
る。彼らの Kauf das Buch!「その本を買いなさい！」という命令文の構造は
以下の通りである。(Platzack/Rosengren (1998:193))

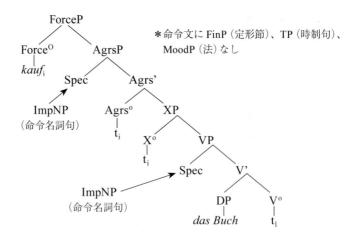

＊命令文に FinP（定形節）、TP（時制句）、
　MoodP（法）なし

＊＊

XP は限定詞句（目的語呼応要素句など）と結び付いたメルクマールの点検に必要
な機能投射。Wratil (2005:210) は、Platzack/Rosengren がなぜ V° と違って、
Agrs° と X° を左においたか不明としている。

　Platzack/Rosengren は命令形の形態は貧弱で、FinP, TP, MoodP を欠く、つ
まり時制と法と人称などを欠き、それが命令文を平叙文など他のタイプの文
と分けるとする。また FinP とその指定部の欠如により、命令文には、平叙
文における主語に相応するような名詞句は　—顕在的であれ、潜在的であ
れ—　ないとする。その代わり命令文に顕在化する命令名詞句 ImpNP を設
定する。これは受け手について (about) ではなく、受け手に (to) 語るためだ
けに使用され、この ImpNP の位置は Spec-AgrsP と Spec-VP であるが、と
もに弱く ImpNP を顕在化させる強制はないとする。つまり今までみた、命
令文に任意に現れる du, ihr の主語代名詞や einer, jeder, alle などの数量詞表
現はプロトタイプの主語ではなく、それは受け手を表すのではなく、受け手
に語りかけるためのもの、つまり呼格的な機能をもつものであるとする。
(Wratil (2005:209f.), (2013:137))

　Rosengren (1993:15f.) ではこの説を裏付けるため、1 つには平叙文で主語
をもちながら、命令文では（主語）代名詞や数量詞表現をもたないイタリア
語やスペイン語をあげ、もし命令文が主語位置をもつなら、これらの言語に
代名詞や数量詞表現が現れないことが説明できない、また命令文で主語を必
須に要求する言語がないことをあげ、これは命令文に主語位置や主語がなけ

ればならないという仮説を支持しないとする。それ以外にもスウェーデン語やアイスランド語の例をあげて自説を補強するが、今まで考察したように、主語と呼格は明らかに異なるもので、ImpNP が呼格の機能をしているとは言えないだろう。呼格は、呼びかけ機能のみで、命令文に限られるものでもなければ、単独イントネーションでコンマもつき、構文に影響を与えないし、文のどこにも入ることができる、これが命令文に現れる ImpNP と同じとは考えにくい。また Kleinknecht (2007:35) は、確かにイタリア語やスペイン語は命令文に数量詞表現をもたないが、ドイツ語と全く同じ条件で命令文に現れる主語代名詞があるとして、上記の Rosengren を批判している。また命令文に主語を必須とする言語が仮になかったとしても、それが命令文が主語をもたない理由にはならないだろう。さらに Platzack/Rosengren の ImpNP と平叙文などの主語との相違の説明も説得力を欠き、むしろ命令文にも本来の主語があることを逆に感じさせる。またこの後でみるようにドイツ語命令文は Nun kaufe das Buch!「さあ、その本を買いなさい」のように V2 が可能で、指定部の存在が想定されるが、C' ではそれが説明できない。ドイツ語命令文は依然として数による区別があり、主語をもたない動詞に命令文をつくることができないことからも（Ⅱ章参照）、顕在的でなくても意味的にも主語の設定がやはり必要であろう。それではどう考えたらいいのだろうか。これに対して生成文法では 2 つの異なったゼロ代名詞が提供されている。つまりPRO と pro である。

　PRO (big PRO) は zu 不定詞など非定形動詞の主語の位置に存在すると仮定される音形のない要素、伝統文法でいう zu 不定詞などの意味上の主語のことである。例えば、

　　Hans empfiehlt Peter [PRO Deutsch zu lernen.]

　　ハンスはペーターに［［ペーターが］ドイツ語を学ぶことを勧める。］

この場合 zu 不定詞の意味上の主語はペーターで、PRO とペーターは同一指示になる。一方 pro (small pro) はイタリア語やスペイン語のような pro-drop言語（主語代名詞の省略が可能な言語）で、主語の位置に想定される音形をもたない名詞句のことである。英語やドイツ語は、主語を必要とする非pro-drop 言語であるとされる。pro が純粋に代名詞的であるのに対して PROは代名詞的であるとともに、前方照応（anaphorisch）である。PRO と pro について述べた Wratil (2013) によれば、「主語のない」命令文の主語を PRO と

定義すべきとするのは Han (2000:135ff.) である。Han によれば、命令文はその未実現［irrealis］メルクマールに基づき、様々な点で不定詞と同一視され、それによって主語 PRO も認められるとする。しかしドイツ語の命令文は不定詞とは異なると考えられるし（Ⅶ章）、PRO は格をもらえる位置に生起できない。それでは語彙的にしばしば顕在化する格をもつ命令文の主語をどう分析するのか不明である。さらに Wurff (2007:35), Wratil (2013:142) は、Han の説明に、どのような要素が命令形 PRO をコントロールし、PRO を相応する受け手との関連をもたせうるかの具体的な記述がないことを指摘している。よって PRO は考えにくい。

　一方 Wratil によれば、隠れた命令形の主語を pro であるとするのは Potsdam (1998), Rupp (2003), Bennis (2007) などである。pro は語彙的に顕在化した代名詞と同じ構文的配置にあるので、語彙的に現れた命令文主語の発生と一致する。Potsdam (1998:235ff.) によれば、命令文の pro の固有のメルクマールは意味的に再現される。通常命令文は聞き手がなにかの行為を行う、つまり聞き手が主語として機能するので、命令文のゼロ代名詞は必然的に確認可能な 2 人称メルクマールをもち、そのことにより「主語のない」命令文に pro が認可されるというものである (Wratil (2013:143))。そして Wratil 自身は命令文の主語は、PRO と pro 両方の特性をもつものとする。ここでは pro か Wratil のように PRO と pro の両方であるのかには立ち入らないが、ドイツ語の命令文は数の区別もあり［+ AGR］(Zhang (1990:38))、命令文に主語を想定することが必要であろう。歴史的にみれば、ゴート語や古高ドイツ語では、命令文以外でも主語の省略はめずらしいことではなかった。Dal (1966:70) によれば、主語として代名詞が用いられるのがルールになるのは中高ドイツ語からで、古高ドイツでは平叙文でも主語代名詞が欠けることが頻繁にあった。現代のイタリア語やスペイン語などの pro-drop 言語と同様に、動詞の語尾変化を見れば主語はわかるからであろう。逆に言えば、ドイツ語や英語は、語尾変化の弱体化とともに主語をもつようになったとも言える。つまり pro-drop の要素はドイツ語にもあった (Heinold (2015:144))。命令文は聞き手を主語とするという語用論的な理由に加え、単数では語尾のない特殊形態から主語は 2 人称、また動詞 → （主語）という語順による主語位置も明確で、ドイツ語命令文の場合は数の区別もあるので、CP 構造で指定部を置き（Rizzi の TopP（話題）のようなもの？）、弱いながらも + Fin

（[＋ 2. Person]［＋ AGR（数）]［− Past（過去でない）]）と考え、動詞は T° 経由
で C° まで繰り上がり、IP (TP) の指定部に主語 (pro) を置く以下のような構
造の方が、少なくとも Rosengren などの C' 構造よりもわかりやすいのでは
ないか。例えば Nun kaufe (du) das Buch!「さあ、その本を買いなさい！」と
いう命令文は以下の構造と考えられる。なお、主語の設定を含め、生成文法
に基づいたドイツ語命令文の豊かな構造の分析には吉田 (2008) が参考にな
る。

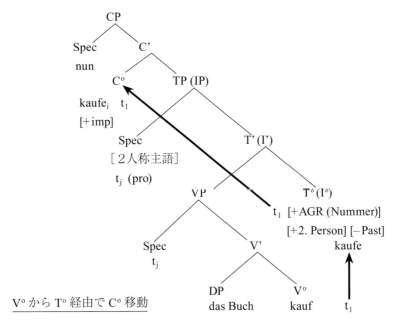

V° から T° 経由で C° 移動

Wratil (2005:111), 保阪 (2001:47) も参照。

1.4.2. 定動詞の文頭化

　命令文の大きな特徴の 1 つは動詞が文頭にくることである。しかしこれは
すでに古高ドイツ語においても、重要ではあるが、いつも確かな命令文の指
標という訳ではなかった (Heinold (2015:144))。現代ドイツ語においても、実
際には動詞が文頭に来ない場合がしばしば見られる。[14]

a ）so, dann, nun, jetzt, erst, hier, da, darum, daher, also などの副詞が前に来る場合。

(63) *Jetzt* **sei** still, Thomas! … Jetzt höre zu!

(Th. Mann: *Buddenbrooks*, S.384)

今はもうなにも言わないでトーマス。… 今は聞いて！

(64) *So* **bedenke** *doch*, was es bedeuten würde, Thomas!

(*Buddenbrooks*, S.599)

これがどういうことかって、兄さん（トーマス）よく考えてみてよ。

例文 (63) は jetzt の強調、例文 (64) の副詞 so に導入される命令文は、岩崎 (1999) が豊富な例文で詳しく触れているように、doch などの心態詞を伴い話者のいらだちの気持ちを表している。ここでは自分たちの生まれた家がよりによってはハーゲンシュトレーム家に買い取られようとしているのを、兄が時の流れと平然と受け止めているのが話者であるトーニには耐えられないのである。その他の例はプロイスラーの『クラバート』から、また並列の接続詞の場合をケストナーの『点子ちゃんとアントン』からいくつかみてよう。

(65) Dann **höre** mir jetzt gut zu!　　　(O. Preußler: *Krabat*, S.128)

それならこれから俺の言うことをしっかり聞け！

(66) Nun **zeig**, ob du fahren kannst!　　　(*Krabat*, S.131)

さあ、馬を御せるかやってみろ！

(67) Also **eßt** euch schön satt — aber überfreßt euch nicht!　(*Krabat*, S.175)

だからいっぱい食べろ、でも食べ過ぎないように！

(68) Und **nimm** es mir nicht übel, liebe Mama, …

(E. Kästner: *Pünktchen und Anton*, S.97)

そして悪く思わないで、愛するママ、…

(69) Aber **tu** mir den Gefallen und lass dir's nicht merken. (*Pünktchen*, S.30)

すまないけど、気づかないふりしてくれる。

b ）あらゆる文成分が動詞の前に来ることが可能

a ）のような副詞以外でも、3格名詞（例文 (70)）、4格名詞（例文 (71)）、

前置詞句（例文 (72)）、さらに副文（例文 (73)、(74)）などあらゆるものが動詞の前にくることがある。なお、例文 (73) の mach nur, daß は「さっさと〜しろ」といった相手を急き立てるやや乱暴な命令表現である。

(70) *Dem jungen König* **werft** euch **nieder**.　　　(Schiller: *Don Carlos*, S.172)
若い王の前にひれ伏すがよい。

(71) Da hast du recht, Thomas! *Das* **sage** du nur noch einmal!
(Th. Mann: *Buddenbrooks*, S.386)
その通りよ、トーマス。それをもう一度言ってみて。

(72) Und um den Verwalter **mach** du dir mal keine Gedanken!
(J. Richter: *Hechtsommer*, S.115)
管理人のことは心配しないで。

(73) aber da es noch lange nicht genug war, so **mach** nur, daß du wieder nach Hause kommst!　　　(*Buddenbrooks*, S.230)
（金目当で結婚したんだ）それが充分になかったんだったら、とっとと実家に戻ってしまえ。

(74) Aber wenn du Lust hast, **komm** doch wieder zum Fußballspielen.
(H. Boll: *Ansichten eines Clowuns*, S.40)
でも君がよかったら、またサッカーをしにおいでよ！

　命令文は、特に du に対する場合は定動詞が倒置されても、動詞の形態や主語省略から命令文であることが理解される。これらの例から、主語の省略、動詞の文頭化は命令法の標準形ではあるが、絶対的な特徴であるわけではないことがわかる。またコンテキストによっては、主語の省略は直説法でも見られる。„Komme um 10 Uhr zurück.“「（私は）10 時に戻る。」ただし、この主語 (ich) 省略は文頭にある場合だけで „Um 10 Uhr komme zurück.“ は不可である。それに対して命令文では例文 (70) のように主語がなくても、文成分 (dem König) を文頭に置くことが可能である。(Donhauser (1986:83f.))

　なお、Winkler は、文副詞は、それが命令文に使われるものであっても（例えば unbedingt, wirklich, bestimmt）は命令文の文頭にくることはないと述べている。さらに nicht などの否定詞、nur などの心態詞や焦点化詞 (Gradpartikel) や並列接続詞（例文 (68)、(69)）と異なり、従属接続詞も命令

文の文頭に一般には来ない。詳しくは Winkler (1989:70f.) 参照。

1.4.3. 主文制限あるいは埋め込まれた命令文は可能か？

平叙文はもとより、疑問文、感嘆文などほとんどの文は従属文（副文）あるいは間接（体験）話法に埋め込むことが可能である。ただ命令文だけは、日本語、中国語、ハングルなどでは可能でも⁽¹⁵⁾、英語やドイツ語など現代のヨーロッパの多くの言語では一般には不可能と考えられている。つまり、命令文は主文だけで、従属文に埋め込むことはできないという主文制限（Hauptsatzbeschränkung）である。例えば以下の例をみてみよう。

（75）Hans-wa Monika-ni [mado-o akete] to itta.

　　　ハンスはモーニカに、窓を開けて、と言った。（日本語ＯＫ）

（76a）*Hans sagte zu Monika, dass [du] das Fenster **öffne**!

（77a）*Hans said to Monika that [you] **open** the window!

（76b）Hans sagte zu Monika, dass sie das Fenster **öffnen soll(e)**.

（77b）Hans said to Monika that she **should open** the window.

このように日本語では「窓を開けて」という依頼文の従属文への埋め込みが可能であるが、例文（76a）、（77a）のように現代のドイツ語や英語では無理で、間接化のためには例文（76b）、（77b）のような話法の助動詞 (sollen, should) により書き換えるしかない。実例でみてみよう。

（78）Da kam einer von den Häftlingen auf mich zu／und fragte ob das Kind mir gehöre／Als ich es verneinte sagte er／*ich* **solle** *es der Mutter geben*. [*dass (du) es der Mutter gib.] (P. Weiss: *Die Ermittlung* In: *Stücke I*, S.267)

　　　そこに一人の囚人が私のところへやってきて、おまえの子かと尋ねた。私が違うと言うと、彼は「（おまえは）その子を母親に返せ」と言った。

ここでも sagte er, dass (du) es der Mutter gib. とは言えない。せいぜい可能な形は sagte er: gib es der Mutter! と直接話法的に再現するしかない。⁽¹⁶⁾

さて、現代のヨーロッパの言語では命令文は従属文や間接話法に埋め込めないと述べたが、古いヨーロッパの言語では事情がちがうことが指摘されている。Grimm (1852:144f.) は、古代ギリシャ語と古高・中高ドイツ語を比較し、両言語に埋め込まれた命令文が現れることに触れている。ここでは

Kaufmann (2012:204f.) にそって述べてみよう。

(79) Oistha　　　ho **drason**; （古代ギリシャ語、エウリピデス『ヘカベ』225）
know. [2p.Sg.Pres.Ind.]　what　do. [Aorist Imp.] = Do you know what you
are to do?
あなたはなにをすべきかご存じですか？

(80) ich râte (dir),　waz du **tuo**.　（中高ドイツ語『クードルーン』149, S.52）
*Ich rate dir, was du tu. [Imp.]　　= Ich rate dir, was du **tun sollst**.
*I advise you what you do. [Imp.] = I give you advice what you **should do**.
私は、あなたが何をすべきか助言します。

例文 (79)、(80) は演劇テキストや叙事詩ではあるが、確かにこれらには従
属文に命令文 (drason, tuo) が埋め込まれている。ただしグリムによれば、ド
イツ語は主語の du が必須、そしてともに do (tuo [中高ドイツ語 tuon の du
に対する命令形]) という動詞に制限されている。さらにギリシャ語の場合は
2 人称現在形の οἶδα (to know) という疑問文が主節の場合に限られる。

中高ドイツ語の場合 „waz du tuo (was du tu)"、„wie du tuo, (wie du tu)" が固
定化された構造であるのに対して、古ゲルマン語は命令形の生産的な埋め込
み (productive embedding) を示しているとして、Kaufmann は Erdmann (1886),
Rögnvaldsson (1998) から、古アイスランド語、古高ドイツ語、古ザクセン語、
古スウェーデン語の例を引用している。確かにこれらは中高ドイツ語のよう
に、固定化されたものではなく、様々な形があり、Kaufmann は次のように
二分化できるとしている。

(81) 命令形 + that you + 命令形
Nù ger þù svo mannlega **að** þù **rek**　pá brottu … （古アイスランド語）
now act you so manly　**that** you **drive** [Imp.] them away, …
男らしくふるまい、彼らを追い払え。

(82) I ({must, want}) {allow, advice, ask, …} + (you) that you + 命令形
ik bimunium　dih, […] **daz** du niewedar ni **gituo**.　（古高ドイツ語）
I implore　　you […] **that** you never not **do**. [Imp.]
私は、あなたが二度とやらないよう嘆願する。

　前者は古アイスランド語、後者は古アイスランド語、古スウェーデン語、古ザクセン語、古高ドイツ語などである。ここでは Erdmann から古高ドイツ語、古ザクセン語の場合だけを具体的にみてみよう。Erdmann (1886:119) は命令文は主文だけであり、副文での使用はドイツ語では、古高ドイツ語、中高ドイツ語だけでみられるとして、例文 (82) 以外にも、オトフリートの『福音書』から古高ドイツ語、『ヘーリアント』から古ザクセン語で以下の例をあげている。この2つの例文は、以下にみるように別の観点から高橋 (1994:173) にもあげられている。

(83) sîs bimúnigôt, … **thaz** thu unsih nû **gidua** wîs. (Otfrid: IV, 19, 47, S.192)
　　 *sei aufgefordert, **dass** du uns nun bekannt **mache**.
　　 sei aufgefordert, **dass** du uns nun bekannt **machen sollst**.

（拙現代ドイツ語訳）

　　 汝は、我らに今、知らせよと頼まれてあれ。
(84) éwa gibiudid, **that** thu man ni **slah**. 　　　(Altsächsisch, Heliand 3269)
　　 *Das Gebot gebietet, **dass** du Menschen nicht **erschlage**.
　　 Das Gebot gebietet, **dass** du Menschen nicht **erschlagen sollst**.

（拙現代ドイツ語訳）

　　 その教えは、汝は人を殺すなと命じている。

　Kaufmann (2012) が述べているように、これらは次のような構造をもっていて、副文内に命令形があり、命令文が従属文に埋め込まれている。

命令主文	接続詞	主語（2人称）+ ……	命令形
(83') sîs bimunigôt,	**thaz**	thu unsih nû	**gidua** wîs.
(84') éwa gebiudid	**that**	thu man ni	**slah**.

　これらの例文に関して高橋 (1994:173) では、「命令・依頼の主文 (sîs bimúnigot, éwa gebiudid) に続く古ザクセン語の that、古高ドイツ語の thaz 文において、叙想（接続）法形ではなく、命令法形 (gidua, slah) が使用されている場合 [（　）内は筆者]」と記されている。邦訳は高橋 (1994) を借用させていただいたが、高橋は、命令文の主文に続く従属文は一般に接続法になるが、ここでは命令法が用いられている例とする。一方 Weinhold (1967:379) は、

グリムがギリシャ語と（中高）ドイツ語で同じものと例証した、従属文における2人称命令形ととることもできる、としている。Erdmann (1886), Kaufmann (2012) はこの解釈になるだろう。しかしこの形は13世紀以後消滅し、現在には伝わらなかった。[17]

事実、現代のドイツ語や英語に関しては命令文が副文や間接話法に埋め込めないことについては、主なものだけでも Huber/Kummer (1774:46), Donhauser (1986:132f.), Winkler (1989:106f.), Fries (1992:162), Rosengren (1993:9f.), Markiewicz (2000:69f.), Han (2000) などに明確に述べられている。[18]例えば Platzack/Rosengren (1998:195) によれば、埋め込み節は（現実）指示表現（referring expression）で、述部の項として機能している。一方すでに触れたように、命令文は FinP が投射されていない、つまり時制と法と人称などを欠くので、命令文は埋め込み節の現実世界にリンクできないというものである。さらに Han (2000:115ff.) では、命令文の主文制限は命令文の普遍的な性格で、これを命令文特有の構文上の特質として説明している。Han によれば、命令文には命令形の動詞をいつも文頭の位置に動かし、そこで指令を生み出す命令文オペレータがある。それは従属文を導くあらゆる接続詞の導入をブロックする (Wratil (2013:133f.))。すでにみた古ゲルマン語の例は Han のこの主張の反例になるだろうが、確かに現代のドイツ語や英語では命令形の左側に従属接続詞が来る、埋め込まれた命令文を想像するのは容易ではない。

ところが、最近 Kaufmann (2012, 2013, 2014) では、現代のヨーロッパの言語（英語、ドイツ語、スロベニア語）などに「（従属文に）埋め込まれた命令文（Embedded Imperative）」の研究があり、その実例をあげ説明している。[19]とりわけ Kaufmann (2012:208-211), (2013) においては日常ドイツ語におけるドイツ語の埋め込まれた命令文について述べられているので、この問題についてまず少し考えてみよう。

ドイツ語では以下の例文のように命令文の dass 構文内の埋め込みは不可能であるが、口語などでは例文 (86) のような形は、sagen（言う）や vorschlagen（提案する）では可能である。

(85) *Ich sage dir, dass geh nach Hause. (dass du nach Hause geh.)
(86) Ich sage dir, geh nach Hause.

僕は君に家に帰るように言う。

例文 (86) では、古ゲルマン語の例のように thaz (dass) といった補文標識もなければ、この命令文を埋め込まれた文として、直接話法から区別する手段もなく、この文を埋め込まれた命令文ということはできない。しかし Kaufmann (2012:208f.) によれば、現代ドイツ語においても命令文の埋め込みを認める 2 つの基準がある。それは (i) 文脈依存指示語 (indexicals) の解釈と (ii) *wh*- 抽出 (*wh*-extraction) である。前者からみてみよう。

(87) Ich hab dir gestern zwar gesagt, **geh da heute hin**, aber inzwischen glaub ich nicht mehr, dass das eine gute Idee wäre.
私はきのう確かに君に、<u>今日そこに行く</u>ように言ったが、そうこうするうちにそれがいい考えであるとは思わなくなった。

これは日常会話での一文と考えられるが、命令文は「きのう」発せられたわけで、この文の発話時に命令しているわけではない。命令文の発話時の発言は „Geh da **morgen** hin!"「あすそこに行け！」というものであったと考えられる。それがこの文の発話時の視点から「今日 (heute)」に変換され、間接化されている。したがって命令文 „geh da **heute** hin" は直接引用ではない。次に命令文の発話者 (Hans) と報告文の発言者が異なる例をみてみよう。

(88) Hans hat dir doch gestern schon gesagt, **ruf meinen Vater an**.
ハンスは君にきのうすでに<u>僕の父に電話する</u>ように言っただろう。

ここではハンスがきのうこの文の聞き手 (du) にした命令文は Ruf **seinen** Vater an! であったと一般には考えられ、この「彼」が (88) の文の発話者であり、ハンスのきのうの命令文はこの文の発話者の視点から「私」に変換されていて、ruf meinen Vater an! は直接引用ではなく、間接化されている。dass という補文標識はないが、このような文脈依存指示語の解釈により、命令文が sagen という動詞に埋め込まれることになる。[20]

次に *wh*- 抽出 (*wh*-extraction) をみてみよう。

（89a）Stell den Blumentopf im Garten hin!　?Wo stell den Blumentopf hin?

（89b）Stell den Blumentopf im Garten hin!　Wo soll ich den Blumentopf hinstellen?

植木鉢を庭に置いて！　どこに植木鉢を置けって？

（90a）Na komm, du weißt es doch.　?Wo stell den Blumentopf hin?

（90b）Na komm, du weißt es doch.　Wo sollst du den Blumentopf hinstellen?

おい、知ってるだろう、どこに植木鉢を置かなきゃならないか。

　例文（89a）、（90a）の Wo stell den Blumentopf hin? という文は、例文（89b）のようなエコー疑問文か、例文（90b）のような修辞疑問文のやや不適格な文と言えよう。しかし以下の例文（91）、（92）のように命令文補文からの *wh-* 抽出（補文からの wo の抜きとり）は、母語話者によっては可能で、すでになされた命令についての情報を得るときに使われうるとのことである。[21]

（91）**Wo** habe ich (dir) gestern gesagt **stell den Blumentopf hin**?

私はきのう、どこに植木鉢を置けと言いましたか。

（92）**Wohin** hat Hans dir gesagt **stell den Blumentopf**?

ハンスは、あなたにどこに植木鉢を置けと言いましたか。

　もしこれがほんとうに可能であれば、これも一種の埋め込まれた命令文と言えるかもしれない。ただし、このような現代ドイツ語の埋め込まれた命令文は、伝達部で主語に語りかけられる人物 (dir) が、この文の発話状況の聞き手と同一の場合のみ可能となる。Kaufmann はこれを「聞き手不変の制限（addressee constancy restriction）」と呼んでいる。さらに sagen といった一部の動詞にのみ可能である。このような条件付きの限られた場合だけではあるが、ドイツ語の日常言語で命令文が埋め込まれることがあると言える。ただ、母語話者に尋ねると、これらの文、特に *wh-* 抽出の文は不自然で、あまり使われることはないとのことである。その意味では、現代ドイツ語で埋め込まれた命令文が可能と一般化することはできないかもしれない。語用論的にも、命令文は自律していて、補文にはそもそも適しないと言えよう (Wratil (2013:135))。

1.4.4. 命令文の時制と態

1.4.4.1. 現在完了、未来完了の命令文

　命令文はこれから行われる行為を表す。その命令文の動詞は時制的には中立で、過去を指示する副詞（句）とは共起しない。また、以下のような完了や未来の命令文も一般には許容されない。[22]

(93)　***Sei** um fünf Uhr **gekommen**!

(94)　***Habe** das Buch auf den Tisch **gelegt**!

(95)　***Werde** nach Frankfurt **kommen**! ((93)～(95) Zifonun et al (1997:1248))

　ただし、文学作品などでは完了の命令文が現れることがある。よく引用されるのはゲーテの詩「魔法使いの弟子」の最後の部分と『ファウスト』第一部 1958～59 行目の部分である。

(96)　In die Ecke, Besen! Besen! **Seids gewesen.**

(Goethe, Der Zauberlehrling In: *Gedichte*, S.123)

　　箒よ、箒、隅へ行け！　箒に戻ってしまえ！

(97)

Fünf Stunden habt Ihr jeden Tag;	毎日 5 時間、講義を聴く。
Seid drinnen mit dem Glockenschlag!	鐘が鳴ったとたんに講堂にはいっている。
Habt Euch vorher wohl präpariert,	**あらかじめよく調べておいて、**
Paragraphos wohl einstudiert,	**一節一節を頭に入れておけば**
Damit Ihr nachher besser seht,	教授が本にあることのほかはなんにも言わん
Daß er nichts sagt, als was im Buche steht;	ことが、あとでいっそうよくわかる。
(Goethe: *Faust I*, S.56f.)	ゲーテ『ファウスト』手塚富雄訳

　例文 (96) の Seids (Seid es) gewesen! は sein 動詞の完了形の命令文、es は本来の姿（箒）に戻ること。つまり「本来の姿（箒）に戻ることを完了しておけ」という意味と考えられる。例文 (97) の『ファウスト』の場合も、「あらかじめよく調べてしまっておけ、一節一節を頭に入れてしまっておけ」というように、「講義に出るまでに～してしまっておけ」という未来完了、完結の表現である (als Ausdruck der Abgeschlossenheit) と考えられる。事実未来完了

の命令文は可能である。[23]

（98）**Habt** morgen ja die Arbeit **abgeschlossen**, sonst ...

（Zifonun et al (1997:1729)）

あすまでにその仕事を済ましてしまっておけ、さもないと…

（99）**Hab** gefälligst bis morgen den Kram **erledigt**!　　（Wratil (2005:37)）

あすまでにどうかそのガラクタを片づけてしまっておいてくれ。

さらに Donhauser (1986:230) や Rosengren (1993:31) は、条件文で可能になる完了の例をあげている。

（100）**Habe** dich nur einmal **verspätet** und sie wird es dir ein Leben lang vorhalten.

一度でも遅刻してしまってみろ、そのことで君は一生彼女に非難されるだろう。

（101）**Hab** (du) mal so schlecht **geschlafen** wie ich, und du wirst auch klagen.

ひどく眠れないことを私のように経験したなら、君も嘆くだろう。

1.4.4.2. 受動の命令文

命令法の態は能動態が一般的である。受動文の命令文は、 ― Dal (1966:151) が記しているように― 中高ドイツ語では werden でつくられていた（wirt erslagen「打ちのめされよ！」(Wolfram)）。現在のドイツ語では下記のように sein とでのみつくられる。werden の場合もあるが奇異な感じがする。受動文の命令形は型にはまった挨拶（例文(102)）では使われることはあっても、古風な感じは否めない。ただ例文 (103) などは教会など宗教的な場では今でもよく使われるようである。

（102）**Sei** mir gegrüßt!　「挨拶されてあれ！＝ようこそ！」

（103）**Sei** gesegnet!　「祝福されてあれ！＝祝福されていますように！」

（104）**Seid** uns gegrüßt, Herr Graf!

（Kleist: *Das Käthchen von Heilbronn*, S.102）　ようこそ、伯爵！

（105）**Seid** umschlungen, Millionen!

（Schiller: *An die Freude* In: *Gedichte*, S.28）

お互いに抱き合え、もろびとよ！「歓喜に寄せて（ベートーヴェン第九）」

(106) Und sobald Permaneder angekommen war, hat Tom in aller Stille geschäftliche Erkundigungen über ihn eingezogen, da **sei überzeugt**, …

(Th. Mann: *Buddenbrooks*, S.341, Winkler (1989:16) より)

ペルマネーダーがこちらに来るやいなや、トムはこっそり彼の商売について調べさせたの、ほんとうよ［納得されてあれ、信じてあれ！］

(107) Terro gegen Terro, unterdrückt oder **werdet unterdrückt**, zerschmettert oder **werdet zerschmettert**!　(B. Brecht: *Die Tage der Kommune*, S.305)

テロにはテロ、抑圧するか、抑圧されるか、打ち壊すか、打ち壊されるかだ！

　城岡 (1983) は、意志動詞（人間を主語とする具体的な動作を表す動詞）は命令形になるが、無意志動詞（人間を主語にしない動詞、あるいは人間を主語にしても、生理的現象を表している動詞 (frieren（凍える）) や心理的現象を表している動詞 (sich freuen（喜ぶ）) は命令形にして使いにくいとし、さらに受動文も述語全体として無意志動詞として扱えるだろうと述べている。そして一般的な受動文 *Werde (Sei) von deinem Lehrer gelobt! 「先生に褒められなさい」が誤りで、命令と共起しないことに触れている。これは受動文が「被動者 (patient) の主語を好み、命令文は動作主 (agent) の主語を好み、この２つの意味役割が両立しにくいためであるし (高橋 (2004:185))」、そもそも他者から褒められること自体は自らコントロールできることではない（Ⅱ章注 (8) 参照）。つまり、受動の命令文はあまり用いられないと言っていいだろう。[24] Donhauser (1986:230), 桜井 (1986:280), Wratil (2005:37) は以下の例をあげているが、やや古風な表現と言えよう。

(108) Friß oder **werde gefressen**!　「食うか食われるかだ！」

(109) **Werde** von Hölle und Teufel **gehetzt**!

地獄と悪魔に追いたてられよ。

(110) **Werde** erst einmal zum Ritter **geschlagen**, mein guter Siegfried!

善良なるジークフリートよ、（刀礼によって）騎士に叙されよ！

　Kleinknecht (2007:49) は、イタリア語のドイツ語訳ではあるが、普通は命令文が可能でない受動文も、条件文では可能になることに触れている。

（111）Sii odiato una volta e comprenderai che cosa sto soffrendo.

　　　Werde einmal **gehasst**, und du wirst verstehen, was ich durchmache.

　　　一旦嫌われてみろ、そうすれば俺が耐え忍んでいることがおまえにもわかるだろう。

まとめ

　ここでは、1.命令文の主語、2.定動詞の文頭化、3.主文制限、4.命令文の時制と態をみてきた。命令文は、敬称の2人称の場合を除けば、一般には主語が省略されるが、隠れた主語は2人称 (du, ihr) であると考えられる。その主語が現れることがあること、また不定詞や不定文を主語とする命令文があることをみた。そしてこれらの代名詞は　―Platzack/Rosengren (1998) の主張と異なり―　プロトタイプの主語と同じと考えられる。また命令文は、定動詞がふつう文頭に来るが、so, jetzt などの副詞や様々な文肢が文頭に来ることがあること、さらに現代のドイツ語の命令文は主文においてのみ可能であるが、古高、中高ドイツ語ではパターンは決まっているが命令文が副文に埋め込まれることがあったことを見た。また現代ドイツ語でも，条件が揃えば、(i) 文脈依存指示語の解釈や (ii) wh- 抽出のように命令文が副文に埋め込まれていると考えられるものがあるが、母語話者により不適格とみなされることもあり、一般的とは言えないであろう。命令文はこれから行われる行為ではあるが、動詞は時制的には中立で、能動文が一般的である。ただ、歴史的には文学作品などで現在完了の命令文が用いられることがあったし、また未来完了の命令文は今でも用いられることがある。また現在では sein 動詞による受動命令文が限られた形ではあるが使われるのをみた、それゆえ命令文を1.主語省略、2.定動詞の文頭化、3.主文制限などにより必ずしも特徴づけることができない場合もあると言えよう。

注 (Ⅰ章4節)

(1)　Huntley (1984:108f.), Donhauser (1986:209ff.) は非直説法としての命令文について述べている。

　　(1a) Bill asserted that Mary will invite Joe.

「ビルは、メアリーがジョーを招待すると言った。」

(1b) *Bill asserted that Mary invite Joe.

(2a) Bill demanded that Mary invite Joe.

「ビルは、メアリーがジョーを招待するよう命じた。」

(2b) *Bill demanded that Mary will invite Joe.

(3a) Er befahl ihr, nach Hause zu gehen.

(3b) Er befahl ihr ?dass sie nach Hause geht (gehe).

「彼は、彼女に家に帰るように命じた。」

英語では叙述的な動詞の補文では定形の動詞のみ可能であるが、命令的な動詞の補文では不定形(仮定法現在[接続法])のみが可能である。ドイツ語の場合はそれほど厳格ではないが、命令的な動詞の補文には直説法よりも zu 不定詞や接続法が用いられる。(古高ドイツ語、中高ドイツ語でも命令、依頼の主文に続く補文(thaz 文)は接続法である。)これは命令文の非直説法性、まだ成立していないが、その成立が問題となっている世界との関係性、つまり「仮定性」を表していると言える。Gysi (1997:135f.) は、これをサールの発話内行為の「行為指令型 (directives)」や Ribbeck (1820) の命令文の生み出す力 (erzeugende Kraft) と関係づけている。なお高橋 (2017:46f.) は命令文の第4の特性としてさらに「力の行使 (Force Exertion)」をあげている。(Ⅲ章2節参照)

(2) ただし、共起できないのは、命題について蓋然性を示したり (wahrscheinlich, vermutlich, vielleicht)、話者の見解を表すような文副詞 (leider, erfreulicherweise) であり、聞き手に関連する副詞 (lieber, vorsichtigerweise …) は共起可能である。

Geh *leider/*vermutlich/… sofort ins Bett!

Geh **lieber** sofort ins Bett!　「すぐ寝たほうがいいよ！」

(Winkler (1989:190), Rosengren (1993:10), Fries (1983:74,84), 井口 (2000: 88, 111, 117))

(3) 命令文に主語がないのは、命令形に語尾 -st がないのと同様に、命令文はいつも受け手と関連している (adressatenbezogen) ためと言えよう。ただ、見方を変えれば、命令文は主語を失ったのではなく、平叙文や疑問文が主語をもつようになったとも言える。ラテン語はよく知られているが、語尾変化が複雑であったゲルマン語のゴート語も主語が必要でな

かった。ドイツ語は古高あるいは中高ドイツ語から主語をとるのがルールになるが、それは人称変化の退化と考えられ、命令形にはその必要はなかった。ドイツ語も起源的には pro-drop 言語（主語代名詞の省略が可能な言語）の可能性があったわけで、人称関連が明らかな命令形に、主語がないことは、それほど逸脱した性格とは言えないかもしれない。

(4)　英語の own も同様である。Use **your** (*my, *his, *our, *their) own car! なお、例文 (33) Kehre jeder vor **seiner** eigenen Tür. のように、主語が3人称 (jeder) の場合は eigen の前の所有形容詞も3人称 (seiner) になる。

(5)　命令文に主語が現れるのは、古高ドイツ語や中高ドイツ語においても頻繁にみられる。

> drof ni zuívolo **thu** (du) thés. 「汝これを疑うな。」 (Otfrid: I, 5, 28, S.21)
>
> nu **hab du** di gebære, diu werc wil ich begân.
>
> (*Das Nibelungenlied* 452, S.134)
>
> あなたはただ身振りだけなさるのです、実際の技は私がしますから。(前 127)

ただ、命令文で主語代名詞を必ず要求する言語はないようである。(Zhang (1990:157f.), Rosengren (1993:18))

(6)　Zhang (1990:157), Han (2000:39) などでは *Du trink den Kaffee! *Du schreib den Aufsatz. となっているが、一般的ではなくてもアクセントのある **DU** trink den Kaffee! は可能である。事実例文 (4b)〜(7b) はドイツ語母語話者が適格としている。Donhauser (1986:102f.), Fries (1992:169), Winkler (1989:72f.), Rosengren (1993:4f.) など参照。なお、英語も中英語、さらに初期近代英語までは動詞 → 主語の語順である。„waische ȝe ȝoure feet.“「足をお洗いください。」(*The Wycliffite Bible*, Genesis 19.2) (水鳥・米倉 (1997: 67f.))、"Come, come, and sit **you** down."「さあ、さあ、お座りください。」(『ハムレット』 3 幕 4 場 (Ukaji (1978:97)) 参照。) "Look you" (いい？) はその名残か？

(7)　これら以外にも英語圏の研究では主語 (subject) と呼格 (vocative) の相違について述べられている。高橋 (1989:50f.) に基づいてドイツ語の場合と比較してみよう。

nobody/no one は主語には現れるが、呼格には現れない。

> *Nobody/*No one, move.　*Niemand/*Keiner, bewege sich. (呼格)

Nobody/No one move. Niemand/Keiner bewege sich.（主語）

handsome などは呼格には付くが、主語には付かない。

Handsome coward, take off your hat.

Schöner Feigling, nimm deinen Hut ab.（呼格）

*Handsome coward take off your hat.

*Schöner Feigling nimm deinen Hut ab.（主語）

相手が目の前にいる場合、my son など呼格では可能。

My son, don't lie to me. Mein Sohn, lüge mich nicht an.（呼格）

*My son don't lie to me. *Mein Sohn lüge mich nicht an.（主語）

上記はドイツ語でも一般に同じと言えるが、やっかいなものが、代名詞の照応系の違いである。英語では 3 人称主語 (everyone, someone) の後では 2 人称と 3 人称の両方が可能であるが、3 人称呼格は 2 人称のみである。ドイツ語の jeder, jemand は主語も呼格も 3 人称 (sich) である。

Everyone, behave yourselves/*themselves. （呼格）

Everyone behave yourselves/themselves. （主語）

Jeder, benehmt *euch/sich. （呼格）

Jeder benehmt *euch/sich. （主語）

Somebody, take off your/*his coat. （呼格）

Somebody take off your/his coat. （主語）

Jemand, zieh *deinen/seinen Mantel aus. （呼格）

Jemand zieh *deinen/seinen Mantel aus. （主語）

(8) インフォーマントはドイツ、フライブルク大学の学生と元西ドイツ放送局職員の知人（北ドイツ出身）とフライブルク大学教授（オーストリア出身）の 3 名。「?」は 3 名中 1 名が疑義を述べたもの、「??」は非文とは言えなくても、かなり問題があると思われる文章。ただし例文 (17) の ?? は Schmerling (1975:504) からそのまま引用したものである。

(9) Donhauser (1986:130f., 141) は、ドイツ語の命令形の形態は、人称は 2 人称だけであるが、数の区別はあることから「準定形(semifinite Verbform)」とする。Wunderli (1976:10) がフランス語において行ったヒエラルヒー（命令形は含まれていない）を参考に、以下のように、不定形の

不定詞や分詞、定形の接続法や直説法の間に命令形を据える。

Infinitiv	Semantem Verb	(infinit)
Partizip	Semantem Verb Aspekt	(infinit)
Imperativ	Semantem Verb Aspekt Numerus (Person?)	**(semifinit)**
Konjunktiv	Semantem Verb Aspekt Numerus Person	(finit)
Indikativ	Semantem Verb Aspekt Numerus Person Tempus	(finit)

　　ただ、ここで見たように einer などを 3 人称主語と捉え、Winkler (1989:42f.) のように人称に関して標識があるという立場もある。Zifonun et al (1997:1727) も参照、表内の（ ）は筆者による。

(10) nim! に対する nem! という別形は、古ザクセン語にも (高橋 1994:11)、中世低地ドイツ語にも (藤代・檜枝・山口 (1987:53))、ルターやゲーテにも見られ (Bergmann (1990:258))、現代でも日常言語では用いられる (Eisenberg (2013:194))。例えば、フライブルク大学 2015/16 Wintersemester で参加した Peter Auer 教授の研究コロキュウムにおいても、現在ドイツで helten の命令形に helf! などが用いられる研究報告がなされていた。

(11) Donhauser (1986:256f.) では alle と beide は通常 geht とだけで、gehen とは結び付かないことに触れられている。„Geht (?Gehen) alle/beide nach Hause!“「みんな／二人とも家に帰りなさい！」一方不定詞 einige と zwei, drei といった数詞は、敬称形式（複数 3 人称）とのみ結び付く。„Bleiben (*Bleibt) bitte einige/zwei auch auf der rechten Seite stehen!“「何人か／二人は右側にも立っていて！」

(12) Windfuhr (1967) は man は einer で代用できるから、としているが、Donhauser (1986:106f.) は einer と man は同じではないという理由から反論している。また、一部の母語話者では „?Trag **ein starker Kerl** die Koffer!“「強い奴がトランクを運べ！」のように 3 人称代名詞以外の主語を認めている。Wratil (2013:137), Donhauser (1986:107f.) も参照。一方英語ではこの形が一般的に可能である。"**Visitors** please use the other entrance."「ビジターの方は別の入口をご利用ください。」(Davies (1986: 133))

(13) Fries (1992:174ff.) も CP 構造ではなく、I'（屈折句中間投射）であるが、Rosengren と異なり、命令文に構文的な主語位置を認めている。Fries の構造は以下の通りである (S.176)。

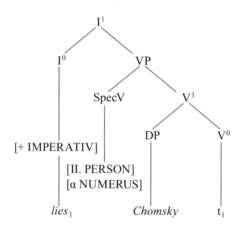

(14) 定動詞の文頭化 (die Erststellung des finiten Verbs) に関しては、Donhauser (1986:72-82), Winkler (1989:68f.), Rosengren (1993:6f.), Markiewicz (2000:65f.) など参照。なお、Heemstra の研究によれば、darum, daher は時として、jetzt, vorher, erst, da は大抵、nur は通常、so と dann はいつも動詞の前に来る (Donhauser (1986:73))。

(15) 日本語に関しては Kaufmann (2012:198f.)、中国語に関しては荒川 (2015:269f.)、ハングルに関しては Kaufmann (2014:12) など参照。

(16) スロヴァキア語やポーランド語のようなスラブ語では「報告機能の命令文」に言及されている。„Pravdaže ti je dobre! Ale ja: tráp sa, kedy čo naklochníš — katuj sa!" ドイツ語訳 „Natürlich geht es dir gut. Aber ich: mach dir Sorgen, was du wann kochst — plag dich ab." 「もちろんおまえはいいよ。でも俺は、なにを、いつ料理するか気を使え、あくせく働けって、言われてんだよ！」ここでは要求されている行為は、第三者により、語り手に強要されていて、それは語り手には不当と見なされているものである。つまり自分ないし他の者に向けられた要求の皮肉を込めた再現といえ、Späth 自身も触れているように命令文の体験話法的な再現と言える。詳しくは Späth (1996:149f.), Markiewicz (2000:48, 193f.) 参照。

(17) そのスカンジナビア語（古アイスランド語と古スウェーデン語）の解明については Platzack (2007:181-203) 参照。

(18) 埋め込みの可能性に触れるものに、ともに日本の研究者であるが Ukaji (1978:113ff.), Takahashi (2005) がある。両者はコメントタイプの命令文 (mind you, recall, don't forget) は従属文に現れることに触れている。

> It's time we were going home, because **don't forget** we have to be up
> early in the morning.　　　　　　　　　　　　(Takahashi (2005:49))

　　　家に帰る時間だ、忘れるな、朝早く起きなければならないのだから。

さらに Takahashi は譲歩節に命令文がみられること、Ukaji は従属文に合体した命令文に触れている。例えば以下は Ukaji の『ハムレット』からの例である。

> Yet have I something in me dangerous,
> Which **let** thy wiseness fear: hold off thy hand.　　　　(*Hamlet*, V.i.)

　　　俺にはなにか危険なものがある

　　　おまえが賢かったらそれを恐れろ、おまえの手を放せ。

(19) 英語に関しては Crnič/Trinh (2009)、スロヴェニア語に関しては Sheppard/Golden (2002), Stegovec/Kaufmann (2015) 参照。なお、スロヴェニア語は現代語でありながら that 補文に命令文が埋め込まれている。

> Peter vztraja, da　pridi　　　　jutri.
> Peter insists that　come (Imp.2.Sg.) tomorrow.
> 　　　　　　　　(Sheppard/Golden (2002:251), Wurff (2007:26))

また Saito (2017) は、動詞の補文に命令形が可能か（イタリア語は不可だが英語は可）、動詞補文が可能な場合、さらに名詞の補文でも可能か（英語は不可だが、日本語、ハングルは両方可）、両方可能な場合、関係文にも命令形が可能か（日本語は不可だがスロヴェニア語はすべてに可）により、これらの言語を4つの階層に分けている。ドイツ語は英語と同じ階層と思われるが、Stegovec/Kaufmann (2015:655) は以下のような V2 の関係文の場合をあげている。Diese Platte hat eine Seite, die hör dir lieber nicht an. （このレコードには聞かない方がいい面がある。）

(20) 英語の研究からみてみよう。これはドイツ語にも適用できると思われる。

　(a)　John said: "Call **his** mom." (John sagte: „Rufe **seine** Mutter an.") [John ≠ his]

　(b)　John said: "Call **my** mom." (John sagte: „Rufe **meine** Mutter an.") [John = my]

(c) John$_i$ said call **his**$_i$ mom. (John sagte, rufe **seine** Mutter an.) [John = his]

(Crnič/Trinh (2009:111))

例文(c)が例文(b)の再現とすれば、"call his mom." は直接引用ではなく、間接化 (my → his) されたもので、埋め込まれた命令文と言える。ドイツ語の場合 (rufe **seine** Mutter an) も同様である。

(21) これは Reis/Rosengren (1992) のドイツ語の wh- 命令文(wh-imperatives)に類似する。

Wohin **sag** mir bitte doch mal gleich, dass Peter gegangen ist?

Sag mir bitte doch mal gleich, wohin Peter gegangen ist?

ペーターがどこに行ったかすぐ言って！

(22) Erben (1966:135) は以下のように記している。「未来形と完了形の使用には、法(Modus)の領域においてもある種の制限がある。それをわれわれは命令法においても感じる。例えば tritt vor! (前に出ろ)、あるいは非人称で厳しく vortreten!, vorgetreten! とは言えるが、werde vorgetreten!, seid vorgetreten! とは言えない。」吉田 (1987:32), Winkler (1989:16) も参照。なお、他の言語における命令文の時制に関しては Wurff (2007:43f.), Schwager (2011) など参照。特に Schwager (2011:52f.) ではドイツ語における命令文と現在完了の箇所で以下の例文があげられている。

Bitte **hab** nicht noch eine Vase **zerbrochen**!

(= Please don't **have broken** another vase!)

別の花瓶を壊してしまっていないように！

これは命令というより、聞き手ないしある人物が別の花瓶を壊してしまっていないことを緊急的に願う文である。これはまた Wilson/Sperber (1988:81) の Predetermined cases（さかのぼっての要請）と同じものと言えよう。詳しくは今井 (2009:90f.) 参照。

(23) 英語にも命令の完了形は基本的にないが Bolinger (1977:168f. [中右訳：330f.]), Davies (1986:16f.), Takahashi (2012:129f.) には、未来完了的な文脈によっては完了形の命令文も使われることが示されている。

Please, do **have made** that call by six o'clock. (Bolinger (1977:170))

どうか、その訪問を6時までに済ませてしまっておいてください。

(24) 英語でも受動の命令文は一般に不自然であるが、Bolinger (1977:167 [邦

訳 327]), Davies (1986:14f.), Takahashi (2012:123ff.), 高橋 (2017:87f.) では
受け身の命令文が適格となる例があげられている。例えば

(1a) **Be checked** over by a doctor, then you'll be sure there's nothing
wrong.　　　　　　　　　　　　　　　　　　　　(Davies (1986:15))

　　お医者さんの診察を受けなさい、そうすればなにも問題がないこ
　　とがわかるでしょう。

(2a) **Be impressed** by his stamp collection, you will make his day.

　　　　　　　　　　　　　　　　　　　　(Takahashi (2012:128))

　　彼の切手コレクションに感銘を受けたふりをしなさい、そうすれ
　　ば彼を喜ばせるでしょう。

これらが適格になるのは Bolinger は「意志性 (willfulness)」、Davies は
「自己コントロール性 (controllability)」のためとしたが、Takahashi
(2012)、高橋 (2017) では、命令文と受動文それぞれに典型的なプロタタ
イプを定義し、受動の命令文が適格となるのは、命令文か受動文のいず
れか、または両方がプロトタイプから逸脱したときとする。例えば上記
の例では最初が疑似プロトタイプ命令文＋プロトタイプ受動態、次の例
が非プロトタイプ命令文＋非プロトタイプ受動態（＝条件節型）である。
詳しくは高橋 (2017:8 ff.) 参照。

なお、上記の英語のドイツ語訳 (1b, 2b [拙訳]) はドイツ語母語話者に
は非文ではないが、一般的とは言えないようで、別の表現 (1c, 2c) を指
摘される。

(1b) ?**Werde** von einem Arzt **untersucht**, dann du weißt, dass es dir alles
in Ordnung ist.

(1c) **Lass** dich von einem Arzt **untersuchen**, dann du weißt, dass es dir
alles in Ordnung ist.

(2b) ?**Sei** von seiner Briefmarkensammlung **beeindruckt**, dann du wirst
ihm Freude bereiten.

(2c) **Tu** so, als ob du von seiner Briefmarkensammlung beeindruckt wärest,
dann du wirst ihm Freude bereiten.

［コラム１.］ Geh「出て行って」と Gehen Sie「出て行ってください」

　戦後初のドイツのノーベル賞作家ハインリヒ・ベル (Heinrich Böll 1917 ～ 1985 年) に『道化師の告白』(1963 年) という小説があります。主人公ハンスは、同棲していたマリーを、正式な結婚でないゆえに後に奪われてしまいます。ここにはベルのカトリック教会への痛烈な批判が込められています。

　さて、以下はそのハンスとマリーが最初の肉体的な恋愛体験をする場面です。ただハンスはマリーとまだ多くをしゃべったこともなく、ただ顔を見たときに微笑むだけの関係で、du と呼んでいいのか、Sie と呼んでいいのかわからない状態でした。ハンスは、マリーの父親が映画に出かけている隙を狙ってマリーとセックスするために彼女の部屋に入っていく場面です。

　　Sie (Marie) war so erschrocken, daß ich gar nichts zu sagen brauchte, und sie wußte genau, was ich wollte. »Geh«, sagte sie, aber sie sagte es automatisch, ich wußte ja, daß sie es sagen mußte, und wir wußten beide, daß es sowohl ernst gemeint wie automatisch gesagt war, aber schon als sie »**Geh**« zu mir sagte, und nicht »**Gehen Sie**«, war die Sache entschieden.　　　(Heinrich Böll: *Ansichten eines Clowns*, S.43)

　(ハンスが部屋に入ると) マリーはとても驚いた。僕はなにも言う必要はなかった。僕のしたいことを彼女はちゃんとわかっていた。「出て行って」と彼女は言った。しかし彼女はその言葉を機械的に言った。僕には、彼女がそう言わなければならないこともわかっていた。そしてその機械的に言われたのと同時にまじめに考えられたものであることが僕たち二人にもわかっていた。でもすでに彼女が僕に「出て行ってください (Gehen Sie)」ではなく「出て行って (Geh)」と言ったときにことは決していた。

　マリーが「出て行って」と親称の２人称の命令形 (Geh) を使ったことで、ハンスは、自分が他人行儀の Sie ではなく、du と呼ばれることによって、言葉とは裏腹にマリーの自分に対する優しさ、愛情を感じ取ったのです。ちなみに Vennewitz の英訳 (Penguin Books) では Geh が "Go"、Gehen Sie は "You must go." です。

II章　ドイツ語動詞の命令文の作成可能性
—ほぼすべての動詞で命令文の作成が可能—

　ドイツ語の動詞には命令文をつくらないもの、あるいはある特定の条件の
もとでのみ命令文をつくることができるものがあると言われる。例えば、
Duden (1984:175, 2006:465, 549) などの文法書では、1. *sollen, müssen, dürfen*
などの話法の助動詞、2. *scheinen + zu, drohen + zu* などの話法性の動詞、
3. *frieren, bluten, schwitzen, fallen* などの「無意識(unwillkürlich)」行為の
動詞、4. *bekommen, geraten, kennen, wohnen* などの無意志動詞、5. *es
regnet, es friert* などの非人称動詞、6. 完了形、7. 受動文は、命令文をつく
らないとされてきた。日本語、あるいは英語と比較しても、ドイツ語動詞の
Imperativierbarkeit、[1] 命令文をつくる可能性には厳しい制限があるように思
われる。そこでここでは、ほんとうにこのような動詞や動詞形態(完了形や
受動文)では命令文をつくることができないのかどうか、できない場合その
理由はなにかを考えてみたい。

2.1. 話法の助動詞 (Modalverben)

　「話法の助動詞(Modalverben)」は命令文をつくらないと明言している研
究書、文法書がある。Dal (1966:151) によれば、wollen と過去現在動詞
(Präteritopäsentien)[2]、つまり話法の助動詞には命令形の形式はない。同様
に Helbig/Buscha (1981:175) や Duden (1984:95, 175), (2006:465, 549) でも、意
味上の理由から話法の助動詞には命令文はないと記されている。さらに
Helbig/Buscha は別の箇所で (S.103)、助動詞 (Hilfsverben) は命令形を欠くと
して以下の文を非文としている。[3]

　(1)　***Wolle** arbeiten!
　(2)　***Habe** zu arbeiten!

　一方、多くの文法書は、一部の話法の助動詞には命令形がありうることに

触れている。Helbig/Buscha は非文として *Wolle arbeiten! をあげたが、Brinkmann (1971:383), Schmidt (1977:239), Jäger (1970:106), Huber/Kummer (1974:48), Redder (1983:110f.), Winkler (1989:13), Zifonun et al. (1997:140) は wollen の命令形の可能性に触れている。話法の助動詞は通常命令形をつくらないとしながらも、wollen に関しては文法書でも例文があげられている。[4] 例えば、Hentschel/Weydt (1994) は、話法の助動詞 *wolle!, könne! などの命令形をつくることはないとしながらも、詩的自由の枠内の個人的な使用として、条件文ながら例文 (3) をあげている。また、Bosmanszky (1976) も、話法の助動詞は命令形を欠くとしながらも、例外として wollen をあげ、ある会社のモットーとして例文 (4) を引用している。さらに Darski (2010) や Brinkmann (1971) にも以下のような例文 (5)〜(7) があげられている。

(3) **Wolle** nur, was du sollst, so kannst du, was du willst.

(Hentschel/Weydt (1994:68))

ただ汝がなすべきことを欲せば、汝欲することを成し遂げれよう。

(4) Wie du kannst, so **wolle**.　　　　　　(Bosmanszky (1976:153))

できるように欲せよ。(Karl J. Trübner 出版社の商標)

(5) **Wolle** immer das Gute!

いつも善を欲せよ！

(6) **Wolle** etwas Besseres!

より良いものを欲せよ！　　　　　((5)、(6) Darski (2010:230f.))

(7) **Wolle** die Wandlung! (Rilke)　　　　　(Brinkmann (1971:383))

変化を欲せよ！

さらに、文法書などにはあげられていないが、実際の文学作品の中には wollen の命令文が現れることがある。ゲーテの『ファウスト』第一部に以下の例が見出される。

(8) Margarete. Du gehst nun fort? O Heinrich, könnt ich mit!

Faust.　　　Du kannst! *So wolle nur!* Die Tür steht offen!

(Goethe: *Faust Erster Teil*, S.137)

マルガレーテ. おや、もう行っておしまいになるの。ああ、ハインリヒ、わたしもいっしょに行けるなら！

ファウスト.　　行けるとも、その気になりさえすれば。戸はあいてい
　　　　　　　　る。　　　　　　　　　　　　　　　　　（手塚富雄訳）

　『ファウスト』第一部、最後の「牢獄」の場面である。どうしてもマルガレー
テを牢獄から救い出したいファウストは「さあ（俺と一緒に逃げることを）
欲せよ！」とマルガレーテに頼む。文頭の副詞 so も心態詞 nur も要求を強
めている。ちなみに David Luke の英訳は Just **want to**! (p.146) である。
　それでは wollen 以外の話法の助動詞はどうであろうか。Jäger (1970:106),
Fries (1983:95), Einsenberg (2013:85) によると、sollen, müssen, können, dürfen
は命令形をつくらない。なぜなら sollen と müssen には要求の要素がすでに
含まれているし、dürfen と können は要求の内容と相容れないからである。
しかし wollen とともに mögen も命令形が可能とする。また、Huber/Kummer
(1974:48) では、„*Solle es nur!", „*Müsse es nur!", „*Dürfe es nur!" は非文で
あるが、„Kann (Könne) es nur!", „Mag es nur!", „Wolle es nur!" を多分文法的
とし、können の可能性に触れている。[5] さらに Wratil (2005:39) も wollen や
können の命令形を可能として、以下の例文をあげている。（（　　）内の wolle,
könne は筆者による。）

(9)　**Will (Wolle)** doch auch einmal etwas bewirken!
　　　一度なにか変えようと欲してみろ！

(10)　**Kann (Könne)** gefälligst bis morgen eine Schleife binden!
　　　どうかあすまでに蝶ネクタイを結べれるように！

　過去現在動詞としての話法の助動詞は、歴史的に自然な命令形の形態がな
かった。そのため命令形をつくる場合、例文(9)、(10)で示されているように、
直説法現在の語根 (will, kann) から命令形をつくるか、接続法Ⅰ式の語幹と
も一致する不定詞の語幹 (wolle, könne) から命令形をつくるかで揺れること
になる。ちなみに、話法の助動詞ではないが、過去現在動詞の wissen は命
令形が wisse（中高ドイツ語 wizze）であり、後者からつくられている。また
例文(3)から(9)までの wollen の命令文が、やや古めかしい感じがあるとは
いえ、ドイツ語の母語話者に受け入れられるのに対して、例文(10)の
können の命令形は微妙である。
　話法の助動詞についてまとめると次のようになるだろう。話法の助動詞で

も sollen, mögen, dürfen の命令形の可能性に触れた文法家はいない。Wratil (2005:39) は mögen も否定している。wollen や können は可能として例文があげられているが、können は異論の余地がある。wollen の場合はゲーテの例など稀ではあれ、実例として用いられることがある。

　それではいったいなぜ wollen の命令文は可能となるのだろうか。Öhlschläger (1989:105f., 119f.) によると、dürfen, können, mögen と sollen のような話法の助動詞は „Hebungsverben“（繰り上げ動詞）として分析され、一方 wollen と möchte は „Kontrollverben“（コントロール動詞）として分析される。コントロール動詞は、その主語に意味的な役割（いわゆる θ 役割）が付与される、つまり wollen や möchte などの動詞は意志のある主語を必要とする。それに対して繰り上げ動詞は、その主語に意味的な役割を割り与えない。[6] 次の例をみてみよう。

（11）Es **darf** / **kann** regnen.

（12）*Es **will** / **möchte** regnen.

　繰り上げ動詞としての darf, kann は、主語として虚辞の es が可能であるが、will は意図的行為を行う主語が必要で、例文 (12) は非文になる。Reis (1982:186) が述べているように、生命ある主語と現れる動詞は命令形をつくることができる。ここになぜ wollen が命令形をつくれるかの理由があると言えよう。

2.2. 話法性の動詞（Modalitätsverben）

　話法の助動詞と関連して、いわゆる「話法性の動詞（Modalitätsverben）」と言われる scheinen + zu, drohen + zu, versprechen + zu, glauben + zu, brauchen + (zu),[7] heißen + zu (?) に命令形がないことに Jäger (1970:106f.), Donhauser (1986:226) が触れている。これらに命令形が用いられない理由は話法の助動詞と同様に意味的な理由からであろう。これらの動詞も意味的に要求と一致しない。ただし Donhauser (1986:229) は、条件文では以下の例を可能としてあげている。あとで触れるように、条件文では命令形をつくる制限が撤廃される。ただドイツ語母語話者によれば、例文 (13) は条件文でなくても可能とのことである。

（13）?**Versprich** ein guter Fußballer **zu** werden!

いいサッカー選手になると約束してくれ！

（14）**Versprich** ein guter Fußballer **zu** werden und schon werben die großen Vereine um dich.

よいサッカー選手になってくれ、そうすればビッグクラブが君をスカウトするよ。

２.３. 無意識行為の動詞(Verben des „unwillkürlichen" Tuns)

　Brinkmann (1971:366f.) は、命令文は要求された行為が実行されることを求めるもので、bluten（出血する）、frieren（凍える）、schwitzen（汗をかく）、fallen（落ちる）などの「無意識行為の動詞」には命令文はないとした。ただBrinkmann も、例えば frieren の場合、相手が寒さ対策をしていないとき

（15）Friere nur!「［ちゃんと着ていないと］寒いぞ、凍えるぞ！」

と使うことができることに触れている。この場合命令は「凍える」という行為に向けられているのではなく、その結果が凍えることになる相手の態度に向けられた助言ないし忠告である (Bosmanszky (1976:84))。さらに fallen なども、否定形であれば命令形をつくることができる（例文(16)）。ここで mir は話者の関心の与格、nur は強めの心態詞である（Ⅳ章参照）。文学作品では fallen の命令文も現れる（例文(17)）。また、バッハの『マタイ受難曲』では bluten の命令形が使われている（例文(18)）。宗教的、あるいは詩的テキストにおいてはこのような動詞の命令形も現れる。意味と統語論的な問題は別であるし、bluten（血を流す）という動詞の意味的な命令不可能性も、日常的な感覚からのみ判断するのはいつも正しいとは言えないであろう。宗教や文学も人が生み出す世界であり、そこではこのような動詞の命令形も用いられることがあるのである。

　日本語や英語においては「汗をかけ」、英語 Sweat!（ドイツ語では Schwitze!）は可能である。ドイツ語の例も Haftka と Zifonun et al. にあげられている（例文(19)、(20)）。例文(19)が「サウナでいい汗をかいてくださいね (Ich wünsche dir, dass du in der Sauna schön schwitzt.)」という願望であるのに対して、例文(20)は「汗をかく努力をせよ (Bemühe dich zu schwitzen.)」の意味で用いられている。例文(21)は「いびきをかいても構い

ませんよ」といった許可を表している。Stellmacher (1972:104f.) や Schilling (1999:67) は bluten, schwitzen, fallen といった動詞は意味のある命令文をつくれないと述べているが、例文(16)〜(21)に意味がないとは言えないだろう。

(16) **Fall** mir nur nicht von dem Baum! 　　　　　　（母語話者ＯＫ）
　　　木から落ちるなよ！

(17) So **falle**! **Falle** würdig, wie du standst. 　　(Schiller: *Wallenstein II*, S.28)
　　　どうぞ没落してください、今まで同様、堂々と没落なさってください。

(18) **Blute** nur, du liebes Herz! 　　　　　　(Bach: *Matthäus-Passion*, S.37)
　　　血を流されよ、愛しい御心よ！

(19) Na, dann **schwitz** mal schön! (Auf dem Wege zur Sauna.)
　　　　　　　　　　　　　　　　　　　　　　　　(Haftka (1984:125))
　　　（サウナに行く途中で）じゃあいい汗かきなよ！

(20) **Schnarch** nicht so laut und **schwitze** kräftig! (Zifonun et al. (1997:140))
　　　そんなに大きないびきをかかないで、しっかり汗をかけ。

(21) **Schnarche** ruhig! 　　　　　　　　　　　　　(Haftka (1984:131))
　　　いびきは気にしないでください。(遠慮せずいびきをかいてください。)

Haftka (1982:183f.) によれば、聞き手にとってコントロールできる行為のみが要求として可能である。(8)これは新しいことではないが、Haftka は「夢中歩行する (schlafwandeln)」というコントロールできない行為も解釈を変えてみることができることを指摘している。Haftka は３つのパターンをあげているが、その点に触れた Donhauser (1986:236f.) の記述に基づいて述べてみよう。

１．模倣 (Imitation)：
　例文(22)〜(24)のような発言は、それらが演劇などでの演出の指示、台本のト書きなどで用いられる場合(22)、(23)、あるいは助言(24)では、要求の意味で理解される。

(22) **Schlafwandle**! 「夢中歩行せよ！」

(23) **Fall** von dem Baum! 「その木から落ちろ！」

(24) **Schnarch** mal! (Dann denkt Mutter, dass du schläfst.)
　　　いびきをかいてごらん。(そうすればお母さんは君が眠っていると思うよ。)

２．作為 (Kausation)：

　例文 (25) は、「今寝るためにすべてをしなさい」あるいは「今寝るように取り計らいなさい」といった意味に考えることができる。

　(25) **Schlaf** jetzt! 「さあ、寝なさい。」

３．コントロール (Kontrolle)：

　atmen（息をする）はコントロールできない行為だが、Haftka は以下のようにレントゲンなどでは命令が可能である、とする。

　(26) **Atme** wieder! 「また息をして！」（レントゲン）

　frieren, fallen, schwitzen, schnarchen や schlafwandeln といった動詞の命令形もこのような解釈のもとでは可能であり、したがってこれらの動詞の命令形はない、あるいは無意味などと単純にレッテルをはるべきではないだろう。

2.4. 無意志動詞 (Absichtsfreie Verben)

　2.3.とも関連するが、一般に命令形が用いられない動詞として Duden (1984:175), Schmidt (1977:239), Helbig/Buscha(1981:175), Donhauser (1986:226) は bekommen（もらう）、gelten（～に相応する）、geraten（～に陥る）、kennen（～を知っている）、kriegen（～を得る）、vermissen（～がなくて寂しい）、wiedersehen（～に再会する）、wohnen（～に住む）などをあげている。これらの動詞に共通している意味的な特徴は、人間の意志性の欠如である。例えば bekommen は、手に入れようと意図したものではなく、意図とは別に手に入ることであり、「無意志動詞 (Absichtsfreie Verben)」である。「証明書を受け取れ！」という場合も、(27) „Nimm die Bescheinigung in Empfang!" とは言えても、(28) „*Bekomm die Bescheinigung!" とは言えない。(城岡 (1983:57f.), 野入 (1985:17f.))。これらをめぐる議論を一瞥してみよう。

　スイスの英語学者 Leisi (1975:106f.) は、その著『意味と構造 (Der Wortinhalt)』の中で「蓋然性の基準 (Wahrscheinlichkeitsnorm)」をもつ動詞 (treffen, finden, erreichen, geraten) では命令形はつくれないと述べている。例えば treffen（～に（偶然）出会う）で、(29) *Triff ihn in der Stadt! 「彼に町で出会え！」と言えないのは、偶然を人に無理強いすることはできないからである。同様に *Finde! と要求することもできない。なぜなら finden（見つける）

は、偶然見つかることでなければならないからである。ただし、(30) **Finde ein Vögelnest!**「鳥の巣を見つけろ！」が非文であるかは、後から触れるように微妙である。

さらに Shirooka (1984:144) は、意志動詞と無意志動詞の区別が、命令文が可能な動詞と不可能な動詞があることをよりよく説明できると述べている。従来は状態動詞（＝命令形がつくれない）とそれ以外の動詞（＝命令形がつくれる）の区別がもち出されたが (Dowty (1979:55))、状態動詞である bleiben には Bleibe hier!「ここにとどまっていろ！」という命令形が可能であるし、一方 finden, bekommen, fallen は状態動詞でないのに命令形がつくりにくい。しかしこれも、意志動詞 (bleiben) と無意動詞 (finden, bekommen, fallen) の区別にすれば問題がなくなる。Shirooka によれば、動詞の命令形作成可能性はこの区別によってよりよく説明される。上記の bekommen, gelten, geraten … は無意志動詞である。（野入 (1985:17) は wiedersehen, wohnen には意図性の欠如はあてはまらないと述べているが。）

ただし、これらの無意志動詞も、使い方や文脈次第で命令形が可能で、文法書では以下の例文があげられている。ただし最初の例 Gilt! は文法形態としては可能でも、ドイツ語母語話者によれば使われないようである。

(31) ?**Gilt!** (selten)

(32) Geh und **sieh** deine Heimat **wieder**!「故郷を訪れてみよ！」

((31)、(32) Darski (2010:230))

(33) ?**Krieg** endlich mal eine Tochter! 「娘をもってみろ！」

(34) **Gerate** nicht in falsche Kreise! 「間違ったサークルにはまるな！」

((33)、(34) Wratil (2005:36f.))

さらに wohnen, kennen, finden, treffen といった他の無意志動詞の場合はどうなのだろうか。例えばドイツ語母語話者に以下の文（例文(35)～(37)）について尋ねると、多くはこれらの文は状況により、あるいはまったく問題なく受け入れ可能ということである。

(35) A. Wo soll ich wohnen?　B. **Wohne** in Freiburg! [9]　（母語話者ＯＫ）
　　　A. どこに住もうか？　B. フライブルクに住みなよ！

(36) **Kenne** deine Grenze! (deine Pflichten!)　　　　（母語話者ＯＫ）
　　　自分の限界（義務）を知れ！

（37）**Finde** deine Uhr! (ein Vogelnest!)　　　　　　　　（母語話者ＯＫ）
　　腕時計（鳥の巣）を見つけよ！

　事実、フライブルクの多くの市電の停留所のポスターには（38）Alkohol?
Kenn dein Limit.「アルコール？　自分の限界を知れ」という文がみられた。
ドイツのテレビ番組で警察警部は部下たちに（39）**Findet** ihn (Täter)!「犯人
を見つけろ！」と言っていたし、（40）**Finde** den Täter!「犯人を見つけろ！」
はユリアン・プレスの推理小説のタイトルである。また高橋英光氏によれば
以下のような英語の文はすべて適格とのことである。

　（41）**Live** in Freiburg!　(**Wohne** in Freiburg!)
　（42）**Know** your limit!　(**Kenne** deine Grenze!)
　（43）**Find** a bird's nest!　(**Finde** ein Vogelnest!)

　また、treffen という動詞に関しても、会う約束などが問題となっている場
合は例文（44）は適格であるし、サッカー観戦のコンテキストでは例文（45）
も言うことが可能である。

　（44）**Treff (Triff)** mich morgen um 18 Uhr am Hauptbahnhof!（母語話者ＯＫ）
　　　あす 18 時に中央駅で私と会って！

　（45）**Treff (Triff)** endlich das Tor!　　　　　　　　　（母語話者ＯＫ）
　　　いいかげんに点を入れろ！

　今までの例文が示しているように、ドイツ語の動詞においても、ドイツの
文法書で述べられているような命令文の厳密な使用制限があるわけではな
い。母語話者などに聞いても、kennen, treffen, finden の命令文は問題なくつ
くられる。その意味で、ドイツの文法書や Leisi のドイツ語動詞の命令形作
成制限の記述は今一度吟味し、修正されなければならないだろう。ドイツの
文法書とならんで日本のゲルマニストも fallen, schwitzen, wohnen, kennen
treffen, finden などの動詞は命令形をつくることができないと記している。(10)
今までの考察から明らかなように、これは現実に合った記述ではない。
　さらに、無意志動詞も、単文では命令形をつくれなくても、条件文であれ
ば命令形の形をつくることができる。例えば無意志動詞としての haben は具
体的な対格目的語をもつ命令形をつくらない (*Hab ein Auto!)。(11) しかし条

件文では命令形が可能である。この場合、動詞の命令形は指令的というより、条件的な性格になり、使用制限は緩和される。例文(46)と(47)を見てみよう。

(46) ?**Hab** (endlich mal) eine Tochter!

(47) **Hab** selbst eine Tochter und du wirst mich verstehen. (Businger (2011:17))
娘を一人でもってごらんなさい、そうすれば私のことを理解してくれるでしょう。

同じことは besitzen でも言えるし、生理現象を表す frieren や無意志動詞の geraten, wohnen などの動詞でも言える。Ibañez (1976:230) によれば、条件的な命令文(Ⅲ章2節参照)は、命令形の作成制限の影響外にあり、例えば besitzen（もっている）は単文では命令形をつくれないが、条件文であれば命令形の形が可能である。

(48) *Besitze Vermögen!

(49) **Besitze** Vermögen und das Finanzamt nimmt es dir weg.
財産をもてば、税務署がそれをおまえから奪い取っていく。

(Ibañez (1976:230))

(50) **Friere** nur, bis dir die Finger abfallen! (Donhauser (1986:229))
指が凍え落ちるほど寒いぞ！

(51) **Trinke** nur Alkohol, bis sich deine Leber zersetzt!
肝臓が壊れるまで飲めばいいだろ！

例文(50)、(51)は、ある忠告（例えば「飲みすぎると肝臓をやられるよ！」）が無視されたときなどに発せられる文である。それゆえ、ここでは言葉の意味での命令と言うより、反語的な警告と言える。Haftka (1984:93) は、このような文を、説得の試みが失敗した後の断定的な警告(kategorische Warnung)と呼んでいる。条件的命令文で可能となる例をさらにみてみよう。

(52) **Gerate** nur einmal in einen Verkehrstau in München und du weißt, welche Vorzüge ein Fahrrad hat.
一度ミュンヒェンの渋滞に入ってみれば、自転車がいかに利点をもっているかあなたもわかりますよ。

(53) **Wohne** erst einmal in diesem Viertel und du wirst sehen, dass ...~
一度この地区に住んでごらんなさい、そうすれば～があなたもわかる

でしょう。 ((52)、(53) Donhauser (1986:229))

(54) **Triff** Giovanni und er wird dich zum Abendessen einladen.

(Kleinknecht (2007:50))

ジョヴァンニに会えば、彼はあなたを夕食に招待するでしょう。

このように haben, besitzen, geraten, wohnen, treffen という無意志動詞の命令形も条件文であれば簡単につくられる。frieren のような無意識行為の動詞の命令形も、例文 (15)、(50) のように忠告や警告としてはつくられうる。

2.5. 非人称動詞 (die unpersönlichen Verben)

「非人称動詞 (die unpersönlichen Verben)」の es friert (凍てつく)、es geschieht (〜が生じる)、es regnet (雨が降る)、es schneit (雪が降る)、es taut (霧がおりる) などに命令形がないことに Bosmanszky (1976:82f.), Schmidt (1977:239), Duden(1984:175), Helbig/Buscha (1981:175), Donhauser (1986:225), Zifonun (1997:140: *Regne!) は触れている。ただ、日本語では「雨よ、降れ！」、「奇跡よ、起これ！」といった命令文が可能であるように、Donhauser (1986:230) は、ドイツ語の「天候の非人称動詞 (Witterungsimpersonalia)」でも、それが人格化された意味で用いられれば命令文が可能であり、そしてさらに稀とはいえ、同じことは geschehen, passieren, sich ereignen の場合も可能であると述べている。例文 (55)〜(57) をみてみよう。

(55) **Regne** doch endlich!

雨よ、降ってくれ！

(56) **Geschieh** doch endlich, du großes Wunder!

偉大な奇跡よ、そろそろ起きてくれ！　((55)、(56) Wratil (2005:38))

(57) Sie (die kleine Hexe) ließ eine Wolke am Himmel aufsteigen, winkte sie näher und rief, als die Wolke genau über ihnen stand: „**Regne**!"

(O. Preußler: *Die kleine Hexe*, S.6) [12]

小さな魔女は空の雲をあげ、近くに来るように合図し、雲がちょうど彼らの上に来たとき、叫んだ。「雨よ、降れ」と。

　これらの文は、人格化された自然や神に対する懇願である。ただ、regnen の場合は lassen を使って (58) „**Lass** es endlich regnen!" とも言えるであろうし、geschehen の場合 (59) „Dein Wille **geschehe**!" (Luther: *Matthäus* 6.10)「御心が生じますように！」といった接続法 I 式による表現があり、わざわざ regnen や geschehen の命令形をつくる必要はないのかもしれない。特に geschehen の命令形などは、文法上の作例としては可能でも、実際に使われることはないのではないか。なお、高橋英光氏によれば、英語でも (60) "Please rain!" は適格とのことである。

　Donhauser (1986:230) によれば、命令形は、聞き手と話し手の対人的な構造が存在するか、あるいは上記のように非人称を、命令の受け手を意味的に基礎づける真の主語で代用できるときにはいつでもつくられうる。命令形ができないのは、例文 (61)〜(64) が示しているように、文に形式的な主語しかない場合、あるいはそもそも主語がない場合である。Reis (1982:186) によれば、命令文はどのような場合も聞き手がいるので (adressatenbezogen)、主語の解釈を必要とする。つまり命令文は、生命ある主語が必要である。換言すれば、主語のない動詞は命令文をつくることができないのである (Fries (1992:174))。

(61) Mir ist angst.　→　*Sei** dir angst!
　　私は心配だ。

(62) Es fehlt an Arbeitsplätzen.　→　*Fehle an Arbeitsplätzen!
　　勤め口が不足している。　　　　　　　((61)、(62) Donhauser (1986:230))

(63) Mir schwindelt.　→　*Schwindel (dir) nicht vor dem Abgrund!
　　めまいがする。　　　　　　　　　　　　　　　　(Fries (1992:174))

(64) Es graut mir.　→　*Grau dir nicht!　　　　(Rosengren (1993:11))
　　私は怖い。

　このことを Wratil (2005:38) は、その構文の主語に意味役割（いわゆる θ 役割）を割り当てることができない動詞だけが命令形作成に適さないと述べている。（完了形と受動文に関しては I 章 4 節を参照）

まとめ

　話法の助動詞では sollen, müssen, dürfen は（Wratil によれば mögen も）命令形はつくられない。können と wollen は可能として文法書などに例文があげられているが、können の場合は異論もある。wollen の場合は、ゲーテなどの文学作品には、実例として用いられている。しかし日常的な言語使用では、一般的な動詞の命令形などと意味的にも競合することもあり (*„Muss arbeiten!", „Du musst arbeiten." oder „Arbeite!")、話法の助動詞の命令形は現れることはないか、あっても wollen をのぞけば、きわめて稀と言えるであろう。生命ある主語とともに使われる wollen は命令形をつくることができる。

　一方、動詞に関しては、Donhauser (1986) や Wratil (2005) の言うように、文に形式的な主語しかない場合、あるいはそもそも主語がない場合をのぞき、ほとんどの動詞は命令文をつくることができる。事実、bluten, frieren, schwitzen などの無意識的行為の動詞や kennen, finden, wohnen, treffen などの無意志動詞も使い方や文脈次第では、母語話者に適格とみなされる命令文が可能である。また „es regnet" といった非人称動詞も、天候（Witterung）が人格化された場合は命令文が可能である。また例が多いわけではないが、文学作品や挨拶などの型にはまった言い方では、完了形や受動文の命令形も現れる（Ⅰ章 4 節参照）。その意味では、今までのドイツの文法書などでみられた命令形の作成可能性の制限は見直されなければならないだろう。しかし、話法性の動詞、無意志行為の動詞、無意志動詞、非人称動詞にあっては、日常的な言語使用において命令形が現れないとは言えないにしても、頻繁に現れる訳ではないことも確かであろう。それは完了や受動の命令文も同じである。

注（Ⅱ章）

(1)　「Imperativierbarkeit（命令文の作成可能性）」という概念は Donhauser (1986) から借用している。詳しくは Donhauser (1986:225ff.) 参照。

(2)　過去形であったものを現在形に転用した動詞、wollen 以外の話法の助動詞などがそれにあたる。Dal も触れているように、wissen（知っている）も過去現在動詞の 1 つであるが、wissen には wisse! wisst! という命令形がある（1.1.2. 参照）。そのため Schmidt (1977:239) は「wissen 以外の

過去現在動詞は命令形をつくらない」という言い方をしている。なお、Dal は、wissen 以外の過去現在動詞の命令形は、それが現れる場合は新造語 (Neubildungen) としている。例文 (9)、(10) 参照。

(3) 助動詞としての haben は命令形をつくらない。本動詞としての haben の制限に関しては例文 (46) と注 (11) を参照。

(4) Erdmann (1886:119f.) は「自らのイニシアチブによる決定を表す」wollen には命令形がないとしている。一方、日本の文法書では、橋本 (1978:251) が、(話法の) 助動詞では wollen と lassen だけに命令形があるとして (du) wolle!, (ihr) woll(e)t! をあげている。また、桜井 (1986:280) でも、wollen だけは稀に用いられるとして、wollen の命令形の例文をあげている。„Leih unserem Gesuch ein gütig Gehör und **wolle** die Unterbrechung uns verzeihen." 「どうかわれわれの請願をお聞きとどけください、そしてお妨げしたことをお許しください。」lassen に関しては Ⅵ章 2 節参照。

(5) Huber/Kummer (1974:48f.) は、この点を要求動詞 (befahl) のもと、不定形の話法の助動詞の従属的な埋め込み可能性と関連づけている。*Er befahl mir, es zu sollen (müssen, dürfen). Er befahl mir, es zu können (mögen, wollen). ただし Donhauser (1986:226) はこれを疑わしいとする。

(6) Wratil (2013:132f.) によれば、このような話法の助動詞 (sollen, dürfen) の命令形もいわゆる条件的命令文では可能である。„**Soll** du mal bei der nächsten Olympiade drei Goldmedaillen gewinnen, und du wirst merken, was Stress wirklich bedeutet." 「君が次のオリンピックで 3 つの金メダルをとるように言われたら、ストレスがどういうものか君もわかるだろう。」条件的命令文に関しては Ⅲ章 2 節参照。

(7) ただ、助動詞的に用いられる動詞 helfen, lernen, machen, heißen などは命令形が可能である。„Kommt, ihr Töchter, **helft** mir klagen, …" 「来なさい、娘たち、私が嘆くのを助けておくれ！」(Bach: *Matthäus-Passion*, S.34.)、„Komm, **hilf** mich ankleiden." 「さあ、着付けを手伝っておくれ！」(Lessing: *Miss Sara Sampson*, S.41)。

(8) 英語圏の研究では「self-controllable (自 (己統) 制可能な)」という概念が用いられている。つまり命令文に可能な述語は自己統制可能なものに限るということである (今井・中島 (1978:6), Birjulin/Xrakovskij (2001:17f.) 参照)。1.4.4.2. で扱った *Werde von deinem Lehrer gelobt! という受動の

命令文がつくれないのも、先生に褒められるという受動的行為が自らコントロールできないためである。

(9) Wunderlich (1984:103) には、sollen の疑問文にはしばしば命令形の答えがくるとして以下の例があげられている。„Soll ich das Fenster schlie-ßen? Nein, **laß** es offen.“「窓を閉めましょうか？　いいえ、開けたままにしておいてください。」

(10) 例えば、川島淳夫編『ドイツ言語学辞典』1994 年、紀伊国屋書店では次のように記されている「話法の助動詞や非人称動詞とともに若干の動詞 (kennen 知っている、wohnen 住んでいる、など) は命令法で使われることはない…」(376 ページ)、さらに桜井 (1986:280) には「frieren「凍える」、schwitzen「汗をかく」、bluten「出血する」など、不随意の行為を表示する動詞にも命令法は用いられない」とある。

(11) ただし、Hab Mut!「勇気をもて」、Hab keine Angst!「心配するな」、Hab Geduld!「我慢しろ」など抽象的な語をもつ命令形は可能である。Leisi (1975:48f.)[邦訳 103 ページ]ではドイツ語の本動詞としての haben と英語の to have の相違に関して以下のように述べられている。「ドイツ語の haben の条件はただ状態 (所有の状態) であるが、英語の have の条件は、同じく状態でもありうるが、同時に過程でもある。例えば have tea「お茶を飲む」、have rain「雨が降る」、have a baby「赤ちゃんを産む」、… have は動的に規定されうるので、きわめて頻繁に命令形で用いられるのであり、このことはドイツ語の haben においては非常に稀なことである。」

(12) Haftka (1984:96) が書いているように、人間が関与しない事態は通常命令的な記述はされにくい。例外は擬人化である。例えば „Tischchen, deck dich!“ (Brüder Grimm, S.187)「食卓よ、食事の用意をせよ！」のように、動物でも植物でも物でも「人間的」な特徴が付与されるときには、木に向かっても „Blüh nur schön!“「美しく咲け！」と言える (Engel (1988:426))。Bosmanszky (1976:83) は、これをメルヘンのように論理の法則が破られるとき可能になると述べている。

┌───┐

［コラム２.］ そのまま取り込まれた命令文

トーマス・マンの短編『トリスタン』

会話の命令文は、小説の地の文では一般に話法の助動詞によって書き換えられますが、ごく稀にそのまま取り込まれることがあります。トーマス・マンの短編『トリスタン』とワーグナーの『トリスタンとイゾルデ』のテキストを比較してみましょう。

Thomas Mann: *Tristan*

*O **sink** hernieder, Nacht der Liebe,*
***gib ihnen** jenes Vergessen, das **sie** ersehnen,*
*umschließe **sie** ganz mit deiner Wonne und*
*löse **sie** los von der Welt des Truges und der*
Trennung.

R. Wagner: *Tristan und Isolde*

Beide **O sink** hernieder, Nacht der Liebe,
  gib Vergessen, daß **ich** lebe;
  nimm **mich** auf
  in deinen Schoß, löse von
  der Welt **mich** los!

おお、降りてこい、愛の夜よ。
ふたりが待ちこがれる忘却を
ふたり(私たち)に与えよ、おまえの歓喜で
すっかり**ふたり(私たち)**を包んで、
欺瞞と離間の世界からふたりを解き放て。

愛の夜よ、さあ、降りてこい。
生きていることを忘れさせよ。
私たちをおまえのふところに抱きとって
この世から解きはなってくれ！

(高辻訳 100-1 ページ)

マンの『トリスタン』では、ワーグナーの歌劇のトリスタンとイゾルデの夜への呼びかけの命令形は、最初は言葉どおりに取り入れられます (O **sink** hernieder, Nacht der Liebe)。次では命令形はそのまま保持されながら、人称だけは１人称から３人称へ (ich [beide] → sie [Plural]) に変換されています (**gib ihnen** jenes Vergessen, das **sie** ersehnen, umschließe **sie** …)。Günter Steinberg が指摘しているように、ワーグナーのテキストとの比較がなければ、『トリスタン』のこの部分は地の文とみなされます。しかし、この比較からこの部分はワーグナーのテキストにおけるトリスタンないしトリスタンとイゾルデが発した言葉を再現した体験話法と考えられ、その際命令形はそのまま小説の地の文に取り込まれためずらしい例になっています。つまり人称は変換、間接化されながら、そのまま取り込まれた命令文にトリスタンとイゾルデの声が響いた興味深いテキストと言えます。

(鈴木 (2005:76f.) 参照)

└───┘

Ⅲ章　要求を表さない命令文

はじめに

　命令文は一般に聞き手に対する命令・要求を表す。しかし命令文の中には、形態的には命令形でも、命令や要求を表さない場合がある。フランス語やイタリア語などのロマンス語や英語ではこの用法に早くから関心が向けられ、言及されている (Löfstedt (1966), Stockwell (1973), Downes (1977), Ascoli (1978) など)。ドイツ語でもこのような用法に個々にはかなり早くから触れられているが (Wunderlich (1894), Schiepek (1899), Kretschmer (1910), Kieckers (1920), Behaghel (1924), Saltveit (1973), Ibañez (1976), Fries (1983))、まとまったものは Donhauser (1986) であろう。

　Donhauser (1986:34f., 143-202) は、命令文の研究であまり顧みられないものとして、命令形あるいは一般に命令文とみなされる形態でありながら、別の機能で用いられるものを3つ、ないし4つあげている。すなわち1.条件的命令文 (der konditionale Imperativ)、2.語りの命令形 (der narrative Imperativ)、3.命令形の間投詞的な用法 (der interjektionale Gebrauch des Imperativs) である。[1] また多少意味合いは異なるが4つめとして und で結ばれた2文でもって命令文をつくりながら、前半の命令文にはほとんど意味がないものがある。これらを具体的にみてみよう。

1．条件的命令文

（1）**Mach** eine Bewegung, und ich drücke los.

　　もし動けば撃つぞ。　　　　　　(L. Saltveit (1973: 211)) ［1.1. 例文 (16)］

　典型的なものは「命令文 (,) und ＋平叙文」で、例文 (1) の最初の命令文 Mach eine Bewegung は「動け」という命令ではなく、Wenn du eine Bewegung machst,「もし動けば」という条件文を表している。英語圏の研究では „pseudo-imperative"（疑似命令文）と呼ばれているものである。

2．語りの命令形

(2) Aber Moritz aus der Tasche zieht die Flintenpulverflasche, und geschwinde, **stopf, stopf, stopf!** Pulver in den Pfeifenkopf.

(W. Busch: *Max und Moritz*, S.68)

モーリッツはポケットから火薬入れをとりだし、（マックスとモーリッツは）急いで火薬をパイプの雁首にサ、サ、サとつめこんだ。

　上記はヴィルヘルム・ブッシュの『マックスとモーリッツ』の４つめのいたずらの中の一文である。ここで stopf, stopf, stopf! は文法形態的には動詞 stopfen（詰める）の２人称単数命令形（詰めろ、詰めろ、詰めろ！）であるが、Kieckers (1920:509) によれば、実際には日本語訳の「（彼らは…）サ、サ、サとつめこんだ (stopf, stopf, stopf! → sie stopften)」のように擬音語的な感じをもちながら直説法過去（叙述）的な意味で使われている。

3．間投詞的な命令形

(3) **Komm**, geh mit angeln, …　　　　　(B. Brecht: *Mutter Courage*, S.13)

さあ、一緒に釣りに行こう。

(4) **Geh**, komm zu mir.　　　　　　　(A. Schnitzler: *Reigen*, S.7)

さあ、私のところにおいで。

　文頭の Komm, Geh は動詞 kommen（来る）、gehen（行く）の２人称単数の命令形であるが、「来い」や「行け」という強い意味はなく、間投詞化し、会話の中で聞き手の注意を喚起するためのもので、その本来の命令の意味が希薄化している。

4．und で結ばれた２つの命令形

(5) **Gehe hin** und verjökele dein Leben, wie du es bisher getan!

(Th. Mann: *Buddenbrooks*, S.320)

今までそうしたように、道化して暮らせばいいだろう。

(6) Na gut **geh nur hin** und mach diese Idiotie mit, …!

(H. Böll: *Ansichten eines Clowns*, S.63)

まあ、あのバカげた行為をやってみることだな。

　und で結合した２文でもって命令文をつくり、前半の命令文 (Geh(e) (nur) hin) にはあまり意味がないものである。この場合は、別の機能ではなく、命

令表現の希薄化と言える。この様々なパターンは関口 (1964:246f.) 参照。

　Donhauser (1986), Kraft (1999), Auer/Günthner (2005) に基づき、このような要求を表さない命令形に関する研究をまず簡単に振り返ってみよう。まず Donhauser (1986:144f.) によれば、Löfstedt (1966:90ff.) はフランス語で «syntaxe du commandement»（命令の構文）に属さないものとして以下のものをあげている。1）«impératif présentatif-exclamatif»（提示・感嘆の命令形）、これは「間投詞的な命令形」に対応する。2）«impératif narratif»（語りの命令形）、これは Kieckers や Behaghel らによって主張された deskriptiver Imperativ（叙述的な命令形）、つまり「語りの命令形」である。3）«impératif conditionnel»（条件的命令文)の３つである。これらは先にあげたドイツ語のものにほぼ対応していると言える。

　それに対して Ascoli (1978:405f.) は英語において、「真の命令文(true imperative)」に対して「疑似命令文(pseudo-imperative)」として以下の５つのタイプをあげている。[2]

1．交話的な機能（a phatic function）
　(7) **Just imagine!** She's getting married for the fifth time!
　　　ねえ、彼女5回も結婚しようとしているの。

2．願望（wish or hope）
　(8) **Have** a nice time!
　　　素敵な時間を！

3．条件文と警告（conditional sentence and warning）
　(9) **Do** that and I'll knock your teeth in.
　　　もしそれをやれば、おまえの歯をへし折るぞ。
　(10) **Go** there at your own risk.
　　　そこへ行くなら自分の責任で。

4．教示、指示（instruction）
　(11) **Go** down this street and turn left at the traffic-lights.
　　　この道を下って、信号を左です。

5．申し出（offer）
　(12) **Let** me get a chair for you.
　　　椅子をどうぞ。

　Ascoliの場合、1.の交話的な用法はドイツ語の「間投詞的な命令形」に対応する。3.の条件文もドイツ語の「条件的命令文」に対応すると言えよう。しかし2.願望、3.警告、4.教示、5.申し出などはドイツ語では広い意味での命令文の用法に属する。Ascoliには「語り機能の命令形」の例はない。Donhauser (1986:149) はドイツ語の場合とフランス語などロマンス語系言語のLöfstedt、英語のAscoliを比較して表にしている。筆者の視点から多少変更を加えたものを以下に示してみよう。

ドイツ語文法書	Löfstedt (ロマンス語系言語)	Ascoli (英語)
Aufforderung i. w. S. (広い意味での要求)	syntaxe du commandement (命令の構文)	true imperative (真の命令文)
		疑似命令文 2. wish (願望) 3. warning (警告) 4. instruction (教示) 5. offer (申し出)
	imp. associatif (連想の命令形)	
1. interjektionaler Imp.←→ (間投詞的命令形)	1. imp.présentatif-exclamatif ← (提示・感嘆の命令形)	→1. a phatic function (交話的機能)
2. erzählender Imp. ←→ (語りの命令形)	2. imp. narratif (語りの命令形)	2. ø
3. konditionaler Imp.←→ (条件的命令形)	3. imp. conditionnel (条件的命令文)	←→3. conditional sentence (条件文)

　ドイツ語とロマンス語と英語の3つに共通しているのは、1.の命令形の間投詞的な用法と3.の条件的な用法である。語り機能の命令形はロマンス語とドイツ語に共通しているが、すでに見たようにドイツ語においても一般にはあまり用いられる用法ではない。条件的な命令文はそれ自体いろいろな問題を含む、大きなテーマであるので、まずは命令文の間投詞的な用法、Ascoliのa phatic function（交話的［話しかけ］機能）あるいはDonhauserのder phatische Imperativ（交話的な命令形）を考察してみよう。(3)

3.1.　交話的な用法

　ドイツ語ではこの用法に関してすでに Wunderlich (1894:55f.) の
Einleitungsformeln（話しを導く定式）や Schiepek (1899:110f.) の
imperativische Interjectionen（命令形の間投詞的用法）として触れられてい
る。また Kraft (1999) は交話的な命令形に関し Donhauser (1986) に触れられ
ていない、ないし Donhauser 以後この用法に触れたものとして以下の研究
をあげている。Wackernagel-Jolles (1973:168) の „Scheinaufforderung"（疑似
要求）、あるいは文法的な視点というより、会話分析の研究から House (1982:
114,125) の „gambit"（ギャンビット）、Tiittula (1993:121) の „metadiskursive
Elemente"（メタディスコース要素）などであるが、まず Donhauser (1986:
192-202) の記述を参考にこの用法の具体的な問題を考察してみよう。なお、
例文は出典を明示したもの以外は Donhauser によっている。

　交話的命令形に共通する特徴として Donhauser は以下の3点をあげてい
る。
　　1）命令形の動詞の意味の空疎化 (semantische Entleerung des Verbs)
　　2）多くは談話の初めに用いられる (auf dem Bereich der Redeeröffnung)
　　3）限られた動詞だけに用いられる (eine relativ eng begrenzte Gruppe von
　　　Verben)
　Kraft (1999:247) はさらに4）型どおりの性格、5）単独ではなく、他の発
言と繋がっている点などに触れている。さらに具体的にみてみよう。

3.1.1.　特定の移動動詞、特に kommen（来る）と gehen（行く）
　まず、移動動詞の kommen と gehen が交話的な用法として多用される。（英
語の come on、フランス語の aller も同様、英語に関しては高橋 (2017:78f.)、
フランス語に関しては島岡 (1999:661f.) 参照。）特に以下の例文のように逆方
向の動きの動詞が矛盾なく結び付くことにすでに意味の空疎化があると言え
る。
　　(13) Geh, komm schon!　さあ、おいで！
　　(14) Komm, geh schon!　さあ、お行き！

　この場合２つ目の命令形は意味をもつが、最初の命令形は空疎化で意味は
なく、一種の発話行為上の補力 (illokutionärer Verstärker) となっている。つ
まりイントネーションにより、誘い、鼓舞、拒絶から驚き等を表す。
kommen, gehen は他の動詞の命令形と結び付くことも、感嘆文などと結び付
くことも可能である。Donhauser は触れていないが、後に名詞が来る場合も
ある。

(15) **Komm**, gib mir deine Hand.　(The Beatles: *Komm, gib mir deine Hand*)
　　　 さあ、君の手を僕に差し出しておくれ。

(16) **Ach geh!** So ein Blödsinn! [4]
　　　 ああ、なんてバカげたこと。

(17) **Komm**, mein schöner Engel … **Geh**, du, wie heißt denn?
　　　　　　　　　　　　　　　　　　(A. Schnitzler: *Reigen*, S.7, 10)
　　　 ちょっと、私の素敵な天使さん。…ねえ、あなた、名前は。

　また gehen, kommen の命令形は geh, gehe, komm, komme のように e 付き、
e なしの両方が可能である。

(18) 　Geh nach Hause!　　家におかえり。

(18a) Gehe nach Hause!

(19) 　Komm bald wieder!　　またおいで。

(19a) Komme bald wieder!

　一方、交話的な用法は geh, komm だけである。また例文 (22) のように、
交話的な用法の komm のあとに、kommen の命令形が来る場合、komme の
ように語尾 e が必要になる。

(20) 　*Gehe, komm schon!

(21) 　*Komme, geh schon!

(20a) **Geh**, komme schon!

(21a) **Komm**, gehe schon!

(22) 　**Komm**, komme schon!

　重要な点として kommen, gehen の交話的な用法は数による区別がない。
これは後で見る動詞 (sehen, hören, sich denken) のように数の区別があるもの

に比べ kommen, gehen は間投詞により近いことを示している。

(23)　**Komm**, geht jetzt nach Hause!

　　　さあ、君たち家におかえり。

(24)　**Geh**, lasst euch doch nicht für dumm verkaufen!

　　　さあ、君たち、だまされないように。

　上記のように、聞き手が 2 人称複数 (geht, lasst) であっても kommt, geht にはならない。

　なお、Donhauser の komm, geh の例文はすべて 2 人称の親称、つまり du, ihr に対するものだけである。そこで komm, geh の後に敬称の 2 人称が来ることがあるのか、あるいは交話的用法に敬称の 2 人称があるのかを母語話者に尋ねると、敬称の 2 人称が来ることはないが、敬称の 2 人称の交話的な用法はあるとのことであり、実例もみられる。例えば、

(25)　**Komm**, steh auf!　さあ、起きなさい。

(26)　***Komm**, stehen Sie auf!

(27)　**Kommen** Sie, stehen Sie auf!

(28)　**Kommen S'**, gehn wir zurück!　さあ、引き返しましょう。

　　　　　　　　　　　　　　　　　(A. Schnitzler: *Reigen*, S.12)

　さらに実際の例文をいくつかみてみよう。

(29)　**Geh**, lasse dir den toten Jesum schenken, …

　　　　　　　　　　　　　　(J. S. Bach: *Matthäus-Passion*, S.63)

　　　さあ、イエスの遺体をもらい受けるがいい！

(30)　Du liebes Kind, **komm**, geh mit mir! [5]

　　　　　　　　　　　　　(Goethe: *Erlkönig* In: *Gedichte*, S.77)

　　　かわいい子よ、さあ、私と一緒に行こう。

(31)　**Geh**, bleib jetzt bei mir. Wer weiß, ob wir morgen noch's Leben haben.

　　　　　　　　　　　　　　　(A. Schnitzler: *Reigen*, S.9)

　　　ねえ、私のところにいなよ。あす生きていられるかなんてわからないんだから。

(32)　**Komm** nimm meine Hand und geh' mit mir.

　　　　　　　　　　　　　　(H. Fischer: *Atemlos durch die Nacht*)

さあ、私の手をとって、一緒に歩いて行きましょう。

このようにバッハ、ゲーテ、オーストリアのシュニッツラーの戯曲からヘレーネ・フィッシャーの現代の曲まで komm, geh が盛んに用いられていることがわかる。特に日常会話では、Komm, gehen wir!「さあ、行こう！」のように、勧誘表現が続くことも多い。

3.1.2. hören（聞く）、sehen, schauen（見る）という感覚動詞の命令形

hör, sieh, schau などは聞き手とのコンタクトや注意をひくために用いられるが（英語の look, listen、フランス語の voir、イタリア語の guarda なども同様）それでも聞いて欲しい場合に Hör!、見て欲しい場合に Schau! などが用いられることが多いことから geh, komm より動詞の意味を残していると言える。例えば辞書では Schau, schau（おやまあ）と間投詞的な訳になっているが、筆者がドイツで聞いた限りではすべて「見ること」と関連していた。[6] また geh, komm と同様に、一般的に höre, schaue のように語尾 e を付けることはない。この用法が物語的命令形や geh, komm と異なるのは、複数形、つまり数による区別があることである。

(33) **Hört**, Leute, laßt mich zufrieden.

(33a) *Hör, Leute, laßt mich zufrieden

さあ、皆さん、私を満足させてください。

(34) **Schaut**, Leute, das hab ich doch gar nicht so gemeint.

(34a) *Schau, Leute, das hab ich doch gar nicht so gemeint.

ねえ、皆さん、それを私は全くそんなふうに思っていませんでしたよ。

上記のように、聞き手が複数の場合は hör, schau は使えず、複数形の hört, schaut になる。[7]

3.1.3. 精神的行為の動詞
sich denken（想定する）、sich vorstellen（思い描く）

ここでも sich denken, sich vorstellen の要求ではなく、hör, schau 同様に聞き手とのコンタクトや注意の喚起、さらにこれらの場合は聞き手に以下の出来事に特に注目するよう予告する。動詞の意味はかなり残っているとともに、

数の区別もある。Donhauser は複数形をあげていないが、やはり聞き手が複数の場合は Denkt euch, Stellt euch vor になる。[8]

(35) **Denk dir** [Denkt euch], gestern ist mir doch tatsächlich die Milch übergelaufen.
ねえ（わかる）、きのう牛乳が煮え立って吹きこぼれてしまったのよ。

(36) **Stell dir vor** [Stellt euch vor], er ist gestern zum Direktor befördert worden.
どう（思う）、彼がきのう部長に昇進したって。

hören や sich vorstellen の実例を見てみよう。

(37) **Hör' mal**, Kind, laß dir raten, hänge deine Gedanken nur nicht zu sehr an solche Sachen … Theater.　　　　(Th. Mann: *Buddenbrooks*, S.539)
ねえハノー、忠告しておくけど、そんなものに熱中しないように、芝居なんかに。

(38) **Stell dir vor**, kurz vor der Hochzeit mit dem grässlichen Jacoby hat sie mich hier besucht.　　　　(P. Härtling: *Jette*, S.46)
ねえ、結婚式の直前にヤーコビっていういやな男と彼女ここに私を訪ねてきたのよ！

このように geh, komm が間投詞に近いのに対して、他のものはまだ命令的な意味合いを残している。その識別の基準は数の区別があることである。
これらの機能はコンタクトを取ること（Kontaktherstellung）と注意の喚起（Aufmerksamkeitssteuerung）であるが、geh, komm には強めの機能が、さらに denken, vorstellen では予期に反することを予告する機能が加わる。そのため、komm, geh は命令文、hör はその後平叙文、疑問文と命令文、sieh は平叙文と命令文、denk dir, stell dir vor は平叙文が続くことが多い。なお、疑問文の前では、コンタクトと注意の喚起によく用いられるのが sagen の命令形の sag, sage である。

(39) **Sag (Sage) mal!** Was soll ich da tun?
ねえ、そこで私はなにをしなければならないの。

Kleinknecht (2007:121), 高橋 (2017:114f.) で触れられているように、命令形

の動詞がこのように間投詞化しやすい理由は、命令文の聞き手への直接的な働きかけ、表出性にあると言えよう。

　以上、Donhauser に基づいて命令形の交話的な用法を見てみた。すでに触れたように、この問題に詳しく言及しているわけではないが、Wackernagel-Jolles (1973:168) はこれらを「疑似要求」と呼び、guck mal, paß mal auf, sag mal, sagen Sie をあげている。また House (1982:114, 125) は「ギャンビット（gambit）＝会話を始める切り出し言葉」、として hör mal, sieh mal, guck mal, sehn se mal, hörn se mal［原文ママ］を、Tiittula (1993:121) は、「メタディスコース要素」と呼び、guck/hör mal, paß mal auf, sag mal, sagen Sie をあげている。また Auer/Günthner (2005) は komm を談話標識（Diskursmarker）として扱っている。この komm に関しては Proske (2014) が詳しく論じている。

　さて、Donhauser (1986) 以後、この問題を扱ったのは Kraft (1999), Reisigl (1999), Markiewicz (2000), Auer/Günthner (2005), Proske (2014) などである。Kraft は、このような命令表現は、コミュニケーションの舵取り手段であり、ただ会話を引き起こすためだけに使われるのではなく、聞き手との相互作用を導く機能をもっていると主張する。彼女のあげる例をみてみよう。

　ある女教師が、課題が解けない生徒を励まし、ある示唆でその生徒を助けようとする。

　(40)　Na, **komm**, jetzt sag s wenigstens!　　　　　　　　　　(Kraft (1999:251))
　　　さあ、（正解かどうかなんて）構わないから、言ってみて。

　„sag s"「言ってみて」は普通の命令文であるが、na は催促（聞き手に行動を促す）の働きがあり、komm は「（私の方に）おいで」といった空間移動的な意味の命令ではなく、課題の回答を、正解であれどうであれ言ってみなさいという、教師の生徒に対する、会話促進を促す機能と関連している。つまり辞書的な意味とは独立して、特殊な作用をする sag mal のような命令形フレーズ、この場合の komm は、コミュニケーションの相手としての聞き手を行為へと導き、コミュニケーションをいい形で遂行するために使われる。Donhauser の場合よりも踏み込んだ機能に触れていると言えよう。もう一例 Kraft (1999:259f.) から見てみよう。

　幼稚園での一緒の朝食の際に、家からもってきたお弁当をまだ開いていない子に先生が語りかける。

（41）**sach = ma** du hast ja noch nich ausgepackt → na nu aber mal schnell →
　　　gu = ma du bist ja die letzte →
　　　ねえ、あなただけがお弁当をあけてないわよ、さあ急いであけてごらん、あけてないのはあなただけよ。

ここでは sach = ma (sag mal)　gu = ma (guck mal) が命令形のフレーズであるが、sach = ma がまさに交話的な機能で用いられているのに対して、gu = ma（ごらん）は sach = ma（ねえ）より具体的な意味を残している。

　もう一例 sag mal が要求というより、談話標識（Diskursmarker）[9] の機能を担っている例を Auer/Günthner (2005:345f.) から引用してみよう。ダニ咬傷にあい、女医のもとに出かけたが、その医者がなにも知らなかったことを憤慨して述べるガービとその友人アナとの電話での会話である。

（42）Zeckenbisse（ダニ咬傷）
　　　Gabi.　　　aber die WUSST natürlich wieder net,
　　　　　　　　wer des hier MACHT.
　　　　　　　　stell dir mal VOR.
　　　　　　　　die hat KEI:NE AH:NUNG =
　→ Anna.　　　－ <<f, entrüstet> *sag mal.* >
　　　　　　　　<<f, entrüstet> un- warum macht die die beRAtung.>
　　　Gabi.　　　ich weiß es nich.
　　　ガービ.　　でもその女医知らなかったの
　　　　　　　　だれがここで責任があるのよ。
　　　　　　　　考えてよ
　　　　　　　　女医さんなにもわからないって。
　　　アナ.　　　＜憤慨して＞　　**なんてこと！**
　　　　　　　　＜憤慨して＞　　なぜその女医が助言してんの。
　　　ガービ.　　わからないわ。

ここでの sag mal はガービになにか言うのを求めているのではなく、ガービの感情的な語りに合わせたアナの憤慨（なんてこと！）を表している。このように形態的には命令形でも、要求を表さない命令文が多々存在する。

　以上、形態的には命令形でも、聞き手に要求を表すわけではない表現の中から特に交話的な用法に関して論じてきた。これらは日常会話では重要な役

割を果たすとともに、シューベルトの『魔王』(詩はゲーテ)のように、文学作品の講読や翻訳にもその知識が必要とされるものである。

3.2. 条件的命令文

次は、やはり一般には要求を表さない条件的命令文[10]についてドイツ語の場合、どのような特色があり、いかなるタイプ分けが可能か考察してみたい。

3.2.1. 条件的命令文に関するドイツ語の文法書の記述と その例文

条件的命令文に関してはドイツ語の文法書ではかなり早くから記述されている。Donhauser (1986:34) が記しているように、最も古い記述の1つは18世紀の Adelung (1782:392f.) で、「条件 (Bedingung) を短縮して表す」命令形として以下の例をあげている。

(43) **sey** ohne Freund (= wenn du ohne Freund bist), wie viel verliert dein Leben.

もし友人がいなければ、君の人生はどんなに損なわれることか。

また、Heyse (1838:776) は「命令文は、結論文と結び付いて、仮定された前提や条件を表すことがある」として以下の例をあげている。

(44) **Sei** zufrieden (= wenn du zufrieden bist): so wirst du glücklich sein.

もし君が満足なら、君は幸福だろう。

また Ribbeck (1820:55f.) では諺の例があげられている。

(45) **Gieb** ihm nur einen Finger, so nimmt er die ganze Hand.

もし彼 (悪魔) に指一本でも与えると、手全部を取られる。

さらに Erdmann (1886:120) では「命令文は、その文法的な独立性を失うことなく、条件文や認容文の代用をすることができる」として、興味深いことに、以下のように古高ドイツ語、中高ドイツ語と現代 (18世紀の) ドイツ語から多様な例を引用している。[11]

古高ドイツ語 (750 〜 1050 年)

(46) **leset** allô buah; nie findet ir (= wenn ihr auch alle Bücher leset, so findet

ihr nicht.)　　　　　　　　　　　　　　　　　(Otfrid: III, 20, 155, S.143)

　おまえたちがすべての本を読んでも見つけられないだろう。

中高ドイツ語（1050 ～ 1350 年）

　(47) **tuot** alsus, und sît genesn. (= Macht es so, und Ihr bleibet am Leben.)

　　　　　　　　　　　　　　　　　　　(Hartmann von Aue: *Iwein* 1253, S.76)

　そのようにすれば、あなたは生き続けられます。（敬称の 2 人称複数形）

18 世紀のドイツ語

　(48) **Lass** dich den Teufel bei einem Haare fassen; und du bist sein auf ewig!

　　　　　　　　　　　　　　　　　　　　　　(Lessing: *Emilia Galotti*, S.24)

　悪魔に髪の毛を 1 本でもつかまれれば、永遠にそこから抜け出せない。

　また Blatz (1896 [1970]:1163) は、命令文ないし要請を表す接続法の文は、
条件を表すためにいつも主文（帰結文）に先行し、主文は接続詞なしか und
あるいは so (dann) により後置文として条件文に接続すると述べている。同
様に Curme (1977²:580) も、強調のため条件文は命令文によって代用される
ことがあり、その際通常主文に so がみられる［例文は注 (17) 参照］、また条
件節と結論の代わりに、2 つの独立文がしばしば等位接続詞 und, oder, sonst
あるいは dann によっても結び付けられるとし、Blatz, Curme ともシラー
『ヴァレンシュタイン』から以下の例をあげている。

　(49) **Sei** im Besitze, **und** du wohnst im Recht.　(Schiller: *Wallenstein* II, S.11)

　　　所有せよ、されば汝は正しく住まわん。[12]

　これらから、ドイツ語において条件的命令文が古高ドイツ語以来、現在ま
で使われ続けていること、条件的命令文に様々な形があること、またこの点
に関して 18、19 世紀の文法記述ですでに詳しく触れられていることがわか
る。

3.2.2.　典型的な条件的命令文（「命令形 + und 文」、
　　　　　「命令形 + oder 文」）について

Boettcher/Sitta (1972:170f.) は、条件的命令文、とりわけ「命令文 + und 文」
において、命令文の要求の仕方が異なることに触れている。

　(50) **Sag** noch ein einziges Wort und er ist frei.

　　　もうひと言いえ、そうすれば彼は自由だ。

(51) **Sag** noch ein einziges Wort und ich klebe dir eine.

　　もうひと言いってみろ、おまえにビンタを食らわすぞ。

　(50) では話し手は聞き手に「言うこと」を要求しているが、(51) では同じ文でありながら「言え」ではなく、「言うな」と要求(脅迫)している。Boettcher/Sitta によれば、この「言うな」という禁止の解釈は、そのつどのコンテキストとそれに関連する帰結文との内容的な必然性による。そして例文(51)は、以下のような「命令文 + oder 文」と補完的な関係にあるとされる。

(52) **Halte** den Mund oder ich klebe dir eine.

　　黙れ、さもないとおまえにビンタを食らわすぞ。

　Boettcher/Sitta では触れられていないが、ここで「命令文 + oder (sonst) 文」の特性をみてみよう。例えば例文(51)を「命令文 + oder 文」で書き換えると以下のようになる。[13]

(53) **Sag** noch ein einziges Wort oder (sonst) ich klebe dir eine.

　　もうひと言いえ、さもないとおまえにビンタを食らわすぞ。

　(51)、(53) はともに脅迫の意味合いをもつが、ここでも同じ文でありながら、やはり要求の仕方が異なっている。(51) では「言うな」に対して、(53) は「言え」と要求している。Fries (1983:209), Rosengren (1993:31f.), 高橋 (1991:181) などで触れられているように、「命令文 + oder 文」は「命令」「提案」等に限られ、「命令文 + und 文」のように「純粋な条件」では使われない。そのため「命令文 + und 文」の帰結文が、望ましい内容(例文(50))も、望ましくない内容(例文(51))も許容されるのに対して、「命令文 + oder 文」の帰結文は例文(53)のように望ましくない内容が一般的で、以下のように望ましい内容が帰結部にくるとやや奇妙な文になる。

(54) ?**Sag** noch ein einziges Wort oder er ist frei.

　　もうひと言いってみろ、さもないと彼は自由だ。

　ただし、聞き手にとって「彼が自由になる」ことが望ましくない場合は可能な文になる (高橋 (2017:117f.) 参照)。上記は Ibañez (1976:236f.) で分類された3つのグループと対応するように思われる。Ibañez は前提部に要求(+ Imposition)とその否定(− Imposition)、帰結文に脅迫(+ Androhung)と報酬(− Androhung)という4つの概念の組み合わせから条件文を以下のタイプ

に分ける。

　a）　＋ Imposition（要求），＋ Androhung（脅迫）　→　例文（53）
　b）　＋ Imposition（要求），− Androhung（報酬）　→　例文（50）
　c）　− Imposition（否定），＋ Androhung（脅迫）　→　例文（51）
　d）　− Imposition（否定），− Androhung（報酬）　→　ø 例文（54）

　Ibañez は a），b），c）のみ実現可能としているが、a）は「言えという要求」「ビンタという脅迫」で例文（53）に、b）は「言えという要求」「自由という報酬」で例文（50）に、c）は「言うなという否定」「ビンタという脅迫」で例文（51）に対応すると言えよう。そして「言うなという否定」と「自由という報酬」の組み合わせは奇妙な文、例文（54）になると言える。[14]上記は文法的な例文であるので、実例でみてみよう。

(55)　**Sei** nur gut, **und** alles wird gut werden!　　　(B. Brecht: *Sezuan*, S.141)
　　　善人でいれば、すべてまたよくなるよ。

(56)　**Nimm** einen Ton aus einer Harmonie, … **und** alles … ist nichts.
　　　　　　　　　　　(Schiller: *Gedichte*, S.146, Blatz (1970:1163))
　　　ハーモニーから一音とればすべて台無しになる。

(57)　**Verschwinde**, du, **oder** ich mach dich zur Sau.
　　　　　　　　　　　　　　　　　　　(M. Frisch: *Andorra*, S.57)
　　　消えよ、おまえ、さもないとたたきのめすぞ。

(58)　**Hau ab**, … **oder** wir verdreschen dich!
　　　　　　　　　　　　　　　(G. Pausewang: *Schewenborn*, S.120)
　　　出ていけ、さもないとぶちのめすぞ。

　例文（55）では「善人であること」を要求し、帰結文もポジティブな内容であるのに対して、例文（56）では「一音とること」ではなく「とらないこと」が要求され、帰結文はネガティブな内容である。一方「命令文＋ oder 文」の例文（57）、（58）とも前提部は脅迫的な内容で、結論部はどちらもネガティブな内容である。

3.2.3. 条件的命令文のタイプについて

　ドイツ語の条件的命令文について早い段階で、詳しく論じた論文はL. Saltveit (1973) の「ドイツ語における条件を表す命令形」であろう。[15]

Saltveit は、── Donhauser (1986:174) も記しているように── 命令文にテーマ
化された行為あるいは状態の結果を表す陳述文と一緒に並べられているすべ
ての命令文を条件的命令文と理解している。その際 und, oder, sonst, dann,
da, so などをともなった並列文や接続詞なしの場合など様々な例をあげてい
る。Saltveit があげている例とそれに対応する、筆者が収集した例をそれぞ
れ一例ずつあげてみよう。

命令形 ＋ und

(59) **Mach'** Krieg mit dem Amerikaner, **und** du findest keinen besseren
Freund auf der ganzen Erde als der Spanier.　　　　(Saltveit, S.211)
アメリカ人と戦争をすれば、この世でスペイン人以上の友人は見つか
らない。

(60) **Schreibe** mit Blut: **und** du wirst erfahren, daß Blut Geist ist.
　　　　　　　　　　　　　　　　(Nietzsche: *Zarathustra*, S.33)
血で書けば、おまえも血が精神だということがわかるだろう。

命令文 ＋ oder

(61) **Benehmt** euch, **oder** ihr werdet euer schönes Amerika nicht mehr
wiedersehen.　　　　　　　　　　　　　　　　(Saltveit, S.211)
おとなしくしな、さもないとおまえたちの善きアメリカに二度と再会
できないぞ。

(62) **Gib** sie (Potilla) her **oder** du bekommst mörderischen Ärger.
　　　　　　　　　　　　　　　　　　(C. Funke: *Potilla*, S.101)
それ（妖精のポティラ）をよこせ、さもないと恐ろしいことになるぞ。

命令形 ＋ sonst

(63) **Laß** uns weg von hier, ich falle **sonst** um und ersaufe.　(Saltveit, S.211)
ここから抜け出よう、さもないと俺は倒れて溺れてしまう。

(64) **Mach**, daß du wegkommst, Igel, **sonst** wirst du auch gebissen und mußt
sterben.　　　　　　(H. Fallada: *Geschichten aus der Murkelei*, S.57)
逃げろハリネズミ、さもないとおまえも嚙まれて死ぬぞ。

　上記が既にふれた「命令文＋ und 文」「命令文＋ oder (sonst) 文」であるが、
ドイツ語の場合それ以外に様々な形がある。例えば dann, denn, da ないし so

といった要素が wenn/falls をともなった条件文にも条件的命令文にも現れる。

命令文 + dann

(65) **Geh** besser runter und schippe ein, **dann** werde ich die Winsch bedienen.
(Saltveit, S.212)
降りて、掘り出せ、そうすれば俺がウィンチでもち上げる。

(66) **Futtere** nur ordentlich, **dann** wirst du schon aufholen.
(E. M. Remarque: *Im Westen nichts Neues*, S.30)
ちゃんと食べれば回復するよ。

命令形 + da

(67) So, Herr Hauptmann, nun **schaunse** sich mal an, **da** kriegense Respekt vor sich!
(Saltveit, S.212)
さあ、大尉殿、ごらんください、自分を尊敬したくなりますよ！ [16]

(68) **Machen** Sie den Kragen **auf**, **da** wird Ihnen leichter.
(B. Brecht: *Der gute Mensch von Sezuan*, S.119)
カラーを緩めればもっと楽になるよ。

命令形 + so

(69) **Verkaufe**, was du hast, und **gib'** s den Armen, **so** wirst du einen Schatz im Himmel haben.
(Saltveit, S.212)
もっているものを売り、貧しい人々に与えなさい、そうすればあなたは天に宝をもつことになるだろう。

(70) **Bittet, so** wird euch gegeben; **suchet, so** werdet ihr finden; **klopfet an, so** wird euch aufgetan.
(Die Bibel: *Matthäus* 7.7)
求めれば与えられ、探さば見出すだろう、門をたたけば開けてもらえるだろう。

接続詞なし

(71) **Kommen** Sie uns morgen wieder her, der Mendel wird Ihnen inzwischen schon eppes auftreiben.
(Saltveit, S.214)
あすまた私たちのところに来てください、このメンデルがその間にきっと幾つかは見つけ出しましょう。

(72) **Hol** ein Hälmchen Stroh aus deiner Bettstatt, daran will ich

hinausklettern!　　　　（H. Fallada: *Geschichten aus der Murkelei*, S.92.）
君のベッドから藁を一本もって来てくれたら、それによじ登るよ。

　dann（そうすれば）に対して、北の方言では denn が、南のバイエルン方言では na が用いられる。da は dann のヴァリエーション、比較的まれなものが、ほぼ dann と同じ意味の so で、例文からも伺えるように聖書や諺などで多く用いられる (Saltveit (1973:212))。[17]

　これらの例文は、命令文とそれに続く平叙文との間に条件的な関係があるが、これらの例文には　― Saltveit 自身にも一部指摘され―　Donhauser (1986:174f.) に詳しく触れられているように、相違がある。以下 Donhauser に沿って記述すれば、例文 (59)「アメリカ人と戦争をしろ」は現実的な要求ではない。また例文 (61)「おとなしくしな」、例文 (63)「ここから抜け出よう」は条件的な意味とともに、脅しや苦境脱出の提案の性格が加わる。また例文 (65) は要求の性格がはっきりしている。これらの相違は、条件的命令文を wenn 文で書き換えた場合も現れる。例文 (59) のように、現実的な要求とは解釈されないものは wenn 文で言い換えられる。[18]

　(59') Wenn du Krieg mit den Amerikanern machst, findest du keinen besseren Freund auf der ganzen Erde als den Spanier.

　例文 (61) も wenn 文で言い換えられるが、条件文に否定詞 nicht を入れなければならない。

　(61') Wenn ihr euch **nicht** benehmt, werdet ihr euer schönes Amerika nicht mehr wiedersehen.

それに対して例文 (65) のように要求の性格が保持されている場合は、wenn 文は完全なパラフレーズにはなりえない。

　(65a) Wenn du runter gehst und einschippst, werde ich die Winsch bedienen.

　(65b) ?Wenn du **besser** runter gehst und einschippst, werde ich die Winsch bedienen.

命令文では可能で、指示的な言語行為に典型的な文副詞 besser は、接続的な条件文では使えない。以上 Donhauser に沿った考察である。

　上記の点などを考えれば、条件的命令文を分類する試みがあることも頷け

る。例えば Ibañez (1976) は条件的命令文を 2 つのタイプに分けている。Ibañez は「命令文に現れるすべての動詞は条件的命令形をつくることができるが、その逆は言えない」と述べ、まず一般の命令文と条件的命令文を区別する。つまり条件的命令形はつくれても命令形をつくることができない動詞があるということである。たとえば以下の「besitzen（もっている）」のような状態動詞 (statische Verben) である。[19]

(73) *Besitze Vermögen!

(74) Besitze Vermögen und das Finanzamt nimmt es dir weg.

[Ⅱ章例文 (48)、(49)]

財産をもっていれば、税務署がそれをおまえから奪い取る。

この ± statisch（状態動詞か否か）で条件的命令文が二分されるが、さらに Ibañez は「impositiv（行為を促す文 = 要求的）」[20] という概念を導入する。状態動詞の条件的命令文にはこの要求的な性格 (impositiver Chrakter) はなく、条件節の深層的な主語は確定的なもの (du) ではなく、一般的な man の意味の不定なものである。これを Ibañez は UDU で表す。また、状態動詞は条件文でのみ可能で、そこに要求的な要素はなく「命令文 + oder 文」の形はない。

それに対して非状態動詞 (nicht-statische Verben) は要求的な性格を示さないものと示すものがある。その区別は、深層の主語が聞き手（Angeredete = DU）であるか、不特定の人物 (UDU) であるかによる。このタイプの例文はそれぞれ以下の例があげられる。

(75) Kürze die Diäten der Abgeordneten und du wirst sehen, wie schon am folgenden Tage die Korruption floriert.

議員の手当てをカットすれば、次の日からいかに賄賂が横行するかわかるだろう。

(76) Arbeite und du wirst bezahlt.

働きなさい、そうすればあなたに報酬が支払われる。

例文 (75) の場合は仮定で、実際の要求的な性格はない。主語も確定的なものではなく、一般的な man の意味の、不定なものである [UDU] という点である。つまり Wenn **man** die Diäten der Abgeordneten kürzt, …それに対して例文 (76) は要求的な性格があり、主語も確定的な対象指示、du によって

特徴づけられる。

　状態動詞の「– impositiv（非要求的）」なメルクマールは動詞の意味（命令は変化を要求するが、状態動詞に変化はない）に還元されるが、非状態動詞の条件的命令文における ± impositiv なメルクマールは語用論的な状況による。この分類を図示すれば以下のようになる (Ibañez (1976:233))。[21]

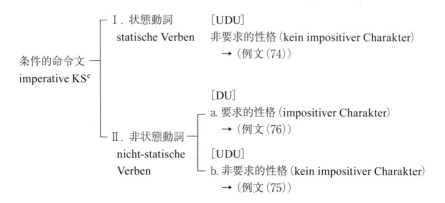

　ところで Bolinger (1967:344), (1977:162) は「命令条件文は真の条件文、つまり内在的帰結 (intrinsic consequence) を導く条件文でなければならない。…命令条件文は、帰結がその条件の自動的な結果であるような場合に限られる (S.344)」とする。それに対して Ibañez は上記と関連して新たな提案をしているので、Ibañez に基づいて記してみよう。

(77a) wenn du dieses Grundstück besitzt, kaufe ich es dir ab
　　　もしあなたがこの土地を所有しているなら、私がそれをあなたから買い取ります。

(77b) *besitze dieses Grundstück und ich kaufe es dir ab

(78a) wenn du hart arbeitest, bekommst du vielleicht eine Gehaltserhöhung
　　　一生懸命働けば、ひょっとしたら給料アップするよ。

(78b) ?arbeite hart und du bekommst vielleicht eine Gehaltserhöhung

　Ibañez によれば (78b) のような条件的命令文は、大抵のドイツ語話者に文法的とみなされるが、給料アップという帰結が、条件の自動的な結果とは必

ずしも言い切れないとする。[22]さらに Ibañez (S.241) は、Bolinger によれば、状態動詞の命令条件文が文法的なら、帰結は前提の内在的な帰結であり、逆に文が非文法的であれば、内在的帰結ではない、とし以下の例をあげて考察する。

(79a) wenn du nur irgendetwas besitzt, wirst du unbarmherzig besteuert
　　　もしいくらかでも所有していれば、無慈悲に課税される。

(79b) besitze nur irgendetwas und du wirst unbarmherzig besteuert

(80a) wenn du Chinesisch verstehst, brauche ich dich als Lehrer
　　　君が中国語を理解するなら、君を教師として雇うよ。

(80b) *verstehe Chinesisch und ich brauche dich als Lehrer

(81a) wenn du Chinesisch verstehst, wirst du dich mit der Hälfte der Menschheit verständigen können
　　　君が中国語を理解するなら、人類の半分と意思疎通ができるだろう。

(81b) verstehe Chinesisch, und du wirst dich mit der Hälfte der Menschheit verständigen können

　なぜ (79b) と (81b) の条件的命令文は文法的で、(77b) と (80b) は文法的でないのか。Bolinger によれば、(79b) と (81b) は「内在的な帰結」だからである。Bolinger は「内在的な帰結」とは何であるかに立ち入っていない。しかし Ibañez によれば、状態動詞の条件的命令文が文法的であるのは、条件文の深層構造に UDU (man) が現れるときである。非文法的な例文(77b)、(80b) では条件部の動詞の深層的な主語で UDU はありえない、なぜならここでは聞き手(Angeredete = du)が唯一可能な主語だからである。これが非文法的な理由である。換言すれば、文法的な例文(79b)、(81b)では条件関係が、聞き手(du)だけでなく、前提部の条件を満たすだれにもあてはまる。逆に、非文法的な例文では聞き手[DU]のみが該当する条件になっている。それゆえ、状態動詞の条件的命令文が文法的になるのは、ほとんどすべてに受け入れ可能な「条件－結果－関係」であり、「内在的な帰結」などと言う必要はない。以上が Ibañez の Bolinger 批判である。[23]

　Ibañez では「命令文＋und文」の命令文において、顕在化されていない人称に関して、聞き手たる du しか考えられない場合は impositiv、それ以外

の人称が当てはまる場合は - impositiv になる。すると Ibañez の分類は、Donhauser (1986:177) が図示しているように、「要求的（+ impositiv）［DU］」であるか、「非要求的（- impositiv）［UDU］」であるかの、以下のような分類のほうがわかりやすい。

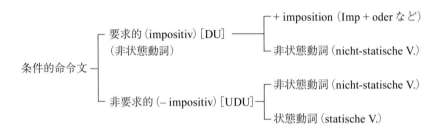

Donhauser (1986:160f., 178f.) は、Sprechereinstellung（話者の［聞き手の行為に対する］態度）という概念を導入し、聞き手の行為が話者の利害によるものを要求（命令・指示・禁止など）、聞き手の利害によるものを助言・警告、話者と聞き手の利害によるものを提案・脅迫とし、最後に話者の利害でも、聞き手の利害でもないものをあげる。最後のものは、例えば以下の例文のように相手が特定の聞き手ではなく、一般的な妥当性を要求する「格言的」な命令文である。

(82) Üb immer Treu und Redlichkeit …!
いつも誠実に、正直でありなさい！

Donhauser によれば、話し手や聞き手の利害にかかわる要求、助言、警告、提案、脅迫などは Ibañez の「要求的（+ impositiv）［DU］」タイプ、話し手の利害も聞き手の利害にもかかわらないものが「非要求的（- impositiv）［UDU］」なタイプと言えよう。

これを高橋 (1994) の「話者のコミットメント（speaker commitment）」と比較してみよう。高橋は命令文に指摘される3つの本質「仮定性（Hypotheticality）」「非過去性（Non-past）」「2人称性（second person）」に加え、もう1つの本質的な素性として「Speaker Commitment（話者のコミットメント）」をあげる。話者のコミットメントとは、話者が聞き手の行為に向けて適用する指令的効力（force）の行使の度合いであり、効力の行使はマイナス

からプラスまでに以下のようなスケールをなす。(高橋 (1994:116))

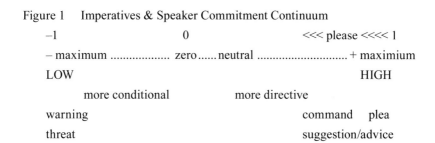

Figure 1　Imperatives & Speaker Commitment Continuum

　例えば条件的命令文で見れば、1）Sleep until noon; you are very tired. は「命令」あるいは「助言」と解釈され、話者のコミットメントは高くなる。一方2）Sleep until noon, and you'll miss lunch. のような「条件＋警告」の命令文は、話者が聞き手に命令の内容の実行を警告している、つまり負のコミットメントで、話者のコミットメントは最も低い地点 (–1) から生じると考えられる。また状態動詞の条件的命令文 3）Own the house, and you can invite a lot of people. は、話者のコミットメントはゼロに近いとされる。状態動詞は命令形をつくれない場合が多いが、条件的命令文は可能となる。しかし、それはあくまで条件（家をもてば）であり、そこには話者の正のコミットメントも負のコミットメントもない。コミットトメントの高さは、話者が命令文の内容に真剣な態度をもっているときのみ命令文と共起する please を用いて調べることができる。

　すると Ibañez の「要求的 (＋ impositiv)［DU］」のタイプは、高いコミットメントであれ（命令、助言）、負のコミットメント（警告、脅迫）であれ、話者のコミットメントが現れる場合で、例えば以下のような例である。

　例文 (1) Mach eine Bewegung, und ich drücke los. → 負のコミットメント
　　　　　　　　　　　　　　　　　　　　　　　　　　　　　　　（警告）

　例文 (57) Verschwinde, oder ich mach dich zur Sau. → 高いコミットメント
　　　　　　　　　　　　　　　　　　　　　　　　　　　　　　　（命令）

　一方、「非要求的 (– impositiv)［UDU］」のタイプは、話者のコミットメントがほとんど現れない、ゼロに近い場合と考えられる。例えば以下のような

例である。

例文(75) Kürze die Diäten der Abgeordneten und du wirst sehen, wie schon am folgenden Tage die Korruption floriert.

「議員の手当てをカットする」ことは、話し手が聞き手に行為の実行を要求しているわけではなく、ここでは仮定の話で、話者のコミットメントは限りなくゼロである。このように、条件的命令文は「要求的」なタイプと「非要求的」なタイプに分けることができる。そして後者は特に要求を表さない命令文と言えよう。[24]

3.3. 語りの命令形と命令文による慣用語法など

要求を表さない命令文として、冒頭に交話的な用法と条件的命令文以外に、語りの命令形や und で結ばれた2つの命令文にも触れた。しかし語りの命令文には、Spitzer (1918), Huber-Sauter (1951), Gysi (1997), Kleinknecht (2007) などが、フランス語、スペイン語、イタリア語などロマンス語の用例に触れているが、ドイツ語では稀であろう。また und で結ばれた命令文も、最初の動詞は多くが gehen で、交話的な用法に近いと言えよう。

ただ、語りの命令形(der narrative Imperativ)とはあまり聞くことがないので、どのようなものであるかを Donhauser (1986:181-191), Gysi (1997:110f.), Kleinknecht (2007:51f.) を参考に簡単に述べてみよう。

語りの命令形はコミュニケーションの外、つまり一般の命令文と異なり、話し手から聞き手に向けられたものではなく、語りテキストに現れる命令形である (Gysi (1997:110))。つまりすでに過ぎ去ったものにかかわるものであるが、Huber-Sauter (1951) によれば2つのヴァリエーションがあるとされる。ドイツ語訳がつけられているので、Kleinknecht (2007:52f.) の記述に沿ってイタリア語の例でみてみよう。

1. 副文の代用

(83) **Aspetta aspetta** niente si vedeva.
Warte warte, nichts war zu sehen.
待っても待っても、なにも見られなかった。

2．ストーリの継続ないし代用

(84) Il naso, appena fatto, cominciò a crescere: e **cresci, cresci, cresci,**
diventò in pochi minuti un nasone che non finiva mai.

Die Nase, gerade erst gemacht, begann zu wachsen: und **wachse, wachse,**
wachse, wurde sie in wenigen Minuten eine unendlich lange Riesennase.

鼻は、つくられるやいなや、大きくなり始めた。グーン、グーン、グー
ンと鼻はあっという間に巨大なものになった。　　（『ピノキオ』より）

　例文 (83) ではイタリア語の aspetta は aspettare（待つ）の 2 人称単数の命
令形、例文 (84) では cresci は crescere（成長する）の 2 人称単数の命令形で
ある。例文 (83) は Soviel er auch wartete「いくら待っても」という認容文の
代用、例文 (84) はピノキオの鼻が伸びるのを連続する命令形 (cresci, cresci,
cresci「伸びろ、伸びろ、伸びろ」) が具象的に表している。

　Donhauser (1986:187) は例文 (2) で stopf, stopf, stopf! Pulver in den Pfeifenkopf.
「（マックスとモーリッツは急いで火薬を）パイプの雁首にサ、サ、サとつめ
こんだ」をあげたが、これらが peng!（バタン）、pardauz!（ガチャン）といっ
た擬音語的な間投詞との対照性や上記の例の stopf の人称や数の区別がこの
用法では不可能であることから（主語が複数でもこの場合 stopft, stopft,
stopft! は不可）、これを Klopf klopf!（トントン [klopfen ノックする]）のよう
なマンガや若者言葉に典型的に現れる 2 次的な間投詞と見なすべきとした。
一方で、Gysi (1997:116f.) は、語りの命令形はストーリのイメージの喚起が
目的で、聞き手がストーリを生き生きと追体験するのに役立つとする。すで
に触れた komm, geh のような命令形の間投詞化の理由と同様に、これが命
令文の聞き手への直接的な働きかけ、表出性に起因するのであるとすれば、
これも命令形から派生した 1 つの働きかもしれない。

　最後に、交話的な用法とは多少異なるが、日常言語でよく用いられ、形式
的には命令形でありながら、その辞書的な意味での命令、要求を表すわけで
はないものに少し触れてみよう。Winkler (1989:185), Kauffer (2013) が
Phraseologismen（慣用語法）としてあげたもの、Markiewicz (2000b:189f.) が
Phativ（交話）の一部として扱っている挨拶や別れの表現形式がある。

　フランス語と比較して Kauffer があげているのが Na warte!, Na, hör mal!,

Sieh mal (einer) an! などである。(85) „Na warte!"「よく見とけよ！」は警告を表す、心態詞 nur と結び付いた (86) „Warte nur!"「覚えていろよ！」といった脅しを表すのと似ている。ともに warte（待て）という意味は薄れている。(87) „Na, hör mal!"「なんてバカなことを！」は抗議を表す。(88) „Hört!, hört!"「異議あり（聞け、聞け）」も同じと言えるかもしれない。やはり「聞け」という意味は背後に隠れている。(89) „Sieh mal einer an!"「こりゃ、驚いた」は驚きを表す。このように不定代名詞（einer）と命令形の結び付きはすでに触れた (1.4.1.4.)。なぜこれが驚きになるかの1つの解釈は、この表現が、話者がある出来事や事態に驚き、それを周りの人にもわかってもらうために使われることがあり、「（この出来事が驚きであることを、みなさんも同意するよう）だれかちょっと見てください」というものである。

　挨拶や別れの表現に命令形がしばしば使われる。Markiewicz (2000: 190f.) は挨拶の形式として (90) „Grüß dich!, Grüßt euch!"「こんにちは」、(91) Seid gegrüßt!「ようこそ」[25]、別れの表現形式として (92) „Macht's gut!"「元気でな！」、(93) „Bleibe gesund!"「お元気で！」、(94) „Leb wohl! Lebt wohl!"「さようなら！」をあげている。Grüß dich!, Seid gegrüßt! はもうあまり使われないと言えよう。Macht's gut! は ZDF のニュース番組 Heute Journal のあとの天気予報で、Gunther Tiersch が最後に述べる言葉である。3つとも「うまくやれ！」「健康であれ！」「幸せに暮らせ！」という動詞の意味を保持しながら、別れの表現として定着したものといえよう。ただしやはりやや古風な表現と言えるかもしれない。また (95) „Schlaf gut! (= Mögest du gut schlafen!"「ぐっすり眠れますように → お休み」) といった相手のことを願う表現も加えることができよう。

　以上、形態的には命令形でも、聞き手に直接要求を表すわけではない用法として1.交話的な用法、2.条件的命令文、3.語りの命令形、慣用語法などについて論じてきた。交話的な用法、語りの命令形、慣用語法なども、要求を表すわけではないとしても、命令文の聞き手への直接的な働きかけに起因するとすれば、命令形の用法の多様性を表すとも言える。条件的命令文が古くからいろいろ議論されているのに対して、交話的な用法や語りの命令形は今まであまり注目されることがなかった。

注 (Ⅲ章)

(1) 先のドイツ語文献のうち Saltveit (1973), Ibañez (1976), Fries (1983:88ff.) は条件的命令文について、Kretschmer (1910), Kieckers (1920:509), Behaghel (1924:247) は語りの命令形について、Wunderlich (1894:58ff.), Schiepek (1899:108f.) は命令形の間投詞的用法について触れている。またドイツ語文献であるが、Spitzer (1918), Huber-Sauter (1951), Gysi (1997), Kleinknecht (2007) はロマンス語における語りの命令形の用法に触れている。

(2) Stockwell (1973:636f.) では以下の3つがあげられている。

  (a) 条件的命令文 (conditional imperatives)

    Come here, and I'll give you a dollar.

    「ここに来れば、1ドルあげるよ。」

  (b) 許可命令文 (permission imperatives)

    Buy whatever you like.　「好きなものをなんでも買いなさい。」

  (c) 願望・祈願命令文 (wish-imperatives)

    Get well soon.　「お大事に、早くよくなりますように。」

また Downes (1977:78) では Stockwell (a) (b) (c) 以外に Bolinger (1967: 352f.) から、仮定不定詞やコンテキストにおける返答などをあげている。さらに関連性理論の Wilson & Sperber (1988:80f.) は Advice (助言)、Permission (許可)、Thread and dares (脅しと挑発)、Good wishes (願望)、Audienceless cases (相手なしのケース)、Predetermined cases (さかのぼっての要請) などをあげている。Wilson & Sperber に関しては今井 (2009:88f.) 参照。Altmann (1993:1007f.), Schilling (1999:67) なども参照。

(3) 「話し手と聞き手との間の親近感を推進、持続する (田中春美編『現代言語学辞典』(1988:485))」ための言語活動。上記の言語学辞典などによれば、人類学者のマリノフスキーが使い始めた用語。周知のようにローマン・ヤコブソンは言語の6機能の1つにあげている。

(4) 本稿では komm, geh のみを扱うが地方により様々な言い方がある。例えばバイエルンやオーストリアでは ach geh、その他では ach komm がよく用いられるようである。

(5) シューベルトの作曲で有名なゲーテの詩「魔王 (Erlkönig)」の一節 „Du liebes Kind, **komm, geh** mit mir!" である。この部分の日本語訳をみ

ると、おもしろいことに訳に2つのタイプがあるように思われる。1つ
はkommを辞書通りの意味の命令「おいで、私と一緒に行こう(山枡訳)」
とするもの、もう1つはkommをあえて訳さず、多分「一緒に行こう
よ！」の意を含んだ「おいでよ(大木・伊藤訳)」である。交話的に考
えれば「さあ、おいでよ(一緒に行こうよ)」といった訳も可能と思わ
れる。母語話者はやはり交話的とみるようであるし、英訳もcome onで
交話的に訳されている。

(6) アルザスをドライブしていたとき、急にコウノトリが現れた。そのとき
ドライバーはSchau, schau!と言った。日本語での「見て、見て！」に
近いように思われる。日本語の場合も相手に注意を引く機能がある。

(7) Donhauser (1986)はdu, ihrの場合のみを扱っているが、Sieの場合もある。

　　　Na, **hören Sie mal!** Seh ich wie ein Verbrecher aus?
　　　ねえ、ちょっと、私が犯罪者に見えますか？

　　　　　　　　　　　　　　　　　　　(F. Dürrenmatt: *Die Panne*, S.18)

(8) „**Stellt euch vor**, … in einem Operetten-Theater — es war in London."
「あのね、…あるオペレッタ劇場で ― ロンドンだったけど」

　　　　　　　　　　　　　　　　　　(Th. Mann: *Buddenbrooks*, S.262)

(9) 談話標識(ディスコースマーカー)とは、会話をスムースに運ぶための
言語手段。詳しくは高田・椎名・小野寺編著『歴史語用論入門』大修館
書店2011年28ページ、73ページ以下参照。

(10)「命令文＋and文」のandに先行する命令文をJespersen (1940:474f.)は
疑似命令文(pseudo-imperative)と呼んだ。荒木・安井編『現代英文法辞
典』(1992:683)参照。なお、本稿ではこの構文をconditional imperatives
(Bolinger (1977:159)), impératifs conditionnels (Dobrovie-Sorin (1984)), der
konditionale Imperativ (Donhauser (1986:171f.))にならい、「条件的命令文」
と呼ぶ。

(11) ゴート語などさらに古いゲルマン系の言語にも条件的命令文が現れる
ことに関してはWunderlich (1901:271), Saltveit (1973:217f.)など参照。さ
らに、ゲルマン語以外にもフランス語、スペイン語、チェコ語など様々
な言語でも観察されることにJary/Kissine (2014:111f.)が触れている。

(12) シラー『ヴァレンシュタイン』濱川祥枝訳、岩波文庫2003年263ペー
ジより。「所有していれば、すでに住む権利を得ている」といった意味。

この例文は Erdmann (1886:120), Wunderlich (1901:273) にもあげられている。

(13)　例文 (51) もうひと言 [*言え / 言ってみろ] おまえにビンタ食らわすぞ。
例文 (53) もうひと言 [言え / *言ってみろ] さもないとおまえにビンタを食らわすぞ。

門脇・田中 (2015) に述べられているように、日本語訳では、例文 (51) は「言ってみろ」、例文 (50) では「言え」になる。

(14)　Lawler (1975:371) の以下の例も同様であろう。kill（殺す）は「脅迫」、kiss（キスする）は「報酬」に対応する。

1）Open the window and I'll kill you.
　　「窓を開けてみろ、おまえを殺すぞ。」

2）Open the window and I'll kiss you.
　　「窓を開けて、そうしたらキスしてあげる。」

3）Open the window or I'll kill you.
　　「窓を開けろ、さもないとおまえを殺すぞ。」

4）*Open the window or I'll kiss you.

(15)　ドイツ語圏の条件的命令文に関する研究は Saltveit (1973), Ibañez (1976), Donhauser (1986), Fries (1992), Rosengren (1993), Polikarpov (1996) などである。Kaufmann (2012) はドイツの研究者であるが、英語で書かれた著作である。

(16)　カール・ツックマイヤー『ケペニック大尉』からの例文で、杉山誠訳『近代戯集』筑摩書店 1980 年 226 ページを借用した。

(17)　筆者が収集したドイツ語の命令的条件文では so が用いられるのは、ゲーテ、シラーなど比較的古いもので、現代の小説ではあまりなかった。（Ⅱ章例文 (3) も参照）

Sprich ja oder nein, **so** sind wir schon zufrieden.

(Schiller: *Wallenstein, II*, S.63)

イエスかノーを言っていただければ私たちはもう満足なのです。

(18)　Davies (1986:172f.) にあるように、wenn (if) 文がいつも条件的命令文にパラフレーズされるわけではない。Rosengren (1993:32f.) は、条件的命令文は wenn 文より、話法の助動詞で言い換えられると述べている。

Sei still und niemand wird dich bemerken.

→ Du mußt still sein, und niemand wird dich bemerken.

黙っていなさい、そうすれば、だれもおまえに気付かないよ。

(19) Davies (1986:161f.) では状態動詞、any の使用、主語の総称性、過去性などから、英語の命令文と条件的命令文の相違について詳しく触れている。

(20) Green (1975) の用語。「命令」「要求」「依頼」「懇願」「勧告」「警告」といった発話内行為 (Illocutionary Act) の総称。荒木・安井編『現代英文法辞典』(1992) 三省堂 692 ページより。「働きかけ表現」とも言われる (西光義弘編『英語学概論』(2007) くろしお出版 271 ページ)。

(21) Donhauser (1986:177f.) によれば、Dobrovie-Sorin (1984) はフランス語の条件的命令文を、そのコミュニケーション機能に基づいて 3 つのタイプに分けている。すなわち (a) 脅迫 (menaces)、(b) 約束 (promesses)、(c) 総称的な発言 (énoncés génériques) である。(a)、(b) は Ibañez の impositiv に、(c) は nicht impositiv に相応する。

(22) Davies (1986:174) は「自動的な結果を示していると言えなくもない」としている。

(23) Davies (1986:180f.) は「状態動詞の条件的命令文は、その主語が総称的 (UDU) であるとき容認できるものである」とする Ibañez に一定の評価を与えながらも、主語が総称的でない条件的命令文もあれば、総称的な解釈が不可能な状態動詞の条件的命令文もあるとして Ibañez を批判している。Davies によれば、Ibañez のように [DU] か [UDU] であるかではなく、reality であるか non-reality であるかだが、ここでは立ち入らない。

(24) ここでは Bolinger (1967, 1977), Saltveit (1973), Ibañez (1976), Davies (1986) など記述的、語用論的分析を踏まえ、ドイツ語の条件的命令文を考察した。その後の英語圏の認知言語学的分析や関連性理論分析などに関しては高橋 (2017:117ff.) が参考になる。

(25) sei gegrüßt は受け身の命令文である。ドイツ語文法記述は長い間ラテン語文法記述のもとにあり、ラテン語に受け身の命令文 (amāre: werde geliebt [愛されよ]) があるため 18 世紀くらいまで、無理にドイツ語の受け身の命令文も記述されてきた。現在の文法書では、1. 受け身の命令文には触れないもの、2. sein + 過去分詞の形だけ触れるもの、3. sein + 過去分詞に触れるが、すでに古風ないし改まった表現であると記述するものに分かれる (Donhauser (1986:22f.))。

[コラム３.] Schau mal (einer) an!「こりゃ驚いた！」

　絵画収集家で、ベルリン名誉市民（ベルリンでの交通手段は無料）のハインツ・ベルクグリューンがバスに乗ろうとしたとき、運転手が乗車券を尋ねる場面です。

> Ich tat verdutzt und sagte: „Ich brauche keinen.“ Des Fahrers Gesicht verdüsterte sich. „Warum nicht?“ „Ich bin Ehrenbürger der Stadt“, erwiderte ich. „Ja, **schau mal an**“ sagte er „Ehrenbürger, das kann ja jeder sagen.“
>
> („Ehrenbürger“ In: *Frankfurter Allgemeine Zeitung*, 31.07.2004, S.31)

私はあっけにとられて言った「私は乗車券はいりません。」運転手の顔はくもった。「なぜいらないのですか」という問いに私は「この街の名誉市民だからです」と答えた。すると運転手は言った。「え、こりゃ驚いた、そんなことだれだって言えるじゃないですか。」

　„schau mal an“ が驚きを表す慣用的な用法です。本来は「ちょっと見てください」といった意味でしょうが、間投詞化され現在は「まさか」「こりゃ驚いた」「こりゃすごい」という意味です。そしてこの話はさらに次のように進みます。バスは停留所に止まったままで、すべての乗客はテレビのサッカー観戦のように二人を見つめます。運転手が「お名前は？」と尋ねると乗客たちは聞き耳を立てます。彼がベルクグリューンと名乗ると、運転手は元のやさしい顔つきに戻り「ああ、それならあなたを乗せて運転できるのは光栄です」と述べ、バスは乗客の拍手に送られ発車することになります。

　さて、この命令文は本来だれに向けられたものなのでしょうか？この命令文は „Schau (Sieh) mal einer an!“ のようにしばしば不定代名詞 einer と結び付いて用いられることを考えると、この場合で考えれば、バスの乗客の中の不特定のだれかに向けられたものと考えられます。つまり「あなた方の中のだれかちょっとみてください！」といった意味で周りに注意を喚起していたものが、さらに間投詞化したものと思います。例えば Sag mal!「話して！」という命令文が、「ねぇ！」くらいの交話的な意味になり、最近若者には「え！」く

らいの意味で使われるのと似ているかもしれません。

　ちなみにベルクグリューンは114人目のベルリン名誉市民です
が、112人目は女優マルレーネ・ディートリヒ (Marlene Dietrich
(1902-1992))です。ただ、彼女は第二次世界大戦時にナチスを嫌って、
ドイツを離れ、アメリカの市民権を獲得、さらに進んで(当時は敵
であった)アメリカ軍兵士を慰問したため、ドイツでは戦後も不人
気な面もあり、ベルリン生まれの彼女に、ベルリン名誉市民の称号
が与えられたのは彼女の死後10年後の2002年でした。

Marlene Dietrich (1902-1992)

　マルレーネ・ディートリヒの持ち歌として有名な「Lili Marleen
(リリー・マルレーン)」の最初の一節をみてみましょう。勧誘表現
(181ページ)が用いられています。

Vor der Kaserne vor dem großen Tor	兵舎の前、大きな門の前に
Stand eine Laterne	街灯が立っていた
Und steht sie noch davor	今もまだあるなら、
So **wollen wir** da uns wiedersehen	そこで会おうよ
Bei der Laterne **wollen wir** stehen	その街灯のそばに立って
Wie einst Lili Marleen	昔みたいに、リリー・マルレーン

Ⅳ章　ドイツ語命令文における心態詞

4.1. 心態詞について

　ここではドイツ語の命令文に現れる心態詞（Abtönungspartikel）や関心の与格（Ethischer Dativ）について考察する。以下の例文をみてみよう。

(1)　»Kommen Sie her, Herr Kesselmeyer«, sagte Tony. »Setzen Sie sich hin. Es ist hübsch, daß Sie kommen … Passen Sie **mal** auf. Sie sollen Schiedsrichter sein. Ich habe eben einen Streit mit Grünlich gehabt … Nun sagen Sie **mal**: Muß ein dreijähriges Kind ein Kindermädchen haben oder nicht! Nun? …« …

　　»Nämlich«, fuhr Tony fort, »Grünlich behauptet, ich ruiniere ihn!«

　　Hier blickte Herr Kesselmeyer sie an　　und dann blickte er Herrn Grünlich an … und dann brach er in ein unerhörtes Gelächter aus! »Sie ruinieren ihn …?« rief er. »Sie … ruin … Sie … Sie ruinieren ihn also? … O Gott! Ach Gott! Du liebe Zeit! … Das ist spaßhaft! … Das ist höchst, höchst *höchst* spaßhaft!« …

　　»Kesselmeyer!« sagte er. »Fassen Sie sich **doch**! Sind Sie von Sinnen? Hören Sie **doch** auf zu lachen! Wollen Sie Wein haben? Wollen Sie eine Cigarre haben? Worüber lachen Sie **eigentlich**?«

　　　　　　　　　　　　　　　　　　　　(Th. Mann: *Buddenbrooks*, S.202)

　「こちらへどうぞ、ケッセルマイヤーさん」とトーニが言った。「おかけになって。ほんとうにようこそ…**まあ、聞いてください**。あなたに審判になっていただきたいんです。いまグリューンリヒと口喧嘩をしていたところですの…三歳の子に子守がいるかいらないか、あなたのお考えをおっしゃっていただきたいわ！ さあ…」…（中略）…

　「つまり」とトーニは続けた。「グリューンリヒはこう言うんですの、

君は僕を破綻させてしまうって。」

　するとケッセルマイヤー氏は彼女を見つめ…それからグリューンリヒ氏を見つめた…そして聞いたこともないような爆笑をはじめた！「あなたが彼を破綻させるんですって？…」と彼は叫んだ。「あなたが…破綻…あなたが…あなたが彼を破綻させるんですって？…これは、これは！　いやはや！　なんともはや…これはおかしい！　なんとも、なんとも、なんともおかしい！」…

　「ケッセルマイヤー！」とグリューンリヒは言った。「**どうか**、落ち着いて。気は確かですか。**さあ、いいかげんに**笑うのはやめてください！　ワインでもどうですか？　シガーを１本どうです？　**いったい**なにがおかしいんです？」

　トーマス・マンの『ブデンブローク家の人々』の中で、子どものためにもう一人使用人を雇ってほしいと言うトーニとその必要はないと言う夫グリューンリヒとの言い争いの最中に銀行家のケッセルマイヤーがやってくる場面である。グリューンリヒはトーニが好きで結婚したわけではなく、商売の窮状を脱するため、トーニからの持参金が目当てだった。そのことを知っているケッセルマイヤーは、トーニから、グリューンリヒが「君（トーニ）は僕（グリューンリヒ）を破綻させる」と言ったと聞かされ、爆笑せずにはいられなかった。ケッセルマイヤーの笑いを抑えながらの発言には「トーニの持参金であなたは破産から救われたのに、その彼女があなたを破綻させると、あなたはぬけぬけと彼女に言ったのですか？」というグリューンリヒに対するあてつけが含まれている。

　さて、そのケッセルマイヤーの態度に対するグリューンリヒの発言の中には、妻トーニには悟られたくない自分の暗部を仄めかす銀行家ケッセルマイヤーに対する「いらだち」、さらにそのような行為をやめるよう「促す」気持ちが反映している。そしてまさにそれを表しているのが心態詞の doch や eigentlich である。心態詞 doch や eigentlich に特定の訳語があるわけではないが、doch には「どうか」、「さあ、いいかげんに」などに「いらだち」や行為をやめるよう「促す」気持ちが、eigentlich の「いったい」には話者の不快感が反映されている。これはグリューンリヒの心底をも暴露するとともに、後のトーニとの破局も暗示し、作品解釈にとっても重要な意味をもつ

と言える。なお、最初のトーニの発言 „Passen Sie **mal** auf. Nun sagen Sie **mal**.“ の mal も要求を和らげる機能をもつ心態詞である。

　このようにドイツ語の会話文にはさまざまな心態詞が用いられる。ここではまず心態詞について簡単に触れたあと、ドイツ語の命令文にどのような心態詞が用いられ、どのような機能を果たすのかを具体的な実例とともにみてみたい。[1]

心態詞 (Abtönungspartikel あるいは Modalpartikel) について

　ドイツ語の Partikel とは広義には、副詞、接続詞、前置詞など語形変化、比較変化をしない不変化詞を指すが、その中で以下のような特徴をもつものが心態詞とされる。

1. 語形変化、比較変化をせず、通常アクセントをもたない。（ただし、命令・要求表現における bloß, ja などのようにアクセントをもつものもある。）
2. 文成分をなさず、単独では文頭に来ることはない。（ただし nur, bloß などは定動詞ではなく、要求としての不定詞と用いられる場合は文頭に来ることがある。Nur (bloß) nicht so schnell laufen! 「そんなに速く走らないで！」）
3. 多くは用いられる文のタイプが決まっている。（例えば denn と etwa はただ疑問文だけ、nur は命令文と願望文にのみ現れる。）
4. 心態詞は文の中さまざまな位置に置かれるが、レーマ（不定冠詞の付いた名詞などの未知の情報）があるときはその直前に、テーマ（既知情報）があるときはその後に置かれる。
5. 単独で応答詞として用いられることはない。(Wohnt Hans hier? *Aber. *Auch. *Denn.)
6. 否定や疑問の対象とならない。(*Er kommt nicht doch.)
7. 複数の他の心態詞とともに用いられることもある。（ただし結び付きや語順にきまりがある。）
8. 同一の形態の他の用法の語をもつ。（例えば doch は心態詞以外に、並列接続詞、接続副詞、応答詞でもある。）
9. 心態詞は個々の文成分ではなく、文全体に関係する。
10. 心態詞は文の内容を変えることなく、命題に対する話し手の心的態度

を表す。

　このように心態詞を認定するにもさまざまな基準があり、どの語を心態詞にするかは研究者により異なるが、典型的なものとしては aber, auch, bloß, denn, doch, eben, eigentlich, etwa, halt, ja, mal, nur, schon, vielleicht, wohl などがあげられる。心態詞は Abtönungspartikel という用語を初めて用いた Weydt (1969) までは、ただ文にニュアンスを添えるだけの虚辞（Flickwort）として扱われていたにすぎなかった。(2) しかし 1970 年代後半からは発話行為理論、会話分析の発展に伴って、その重要な役割が注目されるようになった。(3)

　さて、本書はドイツ語における命令・要求表現の考察を主眼とするものであり、心態詞もこのタイプに用いられるものに限定して考察する。心態詞に関しては優れた多くの研究があるが、文のタイプでいえば平叙文と疑問文における心態詞の研究が多いように思われる。ただ、Winkler (1989), Thurmaier (1989), Helbig (1990), 岩崎 (1998, 1999, 2000, 2003), 井口 (2000) には命令文における心態詞に関する詳しい記述がある。(4) そこで命令文における心態詞の機能に関しては上記の研究を参考にする。またその機能を具体的に示す単文の例文も Helbig (1990), 岩崎 (1998), 井口 (2000) に共通して用いられている、わかりやすいものを借用する。したがって機能の説明のあとの単文の例文はことわらない限り Helbig、岩崎、井口の研究に共通して用いられているものである。

　心態詞の最も重要な機能は「命題に対する話し手の心的態度を表す」ことであり、また心態詞は多くの場合用いられる文のタイプが決まっている。ドイツ語の命令文に用いられる心態詞は auch, bloß, doch, eben, einfach, halt, ja, mal, man, nur, ruhig, schon などである。(5) ここではこのような心態詞がドイツ語の命令文でどのような機能を果たしているかを実例とともに考察していきたい。ただ、このような心態詞もテキストにより現れる頻度にはかなり偏りがある。例えばトーマス・マンの『ブデンブローク家の人々』の命令文に用いられている心態詞は doch, mal, nur, ruhig が多く、特に doch（35 例）、mal（27 例）、nur（28 例）に集中している。(6) そこで doch から始めてみることにしたい。

4.2. ドイツ語命令文における心態詞

4.2.1. 命令文における心態詞 doch

4.2.1.1. doch の 1

　聞き手の先行する発言や行為を受けて、話し手の要求、とりわけ相手の発言や行為の変化の実現を強く求める気持ちを反映する。また、緊急さ、苛立ち、腹立ち、非難をこめたものにもなりうる。

　　Schrei **doch** nicht immer so!　　「いつまでもそんなにわめくなよ。」

　　Sei **doch** nicht so traurig!　　「そんなに悲しむなよ。」

心態詞 doch の現れる実例をみてみよう。

(2) »Zwei Mädchen, gut. Thinka hat abzuwaschen, … zu bedienen. Die Köchin ist über und über beschäftigt. … *Denke **doch** nach, Grünlich!* Erika muß über Kurz oder Lang jedenfalls eine Bonne, eine Erzieherin haben …«　　　　(Th. Mann: *Buddenbrooks*, S.198, Winkler (1989:96))

「２人の女中がもういるですって、そうね。でもティンカは洗濯したり、お給仕したりしなきゃならないし、料理の子だってとても忙しいの…よくよく考えてみて、グリューンリヒ！ エリカは早晩面倒を見てくれる子、家庭教師の娘が必要よ。」

　ここは例文(1)の前の部分であるが、女中が不要と言う夫グリューンリヒに対して、それを考え直すよう、つまり今までの態度を変えるように求める気持ちが doch に反映されている。doch はこの点と関連して、例えば継続する行為をやめるように要求する場合には、苛立ちやその行為をやめるように促す非難のニュアンスがでることになる。例文(1)がその例であったが、別の例もみてみよう。

(3) »*Mäßigen Sie **doch** Ihre Stimme, Kesselmeyer! Lachen Sie **doch** nicht fortwährend so gottverflucht!* Meine Lage ist so ernst …«

(Th. Mann: *Buddenbrooks*, S.206)

「どうか声を抑えてください、ケッセルマイヤー。お願いですからいつまでもそんな笑い方をするのはやめてください。私の状態はとても

深刻なんです。」

(4) Mutter Courage. … Auf der Stell würd er sagen, ich hab sie (die Kassa), da ist sie, ihr seid die Stärkeren. So dumm ist er nicht. *Red **doch**, du dummer Hund.*   (B. Brecht: *Mutter Courage*, S.45)
肝っ玉おっ母．…すぐしゃべりますよ。金庫はもっています、ここにありますってね。あなた方にはかないません。息子もそれほどバカじゃないですよ。(息子に) <u>さあ、お言い、このバカたれ！</u>

例文(3)ではグリューンリヒの暗部を大声でわめきたてるケッセルマイヤーに対して、妻のトーニに悟られないよう、その行為をやめるように促す気持ちが doch に表されている。また例文(4)では、息子に黙ってないでしゃべるように促す話者(肝っ玉おっ母)の気持ちが doch に反映されている。
　また副詞の so に導入される命令文は、岩崎(1999)が豊富な例で詳しく触れているように、心態詞 doch を伴い話者のいらだちの気持ちを表す。

(5) Pater. … *So rede **doch**.* Andri? Du schlotterst ja. Was ist mit Barblin? Du hast ja den Verstand verloren. Wie soll ich helfen, wenn du nicht redest! *So nimm dich **doch** zusammen.* Andri! Hörst du? Andri!
(M. Frisch: *Andorra*, S.63)
神父．<u>黙ってないで話したらどうかね</u>。アンドリ。震えているんだ．バルブリーンがどうしたって。君は分別をなくしてしまったんだ。言ってくれなきゃ助けられないだろう。<u>いいかげんにしっかりしなさい</u>、アンドリ、聞いてるのか、アンドリ。

例文(5)は、自分がユダヤ人だという思いに苛まれたアンドリを神父が諭す場面である。黙り込んだり、素直になれないアンドリに対する神父のいらだちである。

4.2.1.2. doch の2

さらに命令文における doch にはさまざまな機能がある。要求される行為が聞き手の関心の場合 doch は「元気付け、激励」さらに「許可」や「提案」

の性格をもつ。[7]

　　Setzen Sie sich **doch** (bitte)!　　「お座りください。」

　　Nehmen Sie **doch** noch ein Stück Kuchen!　「もう1つケーキを召し上がれ。」

　　Treiben Sie **doch** ein bißchen Sport!　「少しスポーツをされたらどうですか。」

同様の例を実例でみてみよう。

(6)　Seref. Okay, gut. *Dann heirate doch.* Gesegnet sei es. Ich komm auf die
　　 Hochzeit und tanz ein bißchen.　　　　　(F. Akin: *Gegen die Wand*, S.47)
　　 セレフ．わかった。それじゃ結婚しなよ。幸せにな。俺も結婚式に出
　　 て、少し踊るよ。

(7)　Zuletzt blieb er (Giogio) auf Lorenzos Gesicht haften. Wusste der keinen
　　 Rat? Sie waren doch seit gestern Freunde. Da sagte Lorenzo auch schon:
　　 »*Werde **doch** Lehrer, wie ich.*«
　　　　　　　　　　　　　　(L. Tetzner: *Die schwarzen Brüder*, S.438)
　　 最後にロレンツォの顔をジョルジョは見た。彼が助言してくれないか
　　 な？　きのうから友だちなんだから。するとロレンツォが言った。「僕
　　 と同じように教師になりなよ。」

(8)　Der junge Schwarzkopf stand auf und legte seine Pfeife auf die Brüstung
　　 der Veranda. »*Aber rauchen Sie **doch**!* Nein, das stört mich ganz und gar
　　 nicht. …«　　　　　　　　　　　　(Th. Mann: *Buddenbrooks*, S.125)
　　 シュヴァルツコフ青年は立ち上がり、パイプをベランダの手すりに置
　　 いた。「どうぞタバコを吸ってください。ええ、私はいっこうにかま
　　 いません。」(とトーニは言った。)

(9)　»Zu schwer, Thomas, zu schwer …?«　»*Ja; Herrgott, spielen wir **doch**
　　 nicht Tragödie!* Reden wir ein bißchen bescheiden … .«
　　　　　　　　　　　(*Buddenbrooks*, S.380, Winkler (1989, S.96))
　　 「大げさ、トーマス、大げさですって…」「ああ、お互いに悲劇を演じ
　　 るなんてしないことにしよう。もう少し謙虚に話し合おうじゃない
　　 か。」

例文 (6) は結婚すること、例文 (7) は教師になることを勧める気持ちが、例文 (8) は許可、例文 (9) では悲劇の主人公を演じる妹トーニに対して、兄のトーマスがその行為をやめるように要求するニュアンスが doch に含まれている。これは提案の機能に近いとも言える。

4.2.2. 命令文における心態詞 nur [8]

4.2.2.1. nur の 1

命令文における心態詞 nur は、アクセントが置かれ、強調され、あるいはアクセントが置かれることがなく、要求の緊急性、強めを表す。特にある行為をやめさせる要求（否定の命令文など）において nur は bloß と同様に緊急な助言、警告、さらに nur が強調され、(sonst 文が続く場合は) 威嚇にもなる。

Störe mich **nur** nicht bei der Arbeit! 「仕事の邪魔はしないでくれ！」

Geh **nur** aus dem Wege, sonst wirst du überfahren!

　　「そこをどけ、さもないと轢いてしまうぞ。」

実例をみてみよう。

(10) Brander. *Vergeßt **nur** nicht, dem Schneider einzuschärfen,*

　　　　　　Daß er mir aufs genauste mißt

　　　　　　Und daß, so lieb sein Kopf ihm ist,

　　　　　　Die Hosen keine Falten werfen!

　　　　　　　　　　　　　　　　　(Goethe: *Faust Erster Teil*, S.64)

　　ブランダー. <u>仕立屋に忘れずに念を押すんだな</u>。

　　　　　　寸法の狂いはいっさい許さん、

　　　　　　自分の首が大事なら、

　　　　　　ズボンに皺ひとつ寄せるなってな。

　　　　　　　　　　　　　　　　　（手塚富雄訳 460 ページ）

(11) »... *Und du — nun sitz' hier **nur** nicht herum* ... Mamsell Buddenbrook wird wohl auspacken ... Oder wenn die Herrschaften an den Strand gehen wollen ... *Störe **nur** nicht!*«

　　　　　　　　(Th. Mann: *Buddenbrooks*, 122, Winkler (1989:99))

　　「<u>（息子に）でおまえは、こんなところで座り込んでいるんじゃないぞ</u>

…ブデンブロークのお嬢様はお荷物を解かれるだろう。（トーマスと
トーニに）それとも二人で海岸を散歩されますか。…（息子に）<u>おまえ
はお邪魔するんじゃないぞ</u>。」

(12) »Frau Wirtin«, sagte K., noch ehe die Gehilfen antworteten, »es sind
meine Gehilfen, Sie aber behandeln sie so, wie wenn es Ihre Gehilfen,
aber meine Wächter wären …« … »*Werde **nur** nicht böse*«, sagte Frieda,
»Du mußt unsere Aufregung richtig verstehn …«

(F. Kafka: *Das Schloß*, S.68)

「女将」とKは助手たちより早く言った。「これは私の助手ですよ。あ
なたは彼らを自分の助手で、私の見張りをさせているような扱いです
ね。…」…<u>「怒らないでよ」</u>とフリーダが言った。「あなたは私たちの
興奮した気持ちをちゃんと理解してくれなくては。…」

　例文(10)はアウエルバッハ地下酒場の客ブランダーのメフィスト（の歌の
中の王）に対する、例文(11)は水先案内人シュヴァルツコフ親方の息子に対
する、例文(12)はフリーダのKに対する要求の気持ちの強さを表している。
また、岩崎(2003:47)はケストナーなどの作品から Warte **nur** を取り上げ、
この心態詞が上記のような要求の気持ちの強さを示すだけでなく、「いまに
見ていろ」という話し手からの脅しや威嚇のシグナルの働きを兼ねているこ
とに触れている。このような例の1つは、やはりゲーテ『ファウスト』にお
けるアウエルバッハ地下酒場の常連客たちのメフィストフェレスに対する以
下の発言であろう。

(13) Frosch. *Nun, warte **nur***, ich krieg ihn (Mephist) schon!

(Goethe: *Faust I*, S.63)

　フロッシュ．<u>まあ待て、いまにあいつに目にもの見せてやる。</u>

(14) Brander. *Wart **nur**!* es sollen Schläge regnen!　(Goethe: *Faust I*, S.67)

　ブランダー．<u>待ってろ</u>、拳骨の雨をふらしてやる。

4.2.2.2. nur の2

　否定命令でない場合は nur は bloß とはっきり区別され、nur は要求を弱め、
和らげ、なだめるような響きを与える。またしばしば励まし、元気付けでも

ある。この場合の nur は後で触れる ruhig に機能が近いと言える。

    Setz dich **nur** hin!　「（内気な訪問客に）さあ、お座りください。」

    Komm **nur** her!　Ich tue dir doch nicht.

      「さあこちらに来なさい。なにもしないから。」

実例をみてみよう。

(15)　Auch Juro nahm sich auf seine Weise des Neuen an, indem er ihn
    ständing zum Essen nötigte. »*Iß du **nur**, Jungchen, iß du **nur**, was du
    runterkriegst*, daß du groß und stark wirst und Speck auf die Rippen
    bekommst!«　　　　　　　　　　　　　(O. Preußler: *Krabat*, S.125)
    ユーロも彼なりのやり方で、いつも食べることをすすめ、新入りの世
    話をした。「さあ、<u>食べなよ、食べられるだけ食べなよ</u>、大きく、強
    くなり、そしてがっちり太るんだ。」

(16)　Da kam der Blatternarbige auf Giorgio zu. »Wir wollen dich fragen, ob
    wir mitgehen dürfen.« Giorgio war ganz gerührt. Also das wollten sie.
    »*Natürlich, kommt **nur**.*«　　　(L. Tetzner: *Die schwarzen Brüder*, S.295)
    そのときあばた顔の少年がジョルジョのところにやって来て尋ねた。
    「僕たちも一緒にアルフレッドの葬式に出てもいいかい。」ジョルジョ
    は胸が熱くなった。それがみんなが望んでいたことだった。「<u>もちろ
    んさ、さあおいでよ</u>。」

    例文(15)は新入りに「遠慮なく食べなよ」という元気付ける気持ちが、
例文(16)では、ジョルジョやアルフレッドのような煙突掃除の少年たちに
対立していた狼団のメンバーたちには、アルフレッドの葬儀に出るのにため
らいがある。ジョルジョの発言の nur にはそんな気遣いは必要ないよ、といっ
た気持ちが反映している。

4.2.2.3. nur の 3

    またアクセントなしで「無関心さ」、実現してもたいしたことではないこ
とを表す。

    Lass ihn **nur** reden!　「彼にしゃべらせておけよ。」

Versuch's **nur**! (E. Oda: *One piece*, 1, S.95)　「せいぜいやってみな。」

（17）DIE FRAU.　　Sie kann nicht nein sagen! Du bist zu gut, Shen Te …
　　　DER MANN.　Sag doch, er gehört dir nicht …
　　　SHEN TE.　　*Schimpft **nur**!*
　　　　　　　　　　　　　(B. Brecht: *Der gute Mensch von Sezuan*, S.21)
女．あんた「いや」って言えないのね。人が良すぎるのよ、シェンテ。
男．自分の店じゃないって言いなよ！…
シェンテ．いくらでも私を罵ればいいわ。

（18）Meine Mutter sagte weinend mit ihrer sanften, dummen Stimme: »Er
　　　(Hans) weiß ja nicht, was er tut … ich müßte ja sonst meine Hand von
　　　ihm zurückziehen.« »*Zieh sie **nur** zurück*.« sagte ich (Hans).
　　　　　　　　　　　(H. Böll: *Ansichten eines Clowns*, S.26)
私の母は泣きながら穏やかな、バカげた声で言った。「ハンスはなに
をしているのかわかってないのよ。…でなきゃあの子とは縁を切らな
ければならないわ。」「切りたいなら縁を切ればいい」と私（ハンス）は
言った。

4.2.3. 命令文における心態詞 bloß と ja
4.2.3.1. bloß
　命令文における bloß の特徴は要求の性格を強めること、その要求に従わ
ない場合は、警告、脅迫にもなりうる。この場合 bloß はたいてい強調される。
　　　Hau **bloß** ab!　　　　　　　　「さっさとずらかれ。」
　　　Verspätet euch **bloß** nicht!　　「おまえたち、ぜったい遅刻するなよ。」

　否定命令では bloß は nur と同様脅かしの表現になる。ただし nur は bloß
ほど強くない。
（19）*Geh doch **bloß** weg, Franz*, und komm nicht wieder, du machst mir
　　　unglücklich.　　　　　　　　（A. Döblin: *Berlin Alexanderplatz*, S.33）
帰ってちょうだい、フランツ、そしてもう二度と来ないで。あなたは
私を不幸にするの。

(20) *Und komm **bloss** nicht auf dumme Gedanken*, während ich schlafe, Oolong, … sonst sag ich „pil …" Klar?

(A. Toriyama: Dragonball, l, S.140)

私が眠っているときまちがってもへんな考えを起こさないようにね、ウーロン、さもないと「ピリ」言ってひどい目をみることになるからね、わかった。

4.2.3.2. ja

心態詞 ja は強調され、発話者の意志の強化、要求は警告や脅迫にもなりうる。それゆえ ja は bloß と同様に強化と特徴づけられる。(ja と bloß は変換可能。)

Lies **já** (bloß) das Buch durch! 「その本を最後までしっかり読みなさい。」
Komm morgen **já** (bloß) nicht zu spät! 「あすぜったい遅れるなよ。」

(21) Doch gelesen haben wir ihn (den Breif) wirklich nicht, Herr Major, wirklich nicht. Wir wollen ihn auch nicht lesen, denn der Schreiber kömmt selbst. *Kommen Sie **ja**.*　　　(Lessing: *Minna von Barnhelm*, S.59)

でも私たち手紙を本当に読んでいませんでした、少佐殿、ほんとうです。私たちはその気もありません。だって書いた方がじきじきにみえているのです。<u>必ず（３時にまた）来てくださいね。</u>

心態詞 ja が bloß とほぼ同じ機能であることは以下の例からも伺える。

(22) Ein Gast wird aus einem Lokal geworfen: *Und lassen Sie sich hier **JA** nicht mehr blicken.*　　　(Winkler (1989:95))

ある客が飲食店から放り出される。「<u>ここに２度と顔を出すんじゃないぞ。</u>」

(23) Son-Goku. Sollen wir dich zum Meer oder wie das heisst bringen?
Kame.　　　Was?! Das würdet ihr tun?! [...]
Buruma.　　Das ist reine Zeitverschwendung! Was geh'n uns Ihre Sorgen an?!
Son-Goku. Dann geh ich halt alleine.

Buruma.　　　Mach **doch**, was du willst!! *Aber dann lass dich hier **bloss***
　　　　　nicht wieder blicken!　　(A. Toriyama: *Dragonball*, 1, S.53)

孫悟空.　オラたちがそのウミっていうところへつれてってやろうか。

カメ.　　え、ホ、ホントウですか？！［…］

ブルマ.　時間ムダだわ！！ ほっときなさいよ、カンケイないんだから。

孫悟空.　じゃオラだけでいってくる。

ブルマ.　かってになさいよ。そのかわり２度と私の前に顔をださない
　　　　でちょうだい。

4.2.4. 命令文における心態詞 mal と man
4.2.4.1. mal の1

心態詞 mal は命令、要求の強制力を和らげ、その要求に丁寧な性格を与
える。ただその要求は、以下の例からも伺えるように、相手に大きな負担を
かけないものである。(9)

Komm **mal** her!　　　　　　「ちょっとこっちにおいでよ！」

Mach **mal** das Fenster auf!　「ちょっと窓をあけてくれる！」

Passen Sie **mal** auf!　　　　「まあ聞いてくださいな。［例文 (1) 参照］」

(24)　»Und ich« rief Dante. »So möchte ich alle Tage essen.« Auch Giorgio
　　　war so satt wie noch nie in seinem Leben. … »*Nun zeig mir **mal** gleich*
　　　dein Bein«, sagte Euphrosine zu Dante, nachdem sie die letzten Teller
　　　abgeräumt hatte.　　　　(L. Tetzner: *Die schwarzen Brüder*, S.420)

　　　「僕も、こんなものを毎日食べたいな。」とダンテが言った。ジョルジョ
　　　も今までこんなにお腹いっぱいになるまで食べたことはなかった。
　　　ユーフロジーネは、最後のサラを片づけたあとでダンテに言った。
　　　「さあ、ちょっと足をみせてごらん。」

4.2.4.2. mal の2

心態詞 mal は疑問文にも用いられ、その場合その疑問文は要求の性格をも
つことになる。(10)

Kannst du **mal** das Fenster aufmachen?「窓をあけてくれますか？」

Dürfen wir **mal** durch?　　　　　(A. Toriyama: *Dragonball*, 3, S.149)

「ちょっと通してくれますか？」

Würdest du dich **mal** rumdrehen?　　　　　　　　　(Winkler (1989:95))

ちょっと一回転していただけるでしょうか。

また平叙文でも要求を示す発話にはしばしば mal が用いられる。

(25) Du mußt mich **mal** ein paar Schritte durch den Garten begleiten, mein
　　 Freund.　　　　　　　(Th. Mann: *Buddenbrooks*, S.316: Ⅵ章例文 (14))

話しがある、ちょっと庭を一緒に歩いてもらおうか、クリスティアン。

4.2.4.3. mal の 3

心態詞 mal は日常会話の命令・要求表現では多くの場合慣用的に使われ、特に sag mal!, hör mal!, sieh mal! などはイディオム化され、しばしば間投詞になっている。(Ⅲ章 1 節)

(26) Ach, Ida, bitte, komm doch noch ein bißchen herüber!　Ich kann nicht
　　 schlafen, … *sieh mal*, ich glaube, ich habe Fieber.

　　　　　　　　　　　　　　　(Th. Mann: *Buddenbrooks*, S.337)

ああ、イーダ、ちょっとこっちに来て！　眠れないの…<u>ねえ</u>、私熱があるみたいなの。

4.2.4.4. man

心態詞 man も mal と同様に、要求を和らげる働きをする。北ドイツ方言で、ベルリン方言を多用したデープリンの『ベルリン・アレクサンダー広場』やハンブルクのボルヒェルトの『戸の外で』には頻繁に現れる。

(27) »… Ich habe die Geschichte schon oft erzählt, mir liegt nichts dran.
　　 Wenn Euch nichts daran liegt. …«　»*Erzählen Sie **man** ruhig weiter die*
　　 Geschichte.«　　　　　　(A. Döblin: *Berlin Alexanderplatz*, S.19)

「もうなんどもその話しをしてきたし、こっちはどうだっていいんだ。もしそちらもどうだっていいというなら。」「<u>遠慮なく話しを続けてくれ。</u>」

4.2.5. 命令文における心態詞 ruhig

　心態詞 ruhig は相手の懸念、遠慮を打ち消して、「安心して、遠慮なく〜しなさい」という気持ちを表現する。

　　　Komm **ruhig** herein!　　　　「どうぞ遠慮なくお入りください。」

　　　Fahr **ruhig** in den Urlaub!　　「気兼ねなく休暇をとってください。」

（28）SHUI TA.　　Und wovon soll meine Kusine (Shen Te) leben? …

　　　SUN.　　　Lieber Schwager, ich wollte, du mischtest dich nicht hinein.

　　　SHUI TA.　　Fräulein Shen Te. …

　　　SUN.　　　*Überlassen Sie das Mädchen **ruhig** mir.*

　　　　　　　　　　　　（B. Brecht: *Der gute Mensch von Sezuan*, S.72）

　　シュイタ.　じゃシェンテはどうやって暮らしていくんですか？…

　　スン.　　　義兄さん、このことに口出ししてほしくないですね。

　　シュイタ.　（かわいそうな）シェンテさん。

　　スン.　　　<u>シェンテのことは安心して僕にまかせてください。</u>

（29）Sie (die Muhme Rumpumpel) kramte aus ihrer Schürzentasche ein Heft
　　　hervor. »… Was sie getrieben hat, habe ich aufgeschrieben. Ich werde es
　　　vorlesen.« *»Lies es **nur ruhig** vor!«*, rief die kleine Hexe.

　　　　　　　　　　　　（O. Preußler: *Die kleine Hexe*, S.116f.）

　　ルンプンペルおばさんは前かけのポケットからノートを一冊取り出しました。「この子がやったことは書きつけてあるわ。それを読んで聞かせましょう。」<u>「どうぞ遠慮なくお読みください。」</u>と小さな魔女は言った。

　例文（29）は、小さな魔女はよい魔女になるためよい行いをしてきた（魔女にとってはよくないことではあったが）ため、読み上げられたって構わない、という気持ちが反映している。またすでに触れたように nur と ruhig はほぼ同じ意味（構わないで、遠慮しないでという話し手の気持ち）でしばしばこのように組み合わされて使われることがある（岩崎（2003:52）参照）。

4.2.6. 命令文における心態詞 schon

心態詞 schon は、命令文においては、要求の早急の実現を望む語り手の身持ちを表す。つまり「いいかげんに、さっさと〜しなさい」といった苛立ちや急き立てるような性格をもつ。

> Schreib ihm **schon** einen Brief! 「いいかげんに彼に手紙を書きなさい。」
>
> Komm **schon** her! (A. Toriyama: *Dragonball*, 1, S.38)
> 「さっさとこっちに来なさい。」

(30) SUN.　　　… Du bist mir auch zu häßlich. Krumme Beine.

　　 SHEN TE. Das ist nicht wahr.

　　 SUN.　　　Zeig sie nicht! *Komm **schon**, zum Teufel*, unter den Baum, wenn es regnet!

　　　　　　　　　　　　(B. Brecht: *Der gute Mensch von Sezuan*, S.45f.)

　　 スン.　　　…それにおまえはブスすぎる。ガニ股だし。

　　 シェンテ. そんなことないわ。

　　 スン.　　　その足を見せるな。<u>さっさと来いよ</u>、雨が降ったら木の下へ。

(31) »Was kostet cr denn?« Ihre Stimme stieg noch höher. Der Mann verstummte und hob nur seine Hände. »So, sags **schon**«, knurrte die Frau, »oder soll ich erst dein Geld nachzählen?«

　　　　　　　　　　　　(L. Tetzner: *Die schwarzen Brüder*, S.156)

「この子はいくらだったんだい。」お上の声はますます高くなった。親方は黙ってちょっと手をあげただけだった。「さあ、さっさとお言いよ。さもなきゃあんたの財布に残ったお金を数えるよ。」とお上はうなるように言った。

4.2.7. 命令文における心態詞 einfach

心態詞 einfach は、要求する内容が、今ある問題に対して思いつく最善の解決であるという気持ちを示し、ふつう文中でアクセントはない。

> A. Ich werde immer dicker. 「僕はますます太くなってる。」
>
> B. Iss doch **einfach** weniger! 「食べるのを減らせばいいじゃないか。」

（32）»… und du bringst das Besteck und den Schmuck deinem Großvater zurück.« »Damit er genau weiß, daß ich es war …« »Gib es *einfach zu* und bitte um Verzeihung!« (I. Noll: *Die Apothekerin*, S.58)
「あの食器セットと宝石をお祖父さんに返しなさい。」「僕が盗んだってことをお祖父さんが知るために？」「とにかく認めること、そして謝るのよ。」

（33）Wir waren gerade fertig mit dem Interview, als ich feststellte, dass das Aufnahmegerät nicht funktionierte — von Watzlawicks Worten war nur etwa die Hälfte aufs Tonbandgekommen. Ich kam ins Schwitzen. …, »*machen Sie einfach das Beste daraus!* Ergänzen Sie den fehlenden Teil aus dem Gedächtnis, es wird schon passen.«

(Chr. Geyer: In: *Frankfurter Allgemeine Zeitung*, den 4. April 2007, S.31)
心理学者ヴァツゥラヴィックとのインタヴィーが終わろうとしていたとき、私はテープレコーダーが機能していないのがわかった。彼の言葉の半分くらいしか録音されていなかった。冷や汗が出てきた。（すると彼は言った）「…録音できた部分のテープから最善のものをつくればいいじゃないですか。欠いた部分は記憶で補ってください。それでいいでしょう。」

4.2.8. 命令文における心態詞 eben と halt
4.2.8.1. eben
　心態詞 eben は、前のコンテキストに関連し、話者の要求の内容が問題の唯一の解決であるという気持ちを表し、「～するしかないじゃないか」といった感じになる。

　　A. Mein Wagen ist kaputt. Was mache ich?　私の車が故障した。どうしよう。

　　B. Fahr dann **eben** mit dem Bus!　それじゃバスで行くしかないじゃないか。

　　A. Heute früh habe ich schon wieder den Zug verpaßt.
　　　　今日の朝もまた電車に乗り遅れた。

　　B. Steh **eben** morgen früher auf!
　　　　あすはもっと早く起きるしかないじゃないの。

（34）Inspektor.　　　　Oberschwester Marta. Holen Sie bitte die Chefärztin.

　　　Oberschwester.　Geht auch nicht. Fräulein Doktor begleitet Einstein auf
　　　　　　　　　　　dem Klavier.

　　　Inspektor.　　　　… Ich muß die Chefärztin einfach sprechen.

　　　Oberschwester.　Bitte. *Dann warten Sie* **eben**.

　　　　　　　　　　　　　　　　　　（F. Dürrenmatt: *Die Physiker*, S.17）

　警部. マルタ婦長さん、院長先生を呼んでくれますか？

　婦長. それもダメです。院長先生はアインシュタインのピアノの伴奏
　　　　をしています。

　警部. …私はとにかく院長先生と話しをしなければならないのです。

　婦長. どうぞ。<u>でもそれならお待ちいただくしかありませんね。</u>

4.2.8.2. halt

　心態詞 halt は、話し手の要求内容以外に方法や解決策がないという気持ち
を表す。したがってほぼ eben と同じ働きであるが、halt は南ドイツやオー
ストリアで用いられることが多いとされる。また halt は eben より弱いとも
いわれる。

　　Wenn du pünktlich da sein willst, sollst du **halt** (eben) früh aufstehen.

　　　　時間通りにそこに着きたいなら、早起きするしかないね。

（35）Wenn Sie sich lieber langsam abkühlen, *dann tun Sie es* **halt**.

　　　　　　（Reinhold Dey: *Richtig Reisen/Finnland*, S.208, Winkler (1989:98)）

　　　もしあなたがゆっくり体を冷やしたいんなら、<u>それをするしかないで</u>
　　　<u>すね。</u>

（36）Dann nimm **halt** die Ani Westerman mit, du Trottel!

　　　　　　　　　　　　　　（Chr. Nöstlinger: *Gurkenkönig*, S.62）

　　　それじゃアニ・ベスターマンを連れて行くしかないでしょ、このわか
　　　らずや。

　膨大な例文をあげている岩崎編『ドイツ語副詞辞典』(1998 年) においても
文学作品からの例文がないのが要求文の halt である。命令文における halt
はあまり書かれたテキストには用いられないのかもしれない。

4.2.9. 命令文における心態詞 auch

心態詞 auch は、要求される行為が本来なされるべきこと、一般的な規範であることを示す。しばしば schön と結び付き、大人から子どもに対する「ちゃんと〜しなさい！」といった要求にしばしば見られる (中川 (2009:203))。

> Nun iss **auch** schön!　「ちゃんと食べなさい！」
> Und sei **auch** brav!　「お行儀よくしなさい。」

使用テキストからは実例を見つけることができなかった。Winkler (1989: 93) では、auch は命令文に現れる心態詞に含まれていない。

4.2.10. 心態詞の結合
4.2.10.1. 命令文と平叙文に現れる心態詞の結合

心態詞は互いに結び付くことが可能だが、その結び付きは随意ではなく、統語論的、意味的な理由がある。異なる文タイプでのみ現れる心態詞は通常結び付かないし、意味的な特性によっても結び付きに制限がある。ここではやはり命令文に現れる心態詞の結合のみを扱う。[11]

Thurmaier (1989) によれば、命令文と平叙文には現れるが、疑問文等には現れないいくつかの心態詞の結合がある。それは１. doch einfach, doch schon、２. eben einfach、３. einfach mal、４. halt eben, halt einfach などである。心態詞が結合するとき、基本的にはそれぞれの心態詞がもつ機能が結び付くと考えていいし、すべての結合がそれほど頻繁になされるわけではないので上記の一例のみ示す。

(37) »... meine gnädige Frau, Sie schreiben mir immer einen so liebenswürdigen Brief. Nun, wer freute sich dessen nicht? Aber es ist doch jedesmal eine Mühe ... *Schicken Sie mir **doch einfach** Roswitha*.«

(Th. Fontane: *Effi Briest*, S.260)

奥様、あなたは私にいつもたいへん親切なお手紙をくださる。まあ、それをうれしく思わない人はないです、ただ、毎度お手数ですから…ロスヴィータを寄こしてくだされればいいですよ。

4.2.10.2. 命令文にのみ現れる心態詞の結合

また命令文においてのみ現れる心態詞の結合として以下のものがある。
1. doch bloß, doch nur, doch mal, doch ruhig、2. nur mal, nur ruhig, nur ja、
3. bloß ja、4. ruhig mal、5. eben mal、6. halt mal, halt schon などである。[12]
ここでは丁寧な要請としてしばしば用いられる doch mal と要求の気持ち
の高まりを表す doch nur の例のみをあげるにとどめる。[13] (nur ruhig は例文
(29)、doch bloß は例文 (19) を参照。)

(38) Boss, lass ihn **doch mal** mitkommen.　　　(E. Oda: *One Piece*, 1, S.11)
　　ボス、彼を連れていってやったらどうです！

(39) Der Feldwebel.　Willst du mich beleidigen und sagst, ich sterb?
　　Mutter Courage.　Und wenns die Wahrheit ist?　Wenn ich seh, daß du
　　　　　　　　　　gezeichnet bist! …
　　Schweizerkas.　Sie hat das Zweite Gesicht, das sagen alle. Sie sagt die
　　　　　　　　　Zukunft voraus.
　　Der Werber.　*Dann sag **doch mal** dem Herrn Feldwebel die Zukunft*
　　　　　　　　voraus. …　　　　　(B. Brecht: *Mutter Courage*, S.14)
　　曹長.　　　　おまえ俺を侮辱し、俺が死ぬっていうのか。
　　肝っ玉おっ母.　もし本当だったら。おまえにその卦が出ていたとした
　　　　　　　　ら。
　　スイスチーズ.　おっ母は第二の顔があって未来を予言するってみん
　　　　　　　　な言っているよ。
　　徴兵係.　　　それなら曹長の未来を予言してさしあげろ。

(40) Narinelli.　Werden Sie wohl erlauben müssen, Herr Oberster, dass sie
　　　　　　　(Emilia Galotti) nach Guastalla gebracht wird.
　　Odoardo.　Meine Tochter?　nach Guastalla gebracht wird?　und warum?
　　Narinelli.　Warum?　*Erwägen Sie **doch nur** -*
　　　　　　　　　　　　　　(Lessing: *Emilia Galotti*, S.76f.)
　　マリネッリ.　大佐殿、ご令嬢をグァスタッラにお連れすることを認め
　　　　　　　なければ。
　　オドアルド.　娘をグァスタッラに。なぜ。
　　マリネッリ.　なぜ？　よくよく考えてください。

4.3．心態詞の日本語への対応について

　すでに心態詞の機能に基づいて、大まかに対応しそうな日本語の表現をあげ、機能説明後の単文の訳にはそれを使用してきた。しかし、文学作品などの実例にあっては、それが必ずしもそのまま対応できるのではないことが今までの例からわかる。そこでドイツ語心態詞の対応訳を見るため、心態詞をともなったドイツ文を、比較的類似した言語である英語訳と比較してみよう。

(41a)　»Kesselmeyer!« sagte er. »*Fassen Sie sich **doch**!* Sind Sie von Sinnen? *Hören Sie **doch** auf zu lachen!* Wollen Sie Wein haben? Wollen Sie eine Cigarre haben? *Worüber lachen Sie **eigentlich**?*«

(Th. Mann: Buddenbrooks, S.202)

(41b)　»Kesselmeyer,« he said. »*Control yourself, **man**.* Are you out of your head? *Stop laughing!* Will you have some wine? Or a cigar? *What are you laughing at?*«

(Buddenbrooks, translated by H. T. Lowe-Porter, p.169)

　「ケッセルマイヤー！」とグリューンリヒ氏は言った。「どうか、落ち着いて。気は確かですか。さあ、いいかげんに笑うのはやめてください！ ワインでもどうですか？ シガーを１本どうです？ いったいなにがおかしいんです？」

(42a)　»Ach, es gibt vieles«, sagte die kleine Hexe. Sie hatte sich längst einen Plan gemacht. »*Kommt **nur** mit*, es wird alles gut werden!«

(O. Preußler: Die kleine Hexe, S.62)

(42b)　»Plenty of things can happen,« said the little Witch. She had already decided on a plan. »*You come with me.* Everything will be all right.«

(The little Witch, translated by Anthea Bell, p.85)

　「まあ、いろいろなことがあるわよ」と小さい魔女は言った。前からある計画をしていたのでした。「いいからおいでよ、すべてがうまくいくから。」

　例文(41a)は例文(1)と同じある。英訳では最初の doch にだけ man が対応していると言えるかもしれないが、あとの doch や eingentlich には対応す

る訳語がない。例文（42b）の nur には「ためらう必要はないよ」といった気持ちが反映されているが、それに対応する英訳にはドイツ語の心態詞に対応するものはない。もちろん英語にもドイツ語の心態詞の機能を表す言語表現があるはずだが、上例からもこれほど類似した言語でも1対1に対応する訳語がないことがわかる。従ってドイツ語の心態詞の訳を考える場合は、基本的には心態詞がどのようなコンテキストで用いられ、話し手のどのような心理を反映しているかを考え、そのつど日本語を考えていくしかないと言えよう。(14)

　本節の主眼はあくまでもドイツ語命令・要求表現についてであるが、ドイツ語の命令文には心態詞が頻繁に用いられる。(15) したがってドイツ語における命令文を考えるためには心態詞の機能を理解することが欠くことのできないものと言える。

4.4. 命令文と関心の与格（mir）

　Thurmaier (1989:38) では、ドイツ語命令文に用いられる心態詞の1つに1人称代名詞 ich の与格 mir があげられている。ドイツ語には、主格、属格、与格、対格という4つの格があり、日本語の格助詞ガ・ノ・ニ・ヲに対応することが多いが、与格には日本語の「ニ」にあてはまらない「自由の与格（Freier Dativ）」の用法がある。この自由の与格は、1. 所有の与格、2. 利益・不利益（迷惑）の与格、3. 判断の与格、4. 関心の与格に分けられるが、この中で命令文と関わりが深いのが関心の与格（Ethischer Dativ）である。

　中島 (1988:105) によれば、関心の与格は19世紀までの文学作品には多数見られたが、現代の文学作品にはあまり見出せない。しかし現代でも日常会話の言葉の中では使われ、特に親しい間柄での会話の命令文に多く用いられている (Engelen (1975:117f.))。すでにあげた例を見てみよう。

　(43) Fall **mir** nicht von dem Baum! 「木から落ちるなよ！」

（Ⅱ章例文 (16)）

　ここで mir は、話し手が事態に対して無関心ではいられないことを表している。このように関心の与格は、話し手の関心を伝えることを意図したもので、命令文の場合は話し手を指す1人称の代名詞与格の mir に限られること

になる。Thurmaier が mir をあげた理由もここにある。例文をみてみよう。

(44) Nie fang **mir** was an mit Soldatenvolk!

(B. Brecht: *Mutter Courage*, S.33)

兵隊なんかを相手にしちゃだめよ！

(45) He, du, puste **mir** nicht in die Briefmarken!

(*Papa, Charly hat gesagt.* 中島 (1988:106))

おい、おまえ、切手に息を吹きかけるな！

(46) Dass ihr **mir** ja nicht ins Feuer rennt!

(G. Pausewang: *Schewenborn*, S.25)

火事に飲みこまれないように！

ともに話者の関心を表している。dass 独立文に関してはⅦ章参照。またこのように関心の与格は、機能の点で心態詞と類似点がある (Wegener (1985:49f.), 中島 (1988:110), 藤縄 (2013:152))。例えば例文 (43) を以下のように変えることが可能である。

(47) Fall **nur/ja** nicht von dem Baum!

ただし中島 (1988:111) によれば、関心の与格は、命令の実現に対して自己の利害に関わりがあるのに対して、心態詞は、感嘆、驚き、強い意志のニュアンスを帯びていることが多いとのことである。また命令文では、関心の与格と心態詞がこの語順で共起することもしばしばあり、その場合は単に上記の２つのニュアンスの単純な加算とは言えないにしろ、大まかにはこのニュアンスが組み合わされたものになる。例えば

(48) Fall **mir nur** nicht von dem Baum!

では「おまえ、怪我をしたら大変なんだから、ほんとうに木から落ちないよう注意しろよ。」といった意味合いをもちうることになると言えよう。

注（Ⅳ章）

(1) 心態詞の基準に関しては、Helbig (1990), 岩崎 (1998), 井口 (2000), 神田 (2002) などを参考にしている。特にここでの記述は井口 (2000:120-144) に多くを負っている。

(2) 高田 (2004) は辞書には随分前から心態詞の記述があることを実証している。

(3) 幸田 (1985:123)、川島編『ドイツ言語学辞典』(1994) の心態詞の項目など参照。

(4) Winkler (1989) のみが命令文の研究書である。Winkler は心態詞に関しては Thurmaier (1989) の元になった Thurmaier の Dissertation (1986) を参考にしている。

(5) Thurmaier (1989:38f.) では mir もあげているが、これについては 4 節 (4.4.) 参照。

(6) 大まかではあるが、例えばハインリヒ・ベルの小説『道化師の告白』の命令文に現れる心態詞は、doch（26 例）、nur（8 例）、mal（3 例）、ブレヒトの戯曲『ゼチュアンの善人』では doch（7 例）、nur（4 例）、ruhig（3 例）、einfach（1 例）、schon（1 例）、コミック『ドラゴンボール』のドイツ語版 1 巻では doch（10 例）、schon（7 例）、mal（4 例）、bloß（4 例）、ruhig（1 例）である。岩崎 (2003) は、要求文に用いられる心態詞の御三家として doch, nur, ja をあげているが、使用テキストの範囲では ja はあまりみられなかった。

(7) 心態詞 doch が同じ命令文でも異なった、あるいは反対とも思える機能を示すことに関しては神田 (2002:62f.) を参照。

(8) 命令文に用いられる心態詞 nur を詳しく扱った岩崎 (2003) は nur の 3 つの機能に触れている。1）話し手から聞き手に対する要求の気持ちの強さを示す機能（話し手からの脅しや威嚇になる場合も含む）、2）「やるならやってみろ」「構うものか」「へっちゃらさ」など、話し手が開き直っていることを相手に示す機能、3）ためらったり、遠慮したりする相手に対する「そんな心配は無用ですよ」「ちっとも構いませんよ」という話者の気持ちを示す機能。やっかいな要求文における nur を豊富な例文に基づき上記のようにわかりやすくまとめている。Winkler (1989), Thurmaier (1989) に基づいた本書もおおまかには岩崎の指摘に対応して

いるように思われる。

(9) mal とともに einmal も命令文などで意味を和らげる心態詞である。
　　「Kommen Sie **einmal** herein!"「お入りください」、「Bitte PIN und **einmal**
　　bestätigen!"「暗証番号と確認をお願いします」など。「Einmal" In:
　　Frankfurter Allgemeine Zeitung. 06.09.2013, S.35.

(10)「Kannst du das Fenster aufmachen?"では依頼行為とも疑問行為ともと
　　れるが、mal を加えれば依頼行為に、denn を加えれば疑問行為になる。
　　このように心態詞は文の発話内行為を特定化する機能がある。川島編
　　『ドイツ言語学辞典』606ページなど参照。

(11) Winkler (1989:101), Thurmaier (1989:204f.) など参照。

(12) ただし、doch bloß, doch nur は願望文や感嘆文でも用いられる。また、
　　doch mal, doch ruhig は話法の助動詞と用いられる場合は平叙文でも現
　　れる。

(13) ゲーテ時代のドイツ語と現代のドイツ語における心態詞を比較した岩
　　崎 (2000) は、ゲーテ時代と現代の心態詞の用法にさほど違いがないこ
　　とを明らかにしている。ただし、doch ja, doch nur, nur ja など、心態詞
　　の結び付きに関して、現代ではあまり使われにくくなっている傾向が
　　あることを指摘している。確かに Thurmaier (1989) は doch ja をあげて
　　いないし、使用テキストでも doch nur（例文 (40)), doch ja（下記例文）
　　が見られたのはレッシングの戯曲など 18 世紀のものである。

　　　Das Herz, gnädiges Fräulein? *Man traue **doch ja** seinem Herzen nicht
　　　zu viel*.　　　　　　　　　　(Lessing: *Minna von Barnhelm*, S.23)
　　　心ですって、お嬢様。心なんてそんなに信用するものではござい
　　　ませんよ。

(14) この点に関しては岩崎 (1986), 三瓶 (1999) 参照。心態詞の日本語との
　　対応を扱ったものに幸田 (1985), 小坂 (1992), Werner (2001) などがある。

(15) 頻繁に命令文が用いられながら、心態詞が現れないのは『聖書』である。
　　例えば現代語版のルター訳の『新約聖書』の「マタイによる福音書」に
　　は命令文が多用されているが心態詞はほとんど現れない。

┌─ ［コラム４．］ ドイツ語と英語の命令文 　—翻訳との比較から— ─

　ドイツ語と英語の命令文にはどのような相違があるのでしょう
か？　かつてトーマス・マンの『ブデンブローク家の人々』に現れ
る命令文を John E. Woods や H. T. Lowe-Porter の英訳と比較したこ
とがありました。あくまでその比較の中ですが、目立った相違の1
つは、命令文に限る訳ではありませんが、ドイツ語に現れる心態詞
が英訳では訳されることが（少）ないことです。

　『ブデンブローク家の人々』には命令文に心態詞として doch,
mal, nur がよく使われます。例えば „Schreien Sie **doch** nicht!"「どう
か喚かないでください！」の doch にはいら立ちやその行為を止め
るように促す働きがありますが、英訳はほとんどの場合 "Stop
shouting!" だけです。mal は要求を和らげる機能がありますが、
„Nun sagen Sie **mal**" の英訳は "Now, tell me." だけで、mal に対応す
るものが英訳に現れることはありません。また nur には強調以外に
「やるならやってみろ」といった開き直りの意味がありますが、
„Geh nur!"「帰りたいなら帰ればいいだろ！」の、英訳は "go out"
だけです。もちろんすべてがそうなのではなく、許可を表す doch
は „Aber rauchen Sie doch!"「そのままタバコをお吸いになって！」
の英訳には "Oh, go head and smoke" のように go head が、ためらい
を打ち消す nur の „Iß nur"「いいからお食べ！」の英訳は "Just eat!"
のように just が用いられることもあります。もちろんコンテキスト
でその意味が伝わることもあるでしょうが、ドイツ語の心態詞の訳
は英語でも簡単ではなさそうです。

　上記以外の相違では、勧誘表現がドイツ語では „gehen wir",
„Aber laß uns zur Ruhe gehen", „nun wollen wir" …のように人間関
係から使い分けが感じられますが、英訳ではすべて let's になります。
またこの小説では主語が現れる命令文がよく用いられていますが、
強調にもかかわらず英訳は無主語です、それは特に V2 構造で主語
が現れると（„Nun erzähle du."「今度はお兄さんが話して」→ "So
tell me all."）、主語 → 動詞の語順の英語では主語の顕在化がしにく

いのだと思います。また直説法による命令は話法の助動詞で書き換えられています。（Das **tust** du nicht, Papa.「そんなことなさらないで、パパ」→ You **shall** not **do** it, Papa.）過去分詞、方向規定＋（代）名詞の表現は別の命令表現になっていて、特に過去分詞の用法は英語にはありません。

　また逆に、英語の作品、例えばストウ夫人の『アンクル・トムの小屋』のドイツ語訳をみると、"**do** be carefull!"「注意して！」→ sei vorsichtig!、"**do** save me"「私を救って！」→ Retten Sie mich! のように強調の do はドイツでは表しにくいようです。また、"Keep off, can't you?"「近寄るな、わからないのか！」→ Bleib mir vom Leibe! で、英語の命令文の後の付加疑問文もドイツ語では訳しにくいかもしれません。翻訳間での比較にすぎませんが、類似した言語でもその命令文の使われ方、訳され方は様々です。

ゲーゲンバッハの街並み

Ⅴ章　接続法による要請・願望文と勧誘表現

5.1. 3人称に対する要請・願望文について
―接続法Ⅰ式の用法を中心に―

はじめに

　命令や願望を表す文は、平叙文や疑問文とはいくつか異なる特徴を示す。[1]
例えばその呼称をみても、複数1人称、つまり話し手自身を含んだ聞き手に
対する提案や要求は、勧誘法（Adhortativ）と呼ばれる。2人称（聞き手）に対
する命令・要求の形式は命令法（Imperativ）と呼ばれ、3人称に対する要請・
願望には接続法（Konjunktiv）が用いられる。このような命令や願望表現の呼
称の多様性は、平叙文や疑問文で1人称、2人称、3人称に別々の呼称が与
えられることがないのとは対照的である。

　その際2人称が命令法、3人称が接続法であるのに対して、1人称に対し
てドイツ語では独自の形態はなく、1人称単数に接続法Ⅰ式、1人称複数の
勧誘表現には接続法Ⅰ式、話法の助動詞 wollen、使役動詞 lassen を用いる。
ここでは1人称単数の場合をまず簡単にみてみよう。

　1人称単数 ich（私）に対する要請・願望表現は極めて稀である。今までに
例としてよくあげられたのは以下の2つである。1つはゲーテの『ファウス
ト』「書斎」の場面でのメフィストフェレスの言葉である。[2]

　（1）**Gesteh** ich's nur!　　　　　　　（Goethe: *Faust I*, S.41, Paul (1958:156)）
　　　きっぱりと白状してしまいましょう。

　ここでは定動詞倒置、nur の強意により、主語（自分自身）に対して「言っ
てしまえ」という、話者メフィストフェレスの思いが強く表されている。も
う一例は太宰治が「走れメロス」執筆に際して題材をとったシラーの詩「身
代わり（Die Bürgschaft）」（1798年）の最後の一節で、これも実に様々な研究
者に1人称単数の願望文の例としてあげられてきた。[3]

(2) Drauf spricht er: „Es ist euch gelungen,

　　 Ihr habt das Herz mir bezwungen.

　　 Und die Treue, sie ist doch kein leerer Wahn

　　 So nehmet auch mich zum Genossen an!

　　 Ich sei, gewährt mir die Bitte,

　　 In eurem Bunde der Dritte."

(Schiller: *Die Bürgschaft*, In: *Gedichte*, S.63)

　　 それから王は言った「おまえたちは成功したのだ

　　 おまえたちは私の心に勝ったのだ

　　 信頼とは決して虚ろな妄想ではないのだ

　　 されば私も仲間に入れてくれ

　　 私の願いを聞き入れて、どうか私を

　　 おまえたちの仲間の一人に加えてくれ！」

　友のため、自らの命を顧みず満身創痍で戻ってきたダーモン（太宰治の場合はメロス）と身代わりとなった友とが感涙きわまり抱き合っている姿を見て感動した王、それまで人を信頼できずにいた王の言葉である。„gewährt mir die Bitte" は話し手（王）のおまえたち（抱き合っている二人）に対する普通の命令文「私の願いを聞き入れてくれ」である。問題の１人称の願望文は „Ich sei in eurem Bunde der Dritte." 「どうか私をおまえたちの仲間の一人に加えてくれ」である。

　このようにドイツ語では、２人称に対する命令は一般に命令法が用いられ、１人称単数と３人称には接続法Ⅰ式が用いられる。そこで接続法Ⅰ式の形式と用法をまずみてみよう。

5.1.1.　ドイツ語接続法Ⅰ式の形態と用法

　接続法には、不定詞の語幹から派生するⅠ式と過去形から派生するⅡ式という２つの形態があり[4]、用法は大きく２つのタイプがある。１つは「要求話法 (der voluntative Konjunktiv)」で要請や願望を表す。もう１つは「非現実話法 (der potentiale Konjunktiv)」で可能性やただ考えられただけのことを表す (Dal (1966:137))。[5] 前者には接続法Ⅰ式が、後者にはⅡ式が用いられる。接続法Ⅰ式による要請ないし願望を表す文は Heischesatz とも呼ばれるが、その用法にはさらに以下のものがある。[6]

1．「～でありますように」という要請・願望の用法
   Gott **helfe** mir!　「神様が私を助けてくださいますように！」
2．「～であるとしよう」という取り決めの用法
   α **sei** eine Variable.　「αを変数であるとしよう。」
3．「たとえ～だとしても」といった認容の用法
   Was er auch **sage**, ich glaube ihn nicht.
   「彼が何を言おうと私は彼を信じない。」

　ここでは特に最初の要請・願望の用法を中心に扱う。文法書などでは接続法の用法の中で最も簡略に扱われる箇所である。現代のドイツ語では、接続法Ⅰ式は改まった言語使用などに限られ、話し言葉では大きな役割を果たさなくなっている (Bausch (1979:214))。また、今までは接続法Ⅰ式で表現されていたことが、話法の助動詞や法の副詞などによって代用されるようになり (Flämig (1962:173))、接続法Ⅰ式の要請や願望の用法は　— Schwartz (1973:34) の言葉を借りれば—　型にはまった言い回し、昔の言語の遺物 (Relikte) になった感がある。(7) ただ、この用法はドイツ語の歴史的な研究には重要であるし、命令文との比較には欠かせないものである。Jung (1982:233) によれば、接続法は文の意味にニュアンスをつける重要な手段である。それでは、直接的に聞き手に向けられる要求である命令文に対して、聞き手に直接ではなく、３人称に向けられた要請・願望はどのようなニュアンスの違いがあるのだろうか？　そこでまず接続法Ⅰ式の形態を直説法の形態と比較してみよう。

	接続法Ⅰ式人称変化表（カッコ内は直説法）		
不定詞	kommen	fahren	sein
ich -e	komme (komme)	fahre (fahre)	sei (bin)
du -est	kommest (kommst)	fahrest (fährst)	seiest (bist)
er -e	komme (kommt)	fahre (fährt)	sei (ist)
wir -en	kommen (kommen)	fahren (fahren)	seien (sind)
ihr -et	kommet (kommt)	fahret (fahrt)	seiet (seid)
sie -en	kommen (kommen)	fahren (fahren)	seien (sind)

　上記の表から明らかなように、sein 動詞を除けば、接続法 I 式と直説法の人称変化において明確に異なる形態をもつのは 3 人称単数だけである。2 人称に対する命令・要求は一般に命令法によってなされるので、ここでは 2 人称における直説法との差異には触れない。

　1 人称では単数、複数とも接続法 I 式と直説法の形態が重なるため、すでに例文 (1) Gesteh ich's nur! でみたように、1 人称の場合は倒置することにより要請表現であることが示されることになる。[8] ただ、1 人称単数に対する要請は稀であるし、1 人称複数の要求文、つまりドイツ語の勧誘表現に関しては次節で扱うので、ここでは接続法 I 式による 3 人称に対する要請・願望文について考察してみたい。

5.1.2.　3人称に対する要請・願望文の歴史的な考察
5.1.2.1.　ゴート語の場合（4世紀）

　ゴート語では、1 人称複数の場合と同様に、3 人称に関しても命令形の形態が保持されていた。すなわち 3 人称に対する命令形は基本的に、単数では語尾 -adau、複数では -andau の形態をとった。例えば niman (nehmen) の 3 人称単数・複数に対する命令形は nimadau (= er nehme!), nimandau (= sie nehmen!) である（十種 (1989:49, 58)、相良 (1990.238)）。ゴート語の実例を 4 世紀のヴルフィラのゴート語訳聖書でみてみよう。

　⑶　sa Xristus, sa Þiudans Israelis, **atsteigadau** nu af Þamma galgin, …
　　　イスラエルの王キリスト、いま十字架から降りてみるがいい。

　　　　　　　　　　　　　　　　　　　　　　　　　　　　　（千種 (1989:152)）

ゴート語 „atsteigadau" は atsteigan（降りる）の 3 人称（ここではキリスト）に対する命令形である。ただ Dal (1966:139)、千種 (1989:152) によれば、3 人称の命令形はあまり現れないとのことである。このような 3 人称に対する命令形の形態はドイツ語では失われることになる。その点を次に古高ドイツ語や中高ドイツ語の例でみてみよう。

5.1.2.2.　古高ドイツ語の場合（8〜11世紀）

　古高ドイツはオトフリートの『福音書』（9 世紀）の「ルートヴィヒ・ドイツ王にあてた献呈詩」の最初の箇所を現代ドイツ語訳とともにみてみよう。

(4) Thémo **si** íamer héili　joh sálida giméini

　　druhtin **hóhe** mo thaz gúat　joh **frewe** mo émmizen thaz múa

(Otfrid: Ludwig, 5f., S.1)

　　Heil und auch Segen **werde** ihm immer zuteil,

　　der Herr **vermehre** sein Glück und **erfreue** immerdar sein Herz.

(Reclam 版による現代ドイツ語訳, S.9)

　　王にいく久しく平安と至福が与えられますように。

　　主がこの王にいつも幸運をもたらし、王の心を喜びで満たしてくださ

　　るように。

　si は古高ドイツ語 sīn (sein) の接続法Ⅰ式3人称単数で、現代ドイツ語の
sei (現代語訳では werde) にあたり、要求話法の用法である。また hóhe
(vermehre), frewe (erfreue) も接続法Ⅰ式3人称単数で、ともに要求話法であ
る。主語は最初の文が héili (Heil [平安]) と sálida (Segen [至福])、次の文
は druhtin (der Herr [主]) であり、すでに3人称に対する要請や願望が接続
法Ⅰ式で表現されている。

5.1.2.3. 中高ドイツ語の場合 (11 ～ 14 世紀)

　中高ドイツ語は、ハルトマン・フォン・アウエの『イーヴェイン』(1170 ～
75 年頃) と『哀れなハインリヒ』(1195 年頃) の例をやはり現代ドイツ語訳と
ともにみてみよう。

(5) got … **sende** mir hînaht den tôt.　　　　　　(Iwein 4491, S.264)

　　Gott … **sende** mir heute Nacht den Tod.　　　　(Reclam, S.265)

　　神が私に今夜のうちに死を与えてくださいますように！

(6) got **lône** iu, lieber herre,　　　**Vergelt's** euch Gott, geschätzter Meister,

　　daz ir mir alsô verre　　　　　　dass ihr mir so genau

　　hât die wârheit gesaget.　　　　　die Wahrheit gesagt habt.

(Der arme Heinrich 1111-13, S.88, Reclam, S.89)

　　お医者様、私にほんとうのことをおっしゃってくださいましたことに

　　対して、神様があなた様に報いてくださいますように。

　例文 (5) は、got が主語で sende は senden (与える) の接続法Ⅰ式3人称単数の要求話法である。例文 (6) は、lône は lônen (〜に報いる) の接続法Ⅰ式、3人称単数の要求話法で、感謝を表す決まった言い回しである。このようにゴート語においては3人称単数や複数に対する命令形が保持されていたが、ドイツでは古高ドイツ語や中高ドイツ語でもこれが失われたので、接続法をもって代用されるようになった。

5.1.2.4. 初期新高ドイツ語の場合 (14 〜 17 世紀)

　初期新高ドイツ語はルターの聖書訳でみてみよう。ルターの聖書における接続法に関しては工藤 (1985, 1986) に研究があり、工藤によればルターの聖書 (マタイ、マルコ、ルカ、ヨハネの4福音書) に現れる接続法は713個、そのうち接続法Ⅰ式は395個、そして3人称単数が335個、そのうち90個が要求話法である。その際、要求話法は主文形式の典型的なものだけを数え、Sehet zu, das es niemand erfare, ... 「このことはだれにも知られないようにしなさい」(マタイ 9-30) のような副文内での要求の用法は目的文に分類されている。この工藤の調査結果からもルターの聖書に接続法Ⅰ式による3人称への要請・願望文がいかに多く現れるかわかる。ルターが新高ドイツ語の著作家の中で、接続法による要求法 (Jussivformen) を最も生き生きと、そして最も豊かに用いた (Wunderlich (1901:278)) と言われる所以であろう。ここではいくつか例をあげるにとどめる。

(7) Vnser Vater in dem Himel. Dein Name **werde** geheiliget. Dein Reich **kome**. Dein Wille **geschehe**.　　　　(Luther: *Mattheus* 6, 9-10, S.24)
　　天にいます我らの父よ、御名が崇められんことを、御国が来、御心が行われんことを。

(8) Wer vnter euch on sunde ist, der **werffe** den ersten stein auff sie.
　　　　　　　　　　　　　　　　　　(Luther: *Johannes* 8, 7, S.260)
　　おまえたちの中で罪がない者は、石をこの女に投げるがいい。

　このように古高ドイツ語から初期新高ドイツ語までは、3人称に対する要請・願望に接続法Ⅰ式が使われたことがわかる。現代のドイツ語はどうであろうか。

5.1.3. 現代ドイツ語における3人称に対する要請・願望文

　現代ドイツ語の接続法に関しては Flämig (1962), Jäger (1971), Magnusson (1976), Bausch (1979), Buscha/Zoch (1984) などの研究から、最近の Petrova (2008), Fabricius-Hansen u.a. (2018) などがある。わが国では関口 (2000a [初版 1954]), 常木 (1996 [初版 1960]) などの優れた著作や工藤 (1985, 1986), 湯淺 (2008, 2009) などの有益な研究がある。また Erdmann (1886), Wunderlich (1901), Behaghel (1924), Paul (1958), Jørgensen (1966), Brinkmann (1971), Erben (1980), Jung (1982), Duden (1984), Zifonun et al. (1997) など様々な文法書にも広範な接続法の記述があるが、現代の文法書では接続法I式の要求話法に関する記述はあまり多くない。本稿ではこれらを参考にしつつ、筆者が収集した例文などで、主文形式の接続法I式、要求話法による3人称に対する要請・願望文について考察する。

5.1.3.1. 接続法I式＋Er/Sie（単数）による2人称に対する敬称的要請文

　3人称に対する要請・願望表現が本節のテーマであるので、本題と少しズレるが、すでに触れたように (1.3.2.) ドイツ語の歴史において接続法I式が2人称に対する敬称的な要請文として用いられたことがあったので、その点をもう一度振り返ってみよう。

　ドイツ語では、中高ドイツ語から16世紀の初期新高ドイツ語まで、敬称の命令表現には2人称複数形の形が用いられてきた（例えば、例文 (6) の ir (ihr)）。これが17世紀に入るとその敬意が減り、その代わりに接続法I式＋3人称単数 Er/Sie による要請の敬称表現が生じる。さらに18世紀に入ると、3人称代名詞による敬称も俗化し、命令文も3人称複数の Sie が用いられるようになる。一方、18世紀後半から19世紀になると3人称代名詞はその価値を下げ、卑称詞として用いられるようになり、その後19世紀後半には消滅する。ここでは18世紀に敬称表現として用いられた例と19世紀すでに卑称詞として用いられるようになった例を簡単にみてみよう。

(9) **Geh Sie** ihm überall aus dem Wege!　(Lessing: *Minna von Barnhelm*, S.46)
　　どんなときもこの男を避けますように。

(10) Adam.　So **hör' Er**!　Sein Sohn hat Juwelen gestohlen. Den Dieb haben
　　　wir schon.　　　　　　　　　　　(F. Hebbel: *Maria Magdalena*, S.58)

　　アーダム．それじゃ聞け！　　おまえの息子は宝石を盗んだ。泥棒はも
　　う捕まえた。

　例文(9)はレッシングの『ミンナ・フォン・バルンヘルム』(1767年)の中
のヴェルナーからフランツィスカへの発言で、接続法Ⅰ式＋Sie は2人称(フ
ランツィスカ)に対する敬称的な要請文である。例文(10)はヘッベルの『マ
リア・マグダレーナ』(1844年)の中の廷吏アーダムの親方アントンに対する
発言であるが、もうこの形式に敬称の意味合いはない。なお、口語ではしば
しば höre → hör のように e が落ちることがある。

5.1.3.2. 3人称複数に対する要請・願望文

　1人称単数の場合と同様に、3人称複数形も sein 動詞を除けば、直説法
現在と接続法Ⅰ式の形態は同じである。そのため3人称単数の場合と比べ、
複数形は使用例は少ない。[(9)] Erdmann (1886), Flämig (1962) や関口 (2000a) が
あげている例をみてみよう。

(11) Gatten, die sich vertragen wollen,

　　　Lernen's von uns beiden!　　　(Goethe: *Faust I*, S.127, 関口 (2000a:193))

　　　仲良くしたい夫婦たちは、私たち二人を見習うといい。

(12) **Gehn** einige und **zünden** Reisholz **an,**

　　　　　　　　　　(Schiller: *Wilhelm Tell*, S.40, Erdmann (1886:123))

　　　だれか2、3人行って、柴に火をつけてくれないか。

(13) Ist wahrhaftig eine Ehre für mich, Mamsel … Compliment, Herr
Buddenbrook! … Na, **treten** die Herrschaften **näher!**

　　　　　　　　　(Th. Mann: *Buddenbrooks*, S.118, (Flämig (1962:113))

　　　おいでいただき光栄です、トーニお嬢様、…ご機嫌いかがですか、ブ
　　　デンブロークの若旦那、…さあお二人こちらにおいでください。

　例文(11)、(12)では lernen、特に gehen と anzünden は倒置され、Gatten (夫
婦たち)、einige (2～3人)という複数3人称に対する要求話法になってい
る。例文(13)では treten が die Herrschaften の要求話法になっているが、意
味的には Na, treten Sie näher! という敬称の2人称複数に対する命令形と相
違はないであろう。

5.1.3.3. ３人称単数に対する要請・願望文

　独立文としての要求話法が最も頻繁かつ効果的に用いられるのは直説法と形態が異なる３人称単数の場合である。ここでは３人称単数に対する接続法Ⅰ式による要求表現を、３人称の主語によって場合分けして考察してみよう。

a）主語の３人称単数が人物の場合

(14) Er (der Prinz) **komme**, und **befehle** es mir noch einmal.

(Lessing: *Emilia Galotti*, S.68)

　　殿下がここに来て、ご自分で私にそれをもう一度命じられるように。

(15) Ein edler Mann **beglücke** meine Gertrud. (Schiller: *Maria Stuart*, S.128)

　　だれか気高い男が、私のゲルトルートを幸福にしてくださいますように。

(16) Beklagter **trete** vor.　　　　　　(Kleist: *Der zerbrochne Krug*, S.35)

　　被告人前へ。

　この用法は要請・願望など様々である。２人称に対する命令文が一般に目の前にいる特定の人になされるのに対して、接続法の場合は必ずしも眼前の相手とは限らないし、また眼前であれ命令文とは少し異なる機能（間接性）を発揮する (Flämig (1962:117f.), Jäger (1971:241), Magnusson (1976:107), Brinkmann (1971:372), 関口 (2000a:184))。例文 (14)、(15) も目の前にいない人物に「～されんことを」望む、ないし願うという間接的な要請・願望であり、命令文のような直接的な力強さはない。例文 (16) は目の前の相手に対してではあるが、法廷での場面ではこのような間接的な要請表現のほうが適していると言えよう。

b）主語が man[10], jeder, einer などの不定代名詞や wer ... のような不定文の場合

(17) Man **tue**, was man will.　　　　　　　(Goethe: *Egmont*, S.66)

　　したいことをすればいい。

(18) Man **bind'** ihn an die Linde dort!　　　(Schiller: *Wilhelm Tell*, S.75)

　　だれかこの子をあの菩提樹に縛り付けろ。

(19) Man **nehme** täglich dreimal eine Tablette.　　　(Duden (1984:157))

　毎日３度錠剤を１つ飲むように！

⑳　Es **strebe** von euch jeder um die Wette. (Lessing: *Nathan der Weise*, S.82)
　　各々が競って励みなさい。

㉑　**Trage** jeder das Seinige!　　　　　　(F. Hebbel: *Maria Magdalena*, S.78)
　　だれも自分のことは自分でしろ。

㉒　**Steig** einer auf die Warte und **seh**, wie's geht.　　(Goethe: *Götz*, S.67)
　　だれか櫓にのぼって、様子を見てみろ。

wer などの不定文の場合

㉓　Wer zween Röcke hat, der **gebe** dem, der keinen hat.

　　　　　　　　　　　　　　　　　　　　(Luther: *Lucas*, 3.11, S.158)
　　２つ上着をもっているものは、もっていないものに１つ与えよ。

㉔　Wer Hirt ist, **wintre** ruhig seine Herde.　　(Schiller: *Wilhelm Tell*, S.57)
　　牧畜をする者は、ゆっくり家畜の群れに冬籠りをさせよ。

㉕　Nun, so **brauch** es, wer da will!　(Lessing: *Minna von Barnhelm*, S.98)
　　なら、欲しいやつはそれをもっていくがいい。

　man, jeder, einer などの不定代名詞が主語の場合、不特定のだれか、ある
いは一般的、格言的な要請になる。例えば例文⑱、⑳、㉒は、そこに
いる不特定の人物、ないし各自への要請であり、例文⑲、㉑は不特定多
数（薬の処方やレシピ、格言など）への要請である。[11] また例文㉓、㉔、
㉕は不定文 wer～ によって規定された人物への要請である。
　このような不定代名詞や不定文と結び付いた接続法Ⅰ式の要求話法はしば
しば不定代名詞を伴った命令文と区別がつかなくなる。例えば例文㉒、
㉓は sehe, gebe などから命令文ではなく、接続法Ⅰ式の要求話法であるこ
とがわかるが、例文㉑などどちらの解釈も可能である。不定文の場合も
Rette sich, wer kann!「さっさと逃げろ！」は形態上はどちらの解釈も可能で
ある（Ⅰ章４節）。それでは不定代名詞、不定文の場合、命令文と接続法Ⅰ
式の文はどこが異なるのであろうか。まず命令文には man を主語とするも
のはない。その意味でも一般に向けた要請は接続法が適していると言える。
また例文㉓のように格言的なものや例文⑲の薬の説明書の場合など明
らかなように、命令文は必ずそこにいるだれかに向けられ、実現を求める要

求であるのに対して、接続法Ⅰ式の場合は、その場にいる人に向けられる場合もその場にいない人に向けられる場合の両方がある点である。

c）Gott（神）、Herr（主）、der Kaiser（皇帝）、der Teufel（悪魔）などの場合

3人称に対する要請であることにかわりはないが、3人称主語が一般の人や物、あるいは man などの不定代名詞ではなく、Gott（神）、Herr（主）、der Kaiser（皇帝）、der Teufel（悪魔）や der Henker（死刑執行人）などの場合は願望、誓い、安堵、祈願、呪いなどを表す決まった言い回しになる。例えばトーマス・マンの『ブデンブローク家の人々』には Gott を用いた接続法Ⅰ式による表現が多彩に用いられている。

(26) Gott **erbarm'**. (S.24) 　　　　神様、憐れみたまえ。

(27) Gott **bewahre** uns. (S.39) 　神様が私たちを守ってくださいますように。

(28) Gott **segne** dich. (S.57) 神様があなたを祝福してくださいますように。

(29) Gott **verzeihe** mir. (S.100) 　神様が私を許してくださいますように。

(30) Gott **sei** mit dir! (S.163) 　　神様があなたとともにみえますように。

(31) Gott **verdamm'** mich. (S.273) 　神様が私を罰しますように。

(32) Gott **strafe** mich. (S.300) 　　神様が私を罰しますように。

(33) Gott **gebe** es! (S.566) 　　　　神様が存在しますように。

(34) Gott **sei** gepriesen. (S.630) 　　神様が称賛されますように。

(35) Gott **sei** gelobt. (S.728) 　　　神様が称えられますように。

これら以外にもよく使われるものに Gott **sei** Dank.「神様に感謝あれ → やれやれ」、Gott **stehe** mir bei.「神様のご加護を」、Gott (der Herr) **gebe**, dass「神様（主）は〜してくださいますように」などがある。[12] そこでこれらの中の1つを『ブデンブローク家の人々』のコンテキストの中でみてみよう。例えば „Gott strafe mich.“ は4箇所 (S.162, 300, 341, 758) で用いられているがここでは 162 ページの体験話法として使われている例をみよう。[13] シュトゥート夫人はトーニの結婚式に、花嫁の着付けを手伝いながら次のように述べる。

(36) Ich habe, **strafe** mich Gott, niemals eine schönere Braut gesehen.
　　神に誓って申しますが、私はこんなきれいな花嫁は見たことがありません。

　ここでは „strafe mich Gott" が「神に誓って（もし私の言っていることがう
そうなら神様が私を罰しますように）」といった定式化された誓いの表現に
なっている。

　上記のように一般にこれらの主語（Gott など）は単数であるが、関口
(2000a:193) には、興味深いことにこのような主語が複数になる例があげら
れている。

(37)　**Stärken** ihn (Egmont) **alle Heiligen**, daß er sein Bestes tut.

(Goethe: *Egmont*, S.53)

　　　すべての聖者様が、あの方（エグモント）が最善を尽くせるようお力
　　　付けてくださいますように。

(38)　O **strafen** mich **die Götter**, lacht' ich jetzt!　(F. Grillparzer: *Medea*, S.172)

　　　ああ、神様たち私をお罰しください、私は笑わずにはいれません。

　それではそれ以外の祈願や呪いなどの例も簡単にみてみよう。その際にそ
の本来の意味とテキストに適した表現を併記してみる。

(39)　Es **lebe** der Kaiser! … Es **lebe** die Freiheit!　　　(Goethe: *Götz*, S.75)

　　　皇帝・自由が（長く）生きられますように → 皇帝万歳！自由万歳！

(40)　Der Teufel **hol** solchen Krieg!　(Grimmelshausen: *Simplicissimus*, S.66)

　　　そんな戦争悪魔がさらっていけ。 → そんな戦争はまっぴらだ！

(41)　Der Henker **hols**!　　　　　　　(Kleist: *Der zerbrochne Krug*, S.10)

　　　死刑執行人にさらわれてしまえ！ → 断じて！

(42)　**Hol'** mich der Teufel.　　　　　(F. Hebbel: *Maria Magdalena*, S.48)

　　　悪魔が私をさらってしまえ！ → しまった！

(43)　**Hol's** der Geier.　　　　　　　(Th. Mann: *Buddenbrooks*, S.623)

　　　禿げ鷹に連れ去らわれてしまえ！ → こん畜生！

例文 (39) ～ (43) は話者の願望、呪いや腹立ちが表現されている。やはり
やや古風の表現と言えるが、現在でもしばしば使われている。

d）主語が３人称単数の事柄や es の場合

(44)　So **werde** die Haarnadel zum Dolche!　(Lessing: *Emilia Galotti*, S.85)

　　　それなら髪留が短剣になりますように。

(45)　Das **sei** dein Stolz.　　　　　　　　(Schiller: *Wilhelm Tell*, S.38)

それをおまえの誇りとせよ。

(46)　Wohlan, so **sei** der Ring sogleich **gebildet**. (Schiller: *Wilhelm Tell*, S.46)
よろしい、ではただちに輪をつくってもらいたい。

(47)　Es **sei**! Bis dahin, wohl!　　　　　(Lessing: *Minna von Barnhelm*, S.93)
まあいい！　それはその時のことだ。

(48)　Dem Einzelnen **bleibe** die Freiheit, sich mit dem zu beschäftigen, was ihn anzieht, was ihm Freude macht, ... aber das eigentliche Studium der Menschheit ist der Mensch.

　　　　　(Goethe: *Die Wahlverwandtschaften*, S.184, 関口 (2000a:203))
各自が、惹きつけられ、喜びをなすものを研究する自由は、そのままにしておくがいい、しかし人類の本来の研究対象は人間そのものである。

　例文 (44)、(45) では事物や事柄に対する話者の願いや要請が表現されている。例文 (44) では、死によって純潔を守ろうとするエミーリアは、父がもっている剣を自分に渡すように頼む。これは髪留ではないとためらう父に「髪留しか許されないなら、その髪留が剣になるように」願うこの文は、エミーリアの自決への強い思いが表されている。例文 (46) は、しばしば用いられる sei, seien と過去分詞の結合である。Sei gegrüßt!（ようこそ！）といった、受け身の命令文に似ているが（Ⅰ章4節）、なにか主語をもってくる場合には接続法Ⅰ式の用法になる。例文 (47) は Es sei! Es sei so! などで用いられ「まあ〜としておけ」「それでよかろう」といった事実の承認であるとともに、「そうであれ！」といった弱い要請でもある。例文 (48) では、最初の接続法Ⅰ式 (bleibe) の文は「自由であれ」という要請とともに、「自由であっていいが、しかし…」という認容でもあり、本来の主張は aber 以下の「人類の本来の研究対象はやはり人間そのものである」という点にある。ただ、「仮定」や「認容」も要求的な表現の一（変）種と言えるかもしれない。(Mgnosson (1976:40))

5.1.3.4.　mögen の接続法Ⅰ式による3人称に対する要請・願望文

　話法の助動詞 sollen, müssen などの直説法を使って3人称に対する要求を表すことが出来る。[14] 一方 mögen は接続法Ⅰ式 (möge) ないしⅡ式 (möchte) により3人称に対する要求を表すことができる。今まであげた例文も多くは

mögeで書き換えることができる。例えば例文 (5) の中高ドイツ語 sende は möge … senden.で現代語訳されうる。このような書き換えは古高ドイツ語や特に中高ドイツ語に頻繁にみられるが、接続法では最初は müssen、後に mögen の接続法Ⅰ式によって表される (Paul (1958:157), Dal (1966: 138f.))。ここでは数例をあげるだけにとどめる。

(49) fon gót er (Ludwig) **múazi** haben múnt

　　　　　　　　　　　　(Otfrid: *Ludwig* 32, S.2, Paul (1958:157))

　　神によって王が守られますように。

(50) got **muezze** iuch bewarn.　　　(Hartmann von Aue: *Iwein* 5530, S.322)

　　神があなたをお守りしますように。

(51) **Möge** doch Hermann sie treffen … (Goethe: *Hermann und Dorothea*, S.8)

　　ヘルマンがその人たちと出会えますように！

(52) Fluch **treffe** sie! Und **möge** Gott sie … verderben!

　　　　　　　　　　　　(Schiller: *Die Jungfrau von Orleans*, S.12)

　　災いが彼女に起こり、神様があの人を滅ぼしてくださいますように！

例文 (49) の古高ドイツ語、例文 (50) の中高ドイツ語では muozan, müezen (müssen) の接続法Ⅰ式3人称単数現在形 (múazi, muezze) が用いられているが、müssen の意味の変化とともに、例文 (51)、(52) のように mögen の接続法Ⅰ式によって書き換えられるようになった。(15)

　このように接続法Ⅰ式による3人称に対する要求表現はやや古風なものである。現代ドイツ語と言っても、例文の出典からも伺えるようにレッシング、ゲーテ、シラー、クライスト、ヘッベルなど18世紀や19世紀の作品などにはよく使われているが、20世紀の作品などでは „Gott helfe mir!" のような定式化されたもの以外はあまり使われない。しかし Windfuhr (1967) が接続法Ⅰ式の命令法への接近について論じているように、1人称複数形は、勧誘表現 (Gehen wir!) に、3人称複数形は、2人称敬称の命令形 (Kommen Sie bitte!) に、2人称複数は e が落ち、2人称複数の命令形 (Kommt!) にと、3つの接続法の複数形は命令法に同化している。単数1人称の使用は稀であるし、2人称単数は命令法があり、接続法は用いられない。つまり3人称単数の接続法のみ、命令文とは異なる機能をもった3人称に対する固有の要請・

願望表現として存在し続けていると言える。

5.2. 依頼・願望表現について
―接続法Ⅱ式の用法―

　過去形をもとにつくられる接続法Ⅱ式 (hatte → hätte) は非現実を表す。この非現実の世界にいったん退くことで直接的な言い方を避け、丁寧な気持ちの依頼や願望を表すことができる。例えば „Könnten Sie mir bitte helfen?"「私を助けていただけますか？」、„Ich hätte eine Bitte."「お願いがあるのですが」など、いわゆる外交的接続法であるが、ここでは簡単に触れるにとどめたい。実例をみてみよう。

(53) **Hättest** du mich nicht verständigen können? (A. Schnitzler: *Anatol*, S.67)
　　　私に知らせてもらうわけにはいかなかったのでしょうか？（知らせてください。）

(54) Sie **täten** gut, das Fenster an Ihrer Seite zu öffnen? (*Buddenbrooks*, S.194)
　　　そちら側の窓を開けたほうがよくないだろうか？（開けてくれないか。）

(55) … **würden** Sie uns freundlicherweise über den Anschlag im Januar
　　　aufklären?　　　　　　　　　　　　　(B. Schlink: *Selbs Betrug*, S.241)
　　　できれば1月に起きたテロについて説明していただけるでしょうか？

　このような接続法Ⅱ式による依頼・願望表現は 7.1.5. の dass に導かれる副文における願望表現や wenn 条件文でも用いられる。ここでは1例だけをみてみよう。

(56) Wenn Sie **verstünden**, Vater, in welchem Dilemma ich mich befinde!
　　　　　　　　(Th. Mann: *Buddenbrooks*, S.47, Flämig (1962:124))
　　　私がどんなディレンマの中にいるか、わかってくださったら、お父さん。

5.3. ドイツ語における勧誘表現について

5.3.1. 勧誘表現の歴史的な考察

　2人称に対する命令・要求は命令法、1人称単数と3人称に対する要請・願望は接続法が用いられた。それでは1人称複数に対してはどうだろうか。勧誘表現（Adhortativ）は、一般に1人称（話し手）を含んだ命令形、より詳しく述べれば、話し手自身を含んだ、聞き手に対する勧誘や提案を表す。すでに触れたようにドイツ語では独自の形態はなく、接続法Ⅰ式、話法の助動詞 wollen、使役動詞 lassen を用いる。例えば「行こう（か）！」は Gehen wir!, Wir wollen gehen!, Lass uns gehen! のようになる。

　このような勧誘表現はゲルマン語ではすでにゴート語にみられる。ゴート語の1人称複数の命令形は、直説法現在1人称複数形 (-am) に対応する。例えば4世紀のヴルフィラのゴート語訳聖書のヨハネによる福音書の11の7をみてみよう。[16]

（57）**gaggam** (gehen wir!) in Iudaian aftra. (千種 (1989:96), Erdmann (1886:3))
　　　Gehen wir wieder nach Judäa.
　　　もう一度ユダヤに行こう。

　特色は、現代語の gehen wir の wir のような代名詞がない点で、これは古高ドイツ語や中高ドイツ語でも基本的に同じである。古高ドイツ語（750〜1050年）では、オトフリートの『福音書』（9世紀）の例でみてみよう。古高ドイツ語でも勧誘表現は直説法1人称複数形 (-mês, -en) と同じである。大抵は代名詞なし、特に -mês という語尾が付いた場合はそうである。[17]

（58）**Ilemês** nu álle zi themo kástelle.　　　　　　(Otfrid: I, 13, 3, S.32)
　　　Eilen wir nun zu diesem Ort.　　　　　　(Petrova (2008:104) より)
　　　さあ、急ごう、あの町へ。

　中高ドイツ語（1050〜1350年）でも通常は代名詞がないが、wir が現れる場合もある。ここでは『ニーベルンゲンの歌』（1200年頃）を現代ドイツ語訳とともにみてみよう。

（59）nu **rîten** <wir> vreuden âne heim in unser lant.

　　　　　　　　　　　　　　　　　(*Das Nibelungenlied* 1091, S.318)

So **reiten wir** ohne jede Freude heim in unser Land.

(Neuhochdeutsch, S.319)

さあ、なんの歓びもなしに故郷に帰ろう。

(60) nu **rûme** ouch **wir** den tan.　　　　　　(*Das Nibelungenlied* 943, S.276)

Nun **sollten** auch **wir** den Wald verlassen!　　　(Neuhochdeutsch, S.277)

さあ、私たちも森を出ることにしよう。

例文 (59) で wir は省略されているが、例文 (60) では wir が現れている。なお、中高ドイツ語では、wir の前では定形は -en の n を失うことが多く rûme となっている。また nu は命令形を導く働きもある副詞である。

初期新高ドイツ語 (1350 ～ 1650 年) に関してはルター訳の『聖書』(16 世紀) からみてみよう。中高ドイツ語にみられた gehen wir!, reiten wir! という勧誘表現は、初期新高ドイツ語ではほとんど用いられず、laß uns ~! (単数)、laßt uns ~! (複数) という表現が頻繁に用いられるようになる。ルター訳『聖書』を 2 つの現代語訳とともに読むと、「マタイの福音書」に 2 つ、「マルコの福音書」に 6 つ、「ルカの福音書」に 5 つ、「ヨハネの福音書」に 5 つ laß(t) uns ~! の勧誘表現が現れる。[18] 各福音書から 1 つずつ、2 つの現代語訳とともに引用してみよう。最初がルターのドイツ語訳『聖書』、2 つ目がルター『聖書』の現代ドイツ語訳、3 つ目はカトリック教会の統一訳である。

(61) Halt **las** sehen Ob Elias kome vud jm helffe.　　(*Mattheus* 27, 49, S.94)

Halt, **lass** sehen, ob Elia komme und ihm helfe!　　　　　(S.40)

Lass doch, **wir wollen** sehen, ob Elija kommt und ihm hilft.　　(S.1114)

待て、エリヤが彼を救いに来るかどうか、見てみよう。

(62) Kompt **lasst vns** jn tödten.　　　　　　　(*Marcus* 12, 7, S.132)

Kommt, **lasst uns** ihn töten.　　　　　　　　　　(S.58)

Auf, **wir wollen** ihn töten.　　　　　　　　　　　(S.1132)

さあ、彼を殺そう。

(63) **Lasset vns** drey Hütten machen.　　　　　(*Lucas* 9, 33, S.182)

Lasst uns drei Hütten bauen.　　　　　　　　　(S.82)

Wir wollen drei Hütten bauen.　　　　　　　　　(S.1157)

3 つの小屋を建てよう。

（64）Aber **lasset vus** zu jm ziehen.　　　　　　(*Johannes* 11, 15, S.270)

Aber **lasst uns** zu ihm gehen!　　　　　　　　　　　(S.122)

Doch **wir wollen** zu ihm gehen.　　　　　　　　　　(S.1198)

彼のところに行こう。

ルターの現代語訳が laß(t) uns ~! で同じように訳されているのに対して、カトリック教会の統一訳は wir wollen ~! で訳されている。このタイプは比較的新しい勧誘表現である。最後に、新高ドイツ語での用法を20世紀の文学作品、トーマス・マンの『ブデンブローク家の人々』から様々なタイプの例をみてみよう。

（65）… fassen Sie sich, ich beschwöre Sie, und **gehen wir**!

しっかりして、お願い、さあ行きましょう。　　(*Buddenbrooks*, S.25)

（66）nun **wollen wir** nur nicht anfangen zu prahlen.　(*Buddenbrooks*, S.117)

あまり自慢しないことにしよう。

（67）Aber **laß uns** zur Ruhe gehen, wie?　　　　(*Buddenbrooks*, S.79)

さあ、休みましょうか。

（68）**Lassen Sie uns** immer das Beste hoffen!　　(*Buddenbrooks*, S.563)

いつも最善を期待することにしましょう。

上記の例文からも伺えるように、ドイツ語における勧誘表現の形式は Gehen wir! (~ en wir!), Lass(t) uns gehen! (lass(t) uns ~!), Wir wollen gehen! (wir wollen ~!) の3つになる。[19] このようなドイツ語の勧誘表現に関して、筆者の知る限り、わが国では文法書などにも詳しい記述はない。そこで、Kurrelmeyer (1900:58ff.), Behaghel (1924:229f.), Ebert u.a. (1993:419f.), Ulvestad (1985)、とりわけ Erben (1961) に基づいて、ドイツ語の勧誘表現の歴史的な経緯と問題点を記してみよう。

5.3.2. 勧誘表現の3つのタイプの歴史的な経緯と問題点

1）タイプ1　（Gehen wir! → ~ en wir! タイプ）

すでに見たように、このタイプは古高ドイツ語と中高ドイツ語の勧誘表現の形式である。このタイプは、Kurrelmeyer (1900:59f.) が述べているように、ルターの初期新高ドイツ語の時代に、他の2つのタイプによって使用が制限

されてしまう。ただし Erben (1961:461) が例をあげているように、まったく使われなかった訳ではない。18 世紀にこのタイプは幾人かのスイスの作家によって再び使われるが、その使用は方言的と非難され、Adelung のような文法家によっても正しくない（標準語的でない）とされた。しかしながらこの表現は、ヴィーラント、クリンガー、レンツさらにゲーテ、シラーのような作家も使用し、この勧誘の簡潔な表現は、遅くとも 18 世紀には再び広まり、書き言葉でも頻繁に用いられるようになった。現在では日常言語も、文語でも非常によく用いられている。[20]

　しかしながら、目的語や他の文肢でも、それが文頭に出ていたりすると、このタイプでは勧誘表現であるのかわからなくなる。例えば

　(69) Diesen Koffer nehmen wir zuerst.

　　　このカバンを私たちは最初にとります。（とろう！）

　(70) Solange wir hier auf Erden sind, beten wir füreinander.

　　　ここ地上にいる限り、私たちは互いのために祈る。（祈ろう！）

このタイプの勧誘表現は主語と動詞を倒置することによって表される。したがって例文 (69) のように目的語が文頭に来たり、例文 (70) のように副文が主文の前にくると、必ずしも勧誘的な要求とは取れなくなってしまう。それを明確にするには wollen を使って書き換える必要がある。[21] 例えば

　(71) Solange wir hier auf Erden sind, **wollen wir** füreinander beten!

　　　ここ地上にいる限り、互いのために祈りあおう。

　　　　　　　　　　　　　　　　　　　　((69)～(71) Erben (1961:462))

また、このタイプは疑問文の場合、ただイントネーションによってのみ勧誘表現と区別されることになる (Gehen wir!?)。ここにこのタイプの使用上の問題点がある。

２）タイプ２　(Lass(t) uns gehen! → laß(t) uns ~! タイプ)

　タイプ２は、タイプ１ (~ en wir!) の使用を一時追いやった。それは多かれ少なかれ他のゲルマン語においても言える。ドイツ語の Laßt uns gehen! に英語の Let us go!、デンマーク語の Lad os gaa!、スウェーデン語の Låt(om) oss gå!、オランダ語の Laten wij (古 Laat ons) gaan! が対応する。スウェーデン語など北欧の言語では、この構造は低地ドイツ語、とりわけルターのドイ

ツ語の影響があるとされる。英語はドイツ語と同様にすでに 14 世紀には流
布しているが、オランダ語にはもっと早い使用例があり、13 世紀である。
ドイツ語にとって重要なものは、すでに 13 世紀に見られる古いオランダ語
の勧誘表現 (laat ons) である。この影響のもと、低地ドイツ語でもこの書き
換えが現れ、すでに 14 世紀には高地ドイツ語においても現れる。英語も同
様に中世オランダ語の影響下にあるかはわからない。ただし、より古いドイ
ツ語にも例証があり、このタイプの多元発生の可能性ももちろん否定するこ
とはできない。

　このタイプはルターなど初期新高ドイツ語の時代にはよく使われたが、し
だいにタイプ１と次に述べるタイプ３に追いやられるようになる。このタイ
プが現代の標準語において使用頻度が低くなる理由を Erben はいくつかあげ
ている。

1. 勧誘表現 Laßt uns gehen!（行こう！）と願いの表現 Laßt zu, daß wir
   gehen!（私たちを行かせて！）との誤解が生じる事。
2. 再帰動詞の勧誘表現が居心地が悪く、うつくしくないこと。
   Laßt uns uns unterhalten!（歓談しよう！）
3. lassen と結び付いた動詞、例えば bleiben lassen, fallen lassen, gehen
   lassen などの勧誘表現には使えない。しかもこのような動詞は lassen
   が tun や machen の代わりに使われるのに応じて、現代ドイツ語で増
   えている。
4. 決定的なものは 17、18 世紀における呼称代名詞の Ihr から Sie への変
   化（Ⅰ章３節参照）。この後は Laßt uns ~! の定式は古めかしいものと
   思われるようになり、Kinder, laßt uns gehen!「皆さん、行きましょう」
   のように、親しみを込めた者たちに話しかけるような場合に使われる
   ようになる。

　後でみるように、現代では lass uns ~! タイプの使用頻度が３つの中で最も
低い。

3）タイプ３　(Wir wollen gehen! → wir wollen ~! タイプ)

　このタイプは現代のドイツ語でよく使われる形式である。古い例証は 14
世紀のオランダ、低地ドイツ、中部ドイツ語で、15 世紀からこの形式は南
部ドイツ語にも広まった。16 世紀のルターにおいてはまだ laß(t) uns ~! タイ

プの方が、wir wollen ~! タイプより多いが、以下の例のように wollen も使われている。

(72) **Wyr wollen** gehen und vnserm Got opffern!

（2. *Mos*.5, 8 (Erben (1961:468))）

行って、私たちの神に犠牲をささげよう。

しかし 17 世紀になるとグリンメルスハウゼン『阿呆物語』などで用いられるようになり、18、19 世紀には ~ en wir! タイプとともによく用いられるものとなる。ただ、このタイプにも問題点がある。以下の例でみてみよう。

(73) Das **woll'n wir** doch mal sehen, wenn meine Wenigkeit die [Aale] prima zubereitet mit allem Drum und Dran.

(G. Grass: *Die Blechtrommel*, S.123)

不肖私が一切合財使って極上のものをつくりあげれば、そのこともじきにわかるでしょう。

(74) Na, **wir wollen** mal sehen.　　　((73)、(74) Ulvestad (1985:526) より)

まあちょっとみてみよう。

例文(73)では wollen が werden と置き換えられるような未来（推量）的な用法であり、また例文(74)は話し手のかわすような態度を表す場合などにも使われ、しばしば勧誘か判断するのがむずかしい場合がある点である。以上 Kurrelmeyer (1900:58ff.), Erben (1961), Ulvestad (1985) に基づいた３つのドイツ語勧誘表現の歴史的経緯と問題点である。

ところで I 章 3 節でみたように、ドイツ語の命令文の歴史的な変遷を見るため、古高ドイツ語、中高ドイツ語、初期新高ドイツ語、現代ドイツ語と時代的に命令文を調べたことがあった。その際に勧誘表現の実例も同時に調べてみた。紹介した Erben の記述、特に歴史的な点にこれらの実例が相応するかみてみよう。調べた作品は I 章 3 節で記したオトフリートの福音書（9 世紀）からシュニツラー『輪舞』（20 世紀）までの 15 作品である。

『ニーベルンゲンの歌』が ~ en wir! タイプであることはすでに見たが（例文(59)、(60)）、12 ～ 14 世紀で、中高ドイツ語や初期新高ドイツ語の初期のものになる『哀れなハインリヒ』『ボヘミアの農夫』には以下のようにそれ

ぞれ一箇所に勧誘表現があったが、２つとも～en wir! タイプである。

(75) nû **verswîgen wir** aber der nôt, …

(Hartmann von Aue: *Der arme Heinrich* 756, S.54)

さてそのような貧困のことは言わないでおきましょう。

(76) **Reyt wir** engegen, **enbiet** vnde **sag wir** lob vnde ere dem Tode, …

(Tepl: *Der Ackermann*, S.36)

死を迎え、死に称賛を伝え、死に敬意を表そう。

Horváth (2004:262) は、ハルトマン・フォン・アウエの『イーヴェイン』から２例 nû **biten wir** sî beide (2279, S.134)「さあ、二人で願いましょう」、nû **gên wir** zuo den liuten hin (2363, S.138)「家来たちのところへ行きましょう」を引用しているが、やはり～en wir! タイプである。これらから～en wir! タイプは中高ドイツ語の勧誘表現の典型的な形式であると言えよう。

16 世紀の初期新高ドイツ語に関してはすでにルターの『聖書』でいかに laß(t) uns ～! タイプが多いかをみた（例文 (61) ～ (64)）。同時代のハンス・ザックスの『散文対話』を見ても、やはり多くは laß(t) uns ～! タイプである (Horváth (2004:262) 参照)。

(77) Wenn wir Futter und Deck haben, so **laßt uns** benügen.

(H. Sachs: *Prosadialoge*, S.39)

もし食べ物と家があれば、それで満足しよう。

また 17 世紀のグリンメルスハウゼン『阿呆物語』やローエンシュタイン『クレオパトラ』では laß uns ～! タイプと wollen wir ～! タイプで、調べた限りでは～en wir! タイプは現れない。これも Erben の記述と合致する。

(78) jetzt **wollen wir** probieren, welcher den andern am besten agieren wird können.　　　(Grimmelshausen: *Simplicissimus*, S.142)

どちらが化し合いに勝つか、ゆっくりと見物することにしましょう。[22]

(79) Herr Vater **wollen wir** ja sterben, … **Laß'** unsern Todfeind **uns** durch unsern Stahl versehren!　　　(Lohenstein: *Cleopatra*, S.110)

父上、死にましょう、…宿敵を剣でやっつけてやりましょう。

そして 18 世紀のレッシングになると～en wir! タイプも現れ、すべてのタ

イプが頻度の違いはあれ使われ始める。18世紀から現代までの例をみてみよう。

(80) Und dann, so gehn **wir**.　　　　　　　(Lessing: *Nathan der Weise*, S.87)
　　でそれから一緒に行きましょう。

(81) Komm, **lass uns** hier durch diesen Tempel in die Richte gehn!
　　　　　　　　　　　　　　　　　　　　　　(Lessing: a.a.O., S.142)
　　さあ、この教会の中を通りぬけて行きましょう。

(82) Herr Schreiber Licht, **laßt uns** die Spur ein wenig doch verfolgen, …
　　　　　　　　　　　　　　　　　　　(Kleist: *Der zerbrochne Krug*, S.67)
　　書記のリヒトさん、少し跡を追ってみましょう。

(83) **Wir wollen** sehen, wer Recht hat!　(F. Hebbel: *Maria Magdalena,* S.88)
　　だれが正しいか見てみようじゃないか。

(84) So **gehn wir** zurück, wo Leute sein.　　　(A. Schnitzler: *Reigen*, S.15)
　　さあ、人のいるところへ帰りましょう。

　調べた限りでは、レッシングは5例中、~ en wir! 2例、laß(t) uns ~! 3例、wir wollen ~! 0例、クライストは laß(t) uns ~! タイプが1例だけ、ヘッベルは4例中、~ en wir! 0例、wir wollen ~! 3例、laß(t) uns ~! 0例、シュニッラー2作品は17例中、~ en wir! 7例、wir wollen ~! 10例、laß(t) uns ~! 0例である。ただしシュニッラーでは『アナトール』は wir wollen ~! タイプが11例中9例と圧倒しているが、『輪舞』は~ en wir! タイプが6例中5例と圧倒している。中高ドイツ語では~ en wir! タイプ、初期新高ドイツ語では lass(t) uns ~! タイプが主流、17世紀には lass(t) uns ~! タイプに加え wir wollen ~! タイプもよく用いられ、18世紀からは3つのタイプが現れるという Erben の記述と調べた実例はほぼ一致していると言える。

5.3.3.　3つのタイプの使用頻度と Joint action 以外の用法

　このようにドイツ語には勧誘表現に3つの形式があることにより、その使用法の相違と使用頻度が問題になる。使用法に関しては、Hindelang (1978) のように使い分けに言及する研究者もいるが、Ulvestad (1985) はそのつど反例をあげている。例えば、Hindelang (1978:472f.) には、話し手と聞き手がすでに以前共同で行ったことがあることをまた勧誘する際 laß(t) uns ~! が使わ

れる、といった記述があり、それに対して Ulvestad (1985:522) では Laß uns
heiraten!「結婚しようよ！」、Laß uns Brüderschaft trinken!「兄弟の契りを交
そう！」というすでに行ったことがあるとは考えられない実例をあげ、反論
している。「行こうか！」が Gehen wir!, Wir wollen gehen!, Lass uns gehen!
と３つの形式で表されること、またすでに見たようにルター訳『聖書』が
laß(t) uns ~! 形式で書かれているのに、統一訳では wir wollen ~! で訳されて
いることからも、厳密な使い分けはないと言えるのではないか。Ulvestad
(1985:523f.) のように、３つの表現に使用の任意性（Fakultativität）を認めるの
が正しいかもしれない。Erben (1961:470) はヴァリエーションとして４つの
タイプに触れている。

1．簡潔で、命令的な　Gehen wir!

2．丁寧、親密に（höflich-vertraulich）同意を求める　Laßt uns gehen!
　　→ 親密に（vertraulich）同意を求める　Laßt uns gehen!

3．恭しく（feierlich-beschwörend）懇願する　Lassen Sie uns gehen!
　　→ 丁寧に（höflich）懇願する　Lassen Sie uns gehen!

4．決定し（beschließende）、共同の意志を提案する要求形式の
　　Wir wollen gehen!

　Ulvestad (1985:524) は、Erben が上記の２．と３．を後に → の形に変えてい
ることを指摘するとともに、４．では beschließen（決定する）と vorschlagen
（提案する）は形容矛盾と批判するが、Hindelang のような使い分けより、使
用の任意性を認めたヴァリエーションとして捉える方が好ましいとしてい
る。確かに、すでに触れたように使う動詞による使い分け（再帰動詞では
lass uns ~! を避ける）はあっても、語用論的に厳密な使い分けはないのでは
ないか。ただ、Ulvestad (1985:530f.) は、話し手と聞き手が平等である ~ en
wir! タイプ（民主的な勧誘表現 demokratischer Adhortativ）に対して、wir
wollen ~! タイプは語り手に優位があり、権威的な勧誘表現（autoritärer
Adhortativ）と呼んでいる。例えば „Aber an diese … Eventualitäten wollen wir
gar nicht denken.“「そんな不測の事態などまったく考えないでおこう」にみ
られる強い否定状況語 gar nicht は ~ en wir! や laß(t) uns ~! タイプには現れな
いとのことである。また laß(t) uns ~! タイプは、家族など親密な関係の間で
用いられることが多く、これらのことは外国人のドイツ語教育においても配

慮されるべきこととしている。確かにある文学作品の勧誘表現を調べると、夫婦間の laß uns ~、兄から妹へは wir wollen ~ など人間関係による使い分けが感じられることがある。

　3 つの表現の使用頻度に関しては Erben (1961), (1983a,b) と Matzel/Ulvestad (1978), Matzel/Unvestad (1985), Ulvestad (1985)において論争がある。Erben (1961) は 3 つの勧誘表現のうち現代で最も使用頻度が高いものは wir wollen ~! タイプであるとした。それに対して Matzel/Ulvestad (1978) は現代の文学作品を中心に 2000 例の実例を調べ、最もよく使われるものは ~ en wir! タイプであるとした。Matzel/Ulvestad (1978) の実例の割合は、1．~ en wir! 66％、2．wir wollen ~! 15％、3．laß(t) uns ~! 19％である。[23] これに対して Erben (1983b) は、二人の学生の援助のもと 645 例を調べると、1．~ en wir! 200 例、31％、2．wir wollen ~! 282 例、43％、3．laß(t) uns ~! 163 例、25％となり、1961 年の自分の内容が正しいことが確認されたとした。このうち 70 例はルター訳の『聖書』からのものであるため、現代の使用頻度をみるためそれらを引き 575 例で調べると 1．~ en wir! 200 例、35％、2．wir wollen ~! 278 例、48％、3．laß(t) uns ~! 97 例、17％となる。Erben (1983b) と Matzel/Ulvestad (1978) では、laß(t) uns ~! タイプでは、ほぼ同じ頻度（17％と19％）でありながら、1．と 2．のタイプに関しては大きな不一致がある。Ulvestad (1985) は Erben の調査そのものは疑わないが、以下の点を批判的に指摘している。まず Erben の使用したテキストが 19、20 世紀のパンフレット、政治的な演説、物語や新聞の抜粋で、今日のドイツ語の信頼できる結果とするには資料テキストが不均質であるうえ、調査例が少なすぎるとする。さらに wir wollen ~! タイプの勧誘表現としての基準が曖昧であると批判する。laßt uns ~! が勧誘の形式として明らかであるのに対して wir wollen タイプは一義的に勧誘ととれない場合がある。例えば Erben があげている 1976 年のヘルムート・シュミットの施政方針演説の一節 Wir Sozialdemokraten wollen weiterarbeiten「私たち社会民主党員はさらに働き続けていこう（いくことになろう）」も勧誘表現とは言えないだろうとする。Ulvestad は、自分たちが明確な勧誘表現のみを選んで調査しているのに対して、Erben は勧誘表現とは言えない例も含めている、という批判である。

　さて、それらを踏まえて Ulvestad (1985) は改めて、明確な場合のみを対象に 4422 例を調べた。これらはすべて 20 世紀の小説の会話や戯曲などで、

その結果は 1. ~ en wir! 2889 例、65％、2. wir wollen ~! 838 例、19％、3. laß(t) uns ~! 695 例、16％である。Ulvestad はさらに推理小説 228 例、米語のドナルド・ダックの翻訳 110 例、日常言語 118 例などを調べているが、翻訳では 1. ~ en wir! 81 例、74％、2. wir wollen ~! 5 例、4％、3. laß(t) uns ~! 24 例、22％、日常会話では 1. ~ en wir! 80 例、68％、2. wir wollen ~! 38 例、32％、3. laß(t) uns ~! 0 例、0％となっている。推理小説の場合（173 例、76％）も含め、すべてにおいて ~ en wir! タイプが最もよく使われていることがわかる。ここで興味深い特徴としては、翻訳では wir wollen ~! タイプがあまり使われていないこと、日常会話では laß(t) uns ~! のタイプがまったく使われていない点である。

　Matzel/Unvestad (1985) は、上記以外でも 3 つの点で Erben の記述を批判している。1. Laßt uns abhauen!「ずらかろう！」、Beten wir!「祈ろう！」が資料に見出せなかったが、これは資料に偶然なかったのではなく、教会言語やルターの言語使用の影響ではないか (Erben (1983a:410), (1983b:52))、という Erben に対して、もっと大きな資料でみれば、„Laß uns abhauen!" (Bredow)、„Hoffen wir zu Gotte. Beten wir darum." (Horster) などいくらでも出てくるという指摘。2. 20 世紀の資料においては laß(t) uns ~! タイプが支配的なものはどこにもない (Erben (1983a:410), (1983b:52)) という Erben に対して、そんなことはなく Horbac, Knef, Remarque などの作品には Laß(t) uns ~! タイプが他の勧誘表現より多用されているという指摘。[24] 3. 英語翻訳では wollen による勧誘表現が好まれる (Erben (1983a:410)) に対して、ドナルド・ダックの例でもそうであるように英語から翻訳された文学もオリジナルがドイツ語の文学においても gehen wir! タイプが最も使われることにはかわりないという批判である。

　Erben より 8 倍近い例文数、翻訳や口語など様々なテキストからの分析、そして明確に勧誘表現のみを調査した Ulvestad (1985) の方が現代のドイツ語の勧誘表現の使用頻度をより適切に示していると言えよう。個人的な経験からも日常言語では wir wollen ~! タイプよりも、~ en wir! タイプの勧誘表現を聞くことも、使うことも多かった。

　さて、このような勧誘表現は英語では Let's-imperatives である。Takahashi (2009) によれば、ドイツ語の場合と異なり、英語で問題となっているのは以

下のような点である。

1. Joint action 以外、聞き手のみの要求の場合や、話し手のみの要求はどのようなもので、どのくらいの頻度で現れるのか。
2. Let's-imperatives のあとに返答がどのくらいあるのか。
3. Let's-imperatives のあとどのような動詞がくるのか、条件的命令文が可能かなど。

今まであげたドイツ語の研究においては、上記のような点はあまり問題になっていない。それでも１．に関しては Bosmanszky (1976:125), Matzel/Ulvestad (1978:147), Ulvestad (1985:526) が簡単に触れている。例えば Ulvestad (1985) は、聞き手に対する要求だけの例として医者が患者に述べる以下のような例をあげている。

(85) So, heute **wollen wir** mal aufstehen. 「さあ、今日は起きてみましょう。」

これは (86) „**Wir tun** das nicht wieder, Hans!" 「もうそんなことはしないのハンス！」、(87) „Jetzt **messen wir** die Temperatur!" 「さあ、体温を測りましょう。」(Duden (1984:176, 318)) のような病院での「ナースの wir (Krankenschwester-Wir)」に近いものと言えよう。

また、話し手だけに対する要求の例として次のようなモノローグ例をあげている。

(88) Na, **sehen wir** mal nach. 「まあ、ちょっと確かめてみよう。」

ここでは、今までに例文にあげたものも含め、文学作品の会話文を中心に100例あまりのドイツ語の勧誘表現の例文を収集した。あまり多い例文数ではないが、勧誘表現にどのような動詞が用いられるのか調べると、圧倒的に多いのが gehen の 20 例 (～ en wir! タイプ 11 例、wir wollen ~! タイプ 2 例、lass(t) uns ~! タイプ 7 例) であった。それに続くのは少し離れて sehen 6 例、fahren 5 例、essen 5 例などであった。日常会話における勧誘や提案であることを考えれば、コーパス（データベース化された大規模な言語資料）によりさらに例文を増やしてもこれらの動詞はやはり上位にランクされるであろう。

また勧誘表現は了解を前提としていることが多く、勧誘表現のあとにその返答がくることはそれほど多くないと言われる。[25] 収集した例文でも勧誘に関する返答のあるものは多くないが、少し興味深く感じられたのはシュニ

ツラーの戯曲では、勧誘表現のあとにしばしば勧誘に乗らないような返答がくる。例えば

（89）Anatol. **Wir wollen** im Park spazierengehen.

Emilie. Wird es nicht zu kalt sein …?　　　　　（A. Schnitzler: *Anatol*, S.47）

アナトール．公園を散歩しよう。

エミーリエ．寒すぎない…？

また勧誘表現も条件文をつくることがある。

（90）Komm, **lasst uns** ihn töten, so wird das Erbe unser sein!

（Die Bibel: *Markus*, 12.7, S.58）

さあ、彼を殺そう、そうすればあの財産はわれわれのものになる。

（91）**Laß uns** weg, ich falle sonst um und ersaufe.

（Remarque: *Im Westen nichts Neues*, S.213）

ここから出よう、さもないと俺は倒れて溺れてしまう。

さらに ~ en wir! タイプでは、lassen wir ~! （~はやめにしよう）、sagen wir（そうだなぁ）、Nehmen wir an, ~ （~だとしてみよう）などは決まった言い方（Sequenzen）である。例えば、トーマスが妹の二度目の結婚式についての提案である。

（92）**Lassen wir** den Pomp.　　　　　（Th. Mann: *Buddenbrooks*, S.355f.）

派手なことはやめにしよう。

まとめ

ドイツ語の勧誘表現に関しては、3つの形式があること以外わが国では今まで詳しく扱われることがなかった。そこでゴート語や古高ドイツ語から現代ドイツ語までの3つの形式の使用の歴史、また勧誘表現としての問題点をKurrelmeyer (1900), Erben (1961), Ulvestad (1985) などの研究を中心に紹介するとともに、筆者が中高ドイツ語から現代ドイツ語の文学作品から収集した例文をあげ、それが Erben (1961) で述べられている使用の歴史とほぼ合致することを確認した。

また3つの形式に明確な使い分けがあるわけではないが、~ en wir! タイプが話し手と聞き手が平等であるのに対して、wir wollen ~! タイプは

—Ulvestad によれば— 語り手にやや優位がある、また、laß(t) uns ~! タイプは、家族など親密な関係の間で用いられることが多い。さらに Erben と Ulvestad との論争から、現代における 3 つのタイプの使用頻度（~ en wir! タイプが 65% で最も頻繁に用いられる）に触れるとともに、英語圏の研究を参照に Joint action 以外、聞き手のみの要求、話し手のみの要求がドイツ語でもあるか、また勧誘表現のあとの返答や勧誘表現にどのような動詞がよく用いられるかなどについても簡単に考察したが、正確には日常言語のコーパスに基づいたドイツ語勧誘表現のより詳しい調査が必要であろう。

注（V章）

(1) Fries (1992:164 ff.) は、命令文が平叙文と異なる点として

1）虚辞 es の否容認　Es sieht keiner her.　*Es sieh her!

2）トピック省略の不可能性

A. Und was ist mit den Büchern?

B. Schenkst du Fritz.　B. *Schenk (du) Fritz!

3）文頭でのアクセントのない主語人称代名詞の否容認

DU komm her!　*Du **komm** her!

4）以下のように命令文と平叙文が並列した際の主語省略の不可能性などをあげている。

Du **liest** den neuen Chomsky und (du) bestehst die Prüfung.

（平叙文の du 省略可能）

*Du **lies** den neuen Chomsky und bestehst die Prüfung.

（平叙文の du 省略不可）

吉田 (1987:28), 高橋 (2017:5) 参照。

(2) 例文 (1) は Paul (1958) 以外に Flämig (1962:111), Dal (1966:138), Zifonun et al. (1997:1726), 相良 (1990:282), 常木 (1996:23), 関口 (2000a:193) などで引用されているが、Flämig, 相良, 常木では Gestehe ich's nur offen! と gestehe の e と offen がある。Dal にはゴート語や古高ドイツ語の例もあげられている。

(3) 例文 (2) は Dal (1966:138), Curme (1977²:249), Flämig (1962:111), Donhauser (1986:249), 関口 (1964:255), 橋本 (1978:223f.) に最後の 2 行のみ引用されている。ただ、文学作品の中での理解のためにはもう少し長い引用が必

要であろう。なお、太宰治は「走れメロス」でこの箇所を以下のように書いている。「おまえらの望みは叶ったぞ。おまえらは、わしの心に勝ったのだ。真実は、決して空虚な妄想ではなかった。どうか、わしを仲間に入れてくれまいか。どうか、わしの願いを聞き入れて、おまえらの仲間の一人にしてほしい。」太宰治『走れメロス』新潮文庫 1984 年 148 ページ。また、1 人称単数に対する要求になぜ接続法Ⅰ式が適しているかに関しては橋本 (1978:224) 参照。

(4) 接続法Ⅰ式、Ⅱ式という命名の由来に関しては Magnusson (1976:24f.), 常木 (1996:122f.) 参照。

(5) 接続法のもう 1 つの用法は間接話法で、これにはⅠ式ないしⅡ式が用いられる。間接話法と要求話法の類似性に関しては Jäger (1971:236f.) 参照。例えば Der Arzt besuche sie. という接続法Ⅰ式の文が（導入文のない）間接話法か要求話法かはコンテキスト次第である。

(6) それ以外に副文での「目的」の用法 (Finalsätze) もあるがここでは触れない。接続法の分類で Magnusson (1976:106) も別扱いにしている。

(7) Jäger (1971:28f.) によれば、3 人称に対する要請・願望を表す接続法Ⅰ式は、接続法全体の使用の数パーセントにすぎない。この Relikte (遺物あるいは遺存形) という表現は Fourquet (1973:66f.) にもみられる、Magnusson (1976:38, 118) も参照。また、常木 (1974:76, 85) は、現代ドイツ語における接続法の後退という主張に疑念を呈しているが、3 人称に対する要請・願望を表す接続法Ⅰ式 (要求話法) の後退は認めている。

(8) Schwartz (1973:34f.) は、文の要求的性格は接続法Ⅰ式の形式だけでなく、jeder のような不定代名詞、möge のような特定の話法の助動詞、そして倒置という様々な要素と接続法Ⅰ式の複合作用にあるとしている。

(9) Behaghel (1924:227) は、3 人称複数形が、まわりのシグナル (lärme) により要求話法であることが明確化されている例として以下をあげている。

> Musik lärme die Mitternacht aus ihrem bleiernen Schlummer auf, tausend brennende Lampen spotten die Morgensonne hinweg.
>
> (Schiller: *Die Verschwörung des Fiesco*, S.14)
> 音楽を景気よくやって真夜中の重たい眠りをさませ。ランプというランプをつけて朝日をあざ笑ってやれ。　　（野島正城訳 26 ページ）

(10) man に関しては、ゲーテがワイマールの劇場で観客の笑い声を鎮める ために „Man lache nicht!" と言ったと伝えられている。Flämig (1962:112) 参照。

(11) Glaser (2002:166f.) によれば、ドイツの料理本レシピでの man + 接続 法の使用は稀 (0.4%) とのことである。

(12) 湯淺 (2009:3ff.) にはこれに関する詳しい記述がある。また戸沢 (1968:10) は、現在では接続法Ⅰ式で表される神への願望が、古いドイツ語では Wollte Gott ~ という接続法Ⅱ式で表される形式があったことに触れてい る。

(13) この点に関しては拙著『体験話法 ―ドイツ文解釈のために』大学書 林 2005 年 119 ページ参照。

(14) 話法の助動詞による要求表現に関しては、Ⅵ章参照。なお、Flämig (1962: 126f.) が指摘しているように、要求を表すのに wollen, mögen は接続法 を必要とするが、sollen, müssen はそのままで要求を表せる。これは sollen, müssen に命令形がないのに対して、wollen にそれが可能になる 1つの理由かもしれない。

(15) mögen の接続法Ⅱ式の möchte が同じように使われる例を関口があげ ている。

> **Möcht** er's allen sein und **möchte** kein Leidender auf dieser Insel trau-
> ern!   (Schiller: *Maria Stuart*, S.43, 関口 (2000a:192))
> 願わくはひとしく万民にとっても喜ばしい日であり、この島国に一 人として悲しめる者のなからんことを祈ります。
>
> （相良守峯訳 63 ページ）

(16) ゴート語の勧誘表現に関しては Erdmann (1886:3), Kurrelmeyer (1900: 58), Braune/Eggers (1987:264) 参照。またこのゴート語訳聖書の数奇な 運命に関しては、小塩節『銀文字聖書の謎』新潮社 2008 年参照。

(17) 古高ドイツ語の勧誘表現に関しては Erdmann (1986:3), Kurrelmeyer (1900:58), Behaghel (1924:229f.), Erben (1961), Braune/Eggers (1987:263f.), Simmler (1989:658f.) など参照。なお、Braune/Eggers は Otfrid では直説 法が用いられているが、古高ドイツ語では勧誘表現に1人称複数の接続 法が用いられるようになることを指摘している。

(18) 4つの『福音書』には同じ出来事を語る場合があり、ルター訳聖書では、

その際同様に lass(t) uns ~! タイプの勧誘表現が用いられる。

（19）Ulvestad (1985:518) では、適宜なコンテキストにおいては、同様に話し手を含んだ要求になるものとして１）直説法現在、２）sollte、３）werden を使った例をあげている。

　　　１）Wir **lesen** zuerst den letzten Brief.「最初に最後の手紙を読もう。」

　　　２）Wir **sollten** zuerst den letzten Brief lesen.

　　　３）Wir **werden** zuerst den letzten Brief lesen.

（20）英語もシェイクスピアなど初期近代英語まではこの形も使われていた。例えば "Well, **sit we** down,"「まあ座ろう」『ハムレット』１幕１場、"But **go we** in, I pray thee, Jessica."「まず家に入ろう、ジェシカ」『ヴェニスの商人』５幕１場 (Ukaji (1978:118, 122) 参照)。

（21）Ulvestad (1985:520) は注で、wollen 以外にも lass uns ~! タイプも可能として以下の例をあげている。

　　　„Solange du hier bist, **laß uns** gut zueinander sein!" bat sie.

　　　「あなたがここにいる限り、仲良くやっていきましょう！」と彼女は頼んだ。

（22）グリンメルスハウゼン『阿呆物語』望月市恵訳　岩波文庫（上）1986 年 177 ページ。関口存男訳『阿呆物語』（関口存男著作集　翻訳・創作２、216 ページ、三修社 1994 年）では「どつちが役者がいちまいっわてだか、いまにわかつてくるでしょう［原文ママ］」と未来の用法に訳されている。すでに見た wir wollen ~! タイプの判断のむずかしい点とも言える。

（23）Matzel/Ulvestad (1978:158f.) では、最も頻繁に用いられるのが ~ en wir! タイプ、次に laß(t) uns ~! タイプ、第３が wir wollen ~! タイプという順位の記述だけで、具体的な割合に関しては Ulvestad (1985:531) の注５に記されている。

（24）レマルクの『西部戦線異状なし』における命令表現を調べたことがあったが、やはり勧誘表現は確かに laß(t) uns ~! タイプだけであった。

（25）Takahashi (2009) は、英語の小説の例で一般に言われている以上に勧誘表現に返事があることを指摘している。

［コラム５．］ Good-by と God sei mit dir! サヨナラだけが人生だ！

　ドイツのハードロックバンド、トーテン・ホーゼン (Die Toten Hosen) に「人生は一度きり (Du lebst nur einmal)」という熱い歌があります。だれでも「あんなことしなければよかった、こんなことするんじゃなかった」と、過去ばかり振り返ってしまうことがあります。でも過ぎ去ったことをいつまでも悔やんでいても始まりません。だれでも人生は一度きりです。その一度きりの人生、過去ばかりに囚われていないで未来に向かって強く生きて行け！ とこの歌は訴えます。この歌に Jedes „Guten Tag" heißt irgendwann „Auf wiedersehen"「どんな「出会い」もいつかは「別れ」になるんだ」という一節があります。唐の詩人、于武陵の詩の一節「人生足別離」を井伏鱒二は「サヨナラだけが人生だ」と訳したようですが、確かに人生に「さよなら」はつきものです。

　ところで英語の Good-by! はなぜ「さよなら」になるのでしょうか？ 英語とドイツ語はともに西ゲルマン語で近い言語でありながら、英語は８世紀からのバイキングによる古ノルド語（古北欧語）、11 世紀のノルマン・コンクェストによるフランス語、ラテン語の影響などで文法、語彙ともドイツ語と大きく変わっていきます。文法上で現代の英語がドイツ語と異なるのは、１. 動詞の人称変化、２. 名詞の格変化、３. 名詞の性、４. 接続法（仮定法）などの消滅ないしかなりの簡略化です。命令形も中英語までは複数形に語尾変化がありましたが、現代の英語は不定詞とかわらないものになりました。接続法は God bless you.「神様があなたを祝福されますように！」の bless などにわずかに残っています。Good-by! の古形は God be with ye (you)! で be は接続法で「神様があなた（がた）とともにおられますように！」といった願望表現でした。別れの挨拶が神様がらみなのはフランス語の adieu（神のもとに、神の恵みがありますように）も同じです。寺澤芳雄編の研究社の『英語語源辞典』によれば、god- が good- に代わったのは 17 世紀半ごろからで、直接 God に言及することを避けようとする考え方の影響や、同じく

別れの挨拶に使われた Good Day などとの類推による語法であろう、とのことです。現在 Good-by! に接続法（仮定法）を感じさせるものはありませんが、その古形 God be with you. のドイツ語版 Gott sei mit dir! は多少古風とはいえ現在でも使われます。

　20 歳代のミュンヘン大学の学生たちによるナチス・ヒトラーに対する抵抗運動「白バラ（Die Weiße Rose）」、その紅一点のゾフィー・ショルの逮捕から処刑されるまでの 5 日間を描いた映画『白バラの祈り』（2006 年）で、最後に刑務所付きの神父がゾフィーに送った言葉は Gott ist mit dir. でした。なお、今年（2021 年）はゾフィー・ショル（1921-1943 年）の生誕 100 年になります。

Sophie Scholl (1921-1943)

Unser Vater hat gesagt: Ich möchte, dass ihr grad und frei durchs Leben geht, auch wenn es schwer ist.（父は私たちに、どんなに大変でも、信念を変えず、自由に生きろ！　と言ったの。［映画『白バラの祈り』のゾフィーの言葉より］）
（Ich möchte, dass ~ の要求文に関しては 208 ページ参照。）

VI章　命令文の代用形 I

6.1. 話法の助動詞による要求文

はじめに

ユッタ・リヒター『カワカマスの夏』とエーリヒ・ケストナー『点子ちゃんとアントン』の以下のテキストをみてみよう。

(1)　Meine Mutter warf mir einen Blick zu.

　　　»Hör auf, auf deinen Fingernägeln rumzukauen!« ...

　　　... Wenn es den Hechtgott nicht gab, dann war das heute Abend vielleicht meine letzte Gelegenheit, Gisela eine Freude zu machen. Aber ich wusste nicht, für was ich mich entscheiden sollte. Schließlich war es auch eine Entscheidung für oder gegen den Hechtgott.

　　　»Du sollst endlich mit dem Nägelkauen aufhören!«, sagte meine Mutter. Erschrocken nahm ich den Finger vom Mund.

　　　　　　　　　　　　　　(J. Richter: *Hechtsommer*, S.116f.)

　母の視線が私に向けられた。「<u>つめを嚙むのをやめなさい！</u>」…もしカワカマスの神様がいなければ、今日の晩がギーゼラおばさんに喜んでもらえる最後の機会かもしれない。でもどう決断したらよいのかわからない。これを決めるのはカワカマスの神様がいるかいないかになる。「<u>いいかげんにつめを嚙むのをやめなさいったら！</u>」と母が言った。驚いて私は指を口からはなした。

(2)　[...] Sie (Pünktchen) stellte ihren Korb ab, trat dicht ans Bett und flüsterte, wie eine Souffleuse, dem kleinen Piefke zu: *»So, nun musst du mich fressen.«*

　　　Piefke kannte, wie gesagt, das Märchen von Rotkäppchen noch nicht, wälzte sich auf die Seite und tat nichts dergleichen. *»Friss mich!«*, befahl

Pünktchen. »Willst du mich gleich fressen?« Dann stampfte sie mit dem
Fuß auf und rief: »Donnerwetter noch mal! Hörst du denn schwer?
***Fressen sollst du mich!*«**　　　　(E. Kästner: *Pünktchen und Anton*, S.23f.)
点子ちゃんはかごを下に置き、ベッドに近づき、俳優にこっそりせり
ふを教えるように、子犬のピーフケにささやいた。「<u>さあ、私を食べ
なくちゃ</u>。」犬のピーフケは、すでに言ったように、赤ずきんちゃん
のメルヒェンがまだわからず、ころんと横になり、それらしいことは
しなかった。「<u>私を食べて！</u>」と点子ちゃんは命令した。「私をすぐ食
べなったら。」すると点子ちゃんはじたんだ踏んで叫んだ。「バカ、聞
こえないの。<u>私を食べなさいったら！</u>」

　例文 (1) では „Hör auf, auf deinen Fingernägeln rumzukauen!" 「つめを噛む
のをやめなさい！」という命令文が、次には sollen という話法の助動詞を用
いた文 „Du sollst endlich mit dem Nägelkauen aufhören!" 「いいかげんにつめ
を噛むのをやめなさいったら！」で再現されている。例文 (2) では「赤ずきん」
のオオカミ役の子犬ピーフケに対する点子ちゃんの「私を食べて」という要
求が、命令文 „Friss mich!" や müssen, sollen など話法の助動詞を使った文で
再現されている。[1] これらの例から**話法の助動詞（Modalverben）**により要求
表現がなされることがわかる。[2] ここでは、どの話法の助動詞が、どのよう
な場合に、いかなる要求ないし依頼や願望の表現になるかを、文学作品を中
心に具体的に考察してみたい。まずは、歴史的に考察してみよう。

6.1.1. 古高ドイツ語の場合

　話法の助動詞による命令文の代用形に近いものは、すでに古高ドイツ語に
みられる。Schönherr (2011:87f.) は古高ドイツ語における話法の助動詞の主
意 的 使 用 (voluntativer Gebrauch) と し て sculan (sollen), wellen (wollen),
mugan (mögen, können) などをあげている。 命令の代用形として特に重要な
ものは sculan であるが、mugan は穏やかな要求や発話者の祈念を表し (高橋
(2015:82, 90))、wellen では接続法が命令の代用となっている (Wilmanns (1906:
224))。オトフリートの『福音書』からいくつか例をみてみよう。

(3) ni **scáltu** (scalt thu) queman wídorort!　　　　(Otfrid: IV, 18, 26, S.190)

おまえ (ペテロ) はもう逃れるなんてできないぞ！

(4) thes **scal** er góte thankon; (Otfrid: *Ludwig* 25, S.1), (Erdmann (1886:122))
そのことを王は神に感謝すべきであろう。

(5) queman **mág** uns thaz in múat!

(Otfrid: V, 19, 36, S.247), (Schönherr (2011:89))

それが私たちの心の中に入ってきますように！

(6) bimídan thu ni **wólles**, …   (Otfrid: III, 20, 132, S.142), (高橋 (1994:173))
おまえはそれを避けようと欲してはならない。

scalt, scal はそれぞれ sculan の 2、3 人称単数現在形、mag は mugan の 3 人称単数現在形、wólles は wellen の接続法 2 人称単数現在形で、それぞれ脅し (ni scált)、要求 (scal, wólles) や祈念 (mág) を表している。(高橋 (2015:82))

6.1.2. 中高ドイツ語の場合

　Simmler (1989:656f.) も触れているように、このような話法の助動詞の使用は 12 ～ 13 世紀から頻繁になる。例えば『ニーベルンゲンの歌』における命令・要求表現では、話法の助動詞 ir sult ~ (Ihr sollt ~) と使役の助動詞 lât, lâzet ~ (lasst ~) の使用が多いことが大きな特色である。概数にすぎないが、全体約 580 例のうち、話法の助動詞 ir sult は 109 例で、約 20%、du solt, er soll を含めると 184 例で、約 30% となる。また、lât, lâzet は 85 例で、約 15% になる。つまり『ニーベルンゲンの歌』における命令・要求表現の約半分は話法の助動詞と使役の助動詞によるものであることがわかる。その中でも敬意を表す 2 人称複数形 ir sult ~ は極めて多く使用されている。(詳しくは鈴木 (2018b) 参照)

(7) mîn vater Sigemunt, **ir sult** hi **belîben** … **ir sult** bî dem kunige hie vil vrôliche **sîn**.   (886, S.260)
父君、ジゲムント王よ、あなたは当地にお留まりください。…どうぞ国王のもとに、ご機嫌よくおすごしください。(前 243)

(8) **Ir sult** stille **stân**. ez lît vor disem gademe ein ritter tôt erslagen.

(1004, S.294)

ちょっとお待ちください。お部屋のまえに、一人の騎士が殺されてた

おれております。(前 275)

(9) niuwan mîn swester eine **sol** bî dem kunege **sîn**.　　　　(607, S.178)

　　 ただ姉上のみ国王のもとにおいでください。(前 169)

(10) **wil** du mir **helfen**, edel Sîvrit, werben die minneclichen?　　(330, S.98)

　　 ジーフリト殿、いとしい女への求婚に、力を貸してはいただけまいか。
　　 (前 96)

　sult, sol はそれぞれ suln (sollen) の2人称複数と3人称単数現在形、wil は
wellen (wollen) の2人称単数現在形で、要求 (sult, sol) や依頼 (wil) を表している。

6.1.3. 現代ドイツ語の場合
6.1.3.1. sollen による要求文
　古高ドイツ語、特に中高ドイツ語において頻出し、最初の例文でも用いら
れた sollen から始めよう。sollen の基本は「主語以外の他者の意志 (wollen)」
である。主語に、ある行為をするよう要求するものとして、文の話者、宗教
的、道徳的あるいは社会 (慣習) 的な原則などがあり、それにより命令、要求、
義務、依頼などさまざまなニュアンスが表される。例えば現代語訳『聖書』
にみられるような „Du **sollst** deinen Nächsten lieben wie dich selbst“ (Die
Bibel: *Matthäus* 19.19)「あなた自身を愛するように隣人を愛しなさい」など
は後者であるが、[3] 例文 (1)、(2) では、話者つまり母親と点子ちゃんの意志
で、それぞれ「私」と犬のピーフケに対する要求文になっている。様々な人
称による別の例をみてみよう。

(11) Als er (Anton) wieder hereinkam, meinte die Mutter: »Anton, *du musst
　　 dir die Haare schneiden lassen*« … »Guten Tag, Herr Habekuß«, sagte
　　 Anton. »Ich **soll** *mir die Haare schneiden lassen.*«

　　　　　　　　　　　　　　(E. Kästner: *Pünktchen und Anton*, S.32, 37)

　　 家に戻ると母さんが言った「アントン、髪を切らなくちゃね。」…「こ
　　 んにちは (床屋の) ハーベクスさん」アントンは言った。「髪を切って
　　 ください (お母さんが髪を切れって)。」

(12) »Genug«, beschloß der Konsul, »er ist ein christlicher, tüchtiger, tätiger

und fein gebildeter Mann … *du (Tony)* **solltest** *deine Tadelsucht*
bezähmen. …«　　　　　　　　　(Th. Mann: *Buddenbrooks*, S.99)
「もういい」とコンズルは最後に言った「彼（グリューンリヒ）はキリ
スト教徒で、有能な活動家、とても教養のある方だ…トーニ、人のあ
ら捜しはつつしむべきだね。」

(13) Seinerzeit im Sommer hatte ich (Kurt Huber, Monteur) dem alten
Danner schon angeboten, *er (Danner)* **soll** *sich doch eine neuere*
Maschine kaufen und die alte in Zahlung geben.
　　　　　　　　　　　　　　　(A. M. Schenkel: *Tannöd*, S.43)
夏に来たとき老ダナーさんに言ったよ、新しい機械を買ったほうがい
いって、そして古いのは下取りに出すようにって。

　例文(11)は、前の部分から「髪を切ること」が母の要求であることがわ
かる。例文(12)は話者であるコンズルの娘トーニへの苦言である。solltest
が外交的な接続法Ⅱ式になっているのは穏やかに諭すためで、強い調子であ
れば例文(1)のように直説法のsollstが用いられる。例文(13)では修理工の
フーバーは、老ダナーに新しい機械を買うように勧める、そのことを第3者
に再現する場合は話法の助動詞(sollen, mögen)を用いることになる。（この
点に関しては改めて述べる。）例文(1)、(2)、(12)のように2人称主語の場合
は、話し手の要求であることが明らかである。ただし例文(11)、(13)のよう
に主語が1・3人称であっても、主語以外のもの（母親や修理工フーバー）
の意志や要求がそこにはある。

6.1.3.2. müssen による要求文
　müssenの基本は「必然性(Notwendigkeit)」である。この必然性は、話者
の意志が作用するときには、転じて話者の要求を表す文になる。(4) 例文をみ
てみよう。

(14) Christian folgte ihm (Thomas) … Während sie über den Hof gingen,
sagte Thomas: »*Du* **mußt** *mich mal ein paar Schritte durch den Garten*
begleiten, mein Freund.«　　　　(Th. Mann: *Buddenbrooks*, S.316)
クリスティアンはトーマスの後に続いた。…中庭を通りながらトーマ

スは言った。「ちょっと庭を一緒に歩いてもらおうか、クリスティア
ン。」

　ここで話者は兄のトーマス、主語の du は弟のクリスティアンで、彼がトー
マスと庭を歩かなければならない必然性は、ともに商人でありながら前夜ク
ラブで「商人はみんな詐欺師」といった弟クリスティアンを糾弾せずにはい
られない兄トーマスの意志である。このように müssen は発話状況との関連
から要求や要請になることがある (Welke (1965:71)), (板山 (1985:59))。別の例
をみよう。

(15)　»Sollen wir wirklich im Keller bleiben!　Die andern fahren alle weg!«
　　　»Nein«, schrie die Mutter, »nicht in den Keller, dort seid ihr nicht sicher!
　　　Es dringt überall ein. *Ihr **müsst** so schnell wie möglich weg.* Fahrt mit
　　　Soltaus —«　　　　　　　　　　　　　(G. Pausewang: *Die Wolke*, S.34)
　　　「ほんとうに地下室にいればいいの。他の人たちはみんな逃げていく
　　　けど。」「だめ！」と母は叫んだ。「地下室はだめ。そこは安全ではな
　　　いわ。放射能はどこにでも侵入してくるの。できるだけ早く逃げなさ
　　　い、ゾルタウさんたちと一緒に。」

　両親の留守中に原発事故が起き、放射能が今にもやってくる。この場面は、
家に残した子どもたち（娘と息子）への母からの電話での発言である。放射
能を浴びないように子どもたちがすぐ逃げなければならないこと（必然性）
は、母の子どもたちへの強い要請であり、要求表現になっている。なお、こ
の電話を受けたのは娘のヤンナ・ベルタであるが、彼女は弟のウーリにその
後母の電話の内容を次のように伝える。„Mutti sagt, wir **sollen** nicht im
Keller bleiben. Wir **sollen** mit irgendjemand wegfahren.“ (S.35)「ママは言った
わ、地下室にいてはだめ、だれかと一緒に逃げなさいって。」例文 (11) と同
じように、müssen による母の要求が sollen で言い換えられている。

　müssen は否定詞 nicht, kein などとともに文を否定する場合（アクセントは
müssen）、例えば „Du **musst** es nicht tun. (= Du brauchst es nicht tun.)“ では「〜
する必要はない」という意味になり、命令、要求の要素は少ない。それに対

して部分否定の場合、例えば „Das musst (= darfst) du nicht sagen.“「そんなことは言ってはいけない。」で禁止の意味合いになる。⁽⁵⁾例をみてみよう。

(16) »Stell dich vor mich«, flüsterte das Mädchen, »damit man mich nicht findet.« Der Kommissär stellte sich vor das Mädchen. »Ursula«, sagte er. *»Du mußt nicht so laut reden«*, flüsterte das Mädchen, »sonst hört man, daß du mit jemandem sprichst.« (F. Dürrenmatt: *Das Versprechen*, S.74)
「私の前に立って、だれも私を見つけないように」と少女は囁いた。警部はその少女の前に立って言った。「ウルズラ」「そんなに大きな声を出さないで、さもないと、おじさんがだれかと話をしているのがわかってしまうわ。」と少女はまた囁いた。

かくれんぼをしている少女の発言であるが、あきらかに要求を表している。
さて、上記は直接向き合っている相手への要求であるが、müssen は 3 人称で表される主語に要求が向けられることがある。⁽⁶⁾

(17) Man **muß** das Eisen schmieden, solange es heiß ist.
鉄は熱いうちに打て。

(18) »Baden! Schwimmen!« hatte Doktor Langhals gesagt. *»Der Junge muß baden und schwimmen!«* Und der Senator war vollständig damit einverstanden gewesen. (Th. Mann: *Buddenbrooks*, S.624)
「水に入ること！ 泳ぐこと！」とラングハルス医師は言った。「男の子(ハノー)は水に入り、泳がなくてはね！」参事会員もまったく同意見だった。

ここでの必然性は、例文(17)では自然の摂理から要求されるもの、例文(18)では、男の子(ハノー)に対する医師ラングハルスないしはハノーの父の価値観が要求するものである。このように müssen の必然性は、ある発話状況というコンテキストにおいて要請の表現機能をもつことになる。

6.1.3.3. können における要求文

können の基本は「可能性(Möglichkeit)」であり、この可能性(能力)の意味は、話者から発話の相手(2人称)に直接向けられた場合、その発話状況

のコンテキストにおいては命令、要求、勧めなどの表現機能をもつことになる。例えば

(19) Sie liegt wach. Soll sie ihr Bett verlassen? Der Großvater wird wieder fürchterlich schimpfen. ... »Du bist alt genug. *Du **kannst** alleine schlafen*«, sagt er dann und schickt sie wieder in ihr Bett zurück.

(A. M. Schenkel: *Tannöd*, S.15)

マリアンネは眠れない。ベッドから出てお母さんのところへ行こうかしら。でもじいちゃんはまたひどくおこるだろう。「おまえはもう大きい、<u>ひとりで寝るんだ。</u>」って言って、私をまたベッドに追いやるにきまってるわ。

(20) »Willst du noch etwas zu ihr sagen, bevor wir es zuschaufeln?«, fragte der Glatzkopf. »*Du **kannst** dich auf mich verlassen*, Mutter«, flüsterte Nina ...

(G. Pausewang: *Ich gebe dir noch eine Chance,Gott!* ［以下 Gott］S.24)

「（車に轢かれて子を残して死んでしまった）ネコを埋めてしまうまえに、まだなにか言ってあげることがあるかい。」と頭の禿げた庭師が言った。「（死んだ母ネコに）<u>私のことを信頼して（子ネコのことは私に仕せて）！</u>」とニーナはささやいた。

例文(19)の「おまえは一人で寝ることができる」は能力であるが、マリアンネの思考を再現したこの体験話法のコンテキストでは「ひとりで寝なさい」という要求文になる。例文(20)では „Du kannst mir glauben!" 「あなたは私を信じることができる＝信じて！」といった「断言」や「請け合い」の können である (Bech (1949:37), Bosmanszky (1976:170f., 180))。日常でも „Du kannst mir vertrauen." 「私を信用してくれ！」はよく使われる表現である。

また können は２人称の疑問形で依頼や要求を表し、[7]否定詞と結び付いて「禁止」の表現にもなる。

(21) **Können** Sie mir mit einem neueren Bild von Leo helfen?

(B. Schlink: *Selbs Betrug*, S.26)

レオの最近の写真を１枚もらえないでしょうか。

(22) Leise, du Dummkopf! *Kannst du nicht leiser auftreten?*

(A. Schnitzler: Anatol, S.72)

静かに、バカ者。もっと静かに歩けないのか。(＝もっと静かに歩け！)

(23) Aber Kind, du **kannst** dich doch **nicht** mitten auf die Straße hocken.

(G. Pausewang: Gott, S.19)

ねぇ、道路のまん中にうずくまっていちゃだめよ。

können に関しては「許可」か「可能性」か「提案（弱い要求）」なのか、曖昧な場合がある。例えば Hier kannst du schlafen! は「ここで寝ていいよ」という許可にも「ここで寝ればいい」「ここで寝なよ」といった提案ないし要求にもとれる (Bosmanszky (1976:181f.))。実例をみてみよう。

(24) Hierauf klingelte Frau Grünlich, und Thinka, das Folgmädchen, trat vom Korridor ein, um das Kind aus dem Turm zu heben und es hinauf in die Spielstube zu tragen.

»Du **kannst** sie eine halbe Stunde draußen spazierenfahren, Thinka«, sagte Tony.　　　　　　　　　　(Th. Mann: Buddenbrooks, S.198)

するとグリューンリヒ夫人（トーニ）は呼鈴を鳴らし、メイドのティンカが、子どもを塔から抱き上げ、遊戯室へ抱いたまま連れて行くために、廊下から現れた。

「<u>乳母車にこの子を乗せて30分ほど外を散歩してきて（散歩してきていいわ）</u>、ティンカ。」とトーニは言った。

ここでは「散歩してきて」という穏やかな要求（提案）とも「散歩してきていいわ」といった許可ともとれる。邦訳の多くは許可で訳しているが、これから夫のグリューンリヒと、もう一人メイドを雇うことで言い争いを行おうとしていることを考えれば、ここは要求（提案）ととることもできる。[8]

6.1.3.4. wollen による要求文

話法の助動詞 wollen が要求を表す最も一般的な形は、1人称複数形(wollen wir ~/wir wollen ~) である。この場合話者は、ある要求ないし提案を1人ないし複数の相手に向け、要求の実行に自分自身を含めている。wollen wir の定形倒置は、要求の性格をはっきり示すため。すでに見たように(V章2節)、

— 204 —

意味的には「～しよう（か）」といった勧誘表現になる。例文をみてみよう。

(25) Er (Thomas) zog eine ihrer Hände herunter und nahm sie in die seinen. »Ich weiß es ja, liebe Tony, ich weiß es ja Alles! *Aber **wollen wir** nun nicht ein wenig vernünftig sein? ...«* (Th. Mann: *Buddenbrooks*, S.585)
トーマスはトーニの片手をとり、両手でその手を握りしめた。「わかっ ているよ、トーニ、みんなわかっているよ、でもここは二人とも少し 賢くなろう。」

(26) »Ich habe das Mädchen getötet«, antwortete der Hausierer so leise, daß ich ihn kaum verstehen konnte, und starrte auf den Boden. »Lassen Sie mich nun in Ruhe.« »Gehen Sie jetzt schlafen, von Gunten«, sagte ich, »***wir wollen** später weiterreden.«*

(F. Dürrenmatt: *Das Versprechen*, S.62)

「私が少女を殺しました」と行商人のフォン・グンテンは聞き取れな いほどの小さな声で言った。そして床を見つめて「休ませてください」 と。「さあ寝なさい、フォン・グンテン」と私は言った。「また後で話 しをすることにしよう。」

wollen が要求を表すのは、このような 1 人称複数形の場合だけでなく、willst du ~?!/!, wollen Sie ~?! といった 2 人称に対する疑問文ないし感嘆文の形でトーンのきつい要求をしばしば表す。[9]

(27) »Auf wen wartest du, ***willst du** antworten*, du verdammtes Ding?« ... »Du lügst«, antwortete das Mädchen leise. »Du lügst.« Da verlor der Staatsanwalt zum zweitenmal die Geduld. »Du dummes Ding«, schrie er und packte das Kind am Arm, rüttelte es, »***willst du** jetzt sagen, was du weißt!«* (F. Dürrenmatt: *Das Versprechen*, S.127)

「だれを待っているんだ？ 答えないか？ いまいましいやつめ。」… 「うそつき。」と少女が小さな声で言った。「おじさん、うそついてる！」 すると検事は再び切れて「いまいましい娘め」と叫び、少女の手をつ かんでゆさぶって言った。「さあ、おまえの知っていることを言うん

<u>だ！」</u>

(28) Inzwischen waren noch ein paar andere Lehrer hinzugetreten, sie wollten hören, was es gebe. »Entschuldigen Sie, meine Herren«, sagte Pünktchen, »**wollen Sie** *sich bitte wieder auf Ihre Plätze begeben?*«

(E. Kästner: *Pünktchen und Anton*, S.81)

そうこうするうちに数名の他の先生もやって来て、なにがあったのか聞こうとした。「すみません、先生方」と点子ちゃんは言った。「<u>先生方の席に戻っていただけますか？</u>」

Bosmansky (1976:193) は、これらの wollen と２人称で命令のニュアンスをおびる werden („Wirst du morgen zu mir kommen!"「あす私のところに来るように！」)との類似性を指摘している。ただし Brinkmann (1971:387) によれば、werden が話者の考えの中に来るべき遂行が先取りされているのに対して、wollen は遂行への移行を示している。

さらに wollen は Ich will, dass du (Sie) … という１人称単数の形で強い要求を表すことがある。この場合は独立した動詞としての用法である。これは Ich befehle (wünsche), dass … などと同じ形と考えられる。

(29) **Ich** (Tony) **will** nun, daß du schweigst, Thomas!

もう黙ってトーマス。 (Th. Mann: *Buddenbrooks*, S.432)

(30) Also berichten Sie uns bald. *Dabei **will ich** nicht, daß Sie Leo ansprechen und bloßstellen.* (B. Schlink: *Selbs Betrug*, S.10)

ですから急いで（娘のレオがどこにいるか捜して）私たちに報告してください。<u>ただし娘に直接話しかけたり、娘を笑いものにすることがないようにしてください。</u>

(31) Wir wollen keinen kalten Tee, ***wir wollen**, dass du uns jetzt Tee kochst,* …

(U. Wölfel: *Die grauen und die grünen Felder*, S.30)

冷たいお茶など飲みたくない、<u>熱いお茶を入れてくれ。</u>

ともに相手がある行為をすることを強く欲することにより、要求を表している。[10]

6.1.3.5. dürfen による要求文

話法の助動詞 dürfen は肯定の場合は「許可 (Erlaubnis)」で命令や要求とは少しニュアンスが異なる。しかし許可が穏やかな要求となったり（例文 (32)）、弱めの断言や請負（例文 (33)）として用いられることがある。[11]

(32) Dann kam Tante Felizitas zu Besuch. … Sie sagte zu den Mädchen: »Wir gehen in den Spielzeugladen, und *ihr dürft euch aussuchen, was ihr wollt.* Das kaufe ich euch.«

(U. Wölfel: *Die grauen und die grünen Felder*, S.25)

それからフェリーツィタスおばさんが訪ねて来ました。…おばさんは少女たちに言いました。「おもちゃ屋へ行きましょう。どれでも好きなものをお選び。買ってあげるから。」

(33) Mein Sohn wird seine Strafe erhalten, das **dürfen** Sie mir glauben.

(Bosmanszky (1976:170))

息子は罰を受けることになるでしょう、信じてくだされ。

また否定の場合は、müssen の場合と同様に「禁止」となり要求的な要素がでてくる。

(34) »Ja, um zur Sache zu kommen«, fing er an, »so wollte ich Ihnen nicht nur Gute Nacht sagen, Papa, sondern … *aber Sie dürfen nicht böse werden, wie? …«*　(Th. Mann: *Buddenbrooks*, S.43)

「ええ、実は」と彼は話し始めた。「お父さんにただおやすみを言うためだけに来たのではなく、…でもお父さん、お怒りにならないでください、いいですか？…」

(35) »Ich hab die Kollegin am Bellevue gebeten, dich zu empfangen. *Du darfst auf keinen Fall den Platz im Wagen wechseln.* Ich werde ihr durchsagen, wo sie dich findet. Sie holt dich raus.«

(P. Härtling: *Jette*, S.77)

「ベルビュー駅の女の駅員に迎えを頼んだ。絶対席を移動しちゃだめ。どこにいるか伝えておくから。彼女が降ろしてくれるよ。」

6.1.3.6. mögen の接続法による要請・願望文 (5.1.3.4. 参照)

mögen は接続法Ⅰ式 (möge) またはⅡ式 (möchte) の形で、話し手の主観的な願望を示す。以下はともにコンズル・ブデンブロークの息子トーマスへの手紙の中からの引用である。

(36) *Es **möge** Dir als Ratschlag dienen,* daß ich in Deinem Alter … es mir immer angelegen sein ließ, mich meinen *Prinzipalinnen* dienstlich und angenehm zu machen, was mir zum höchsten Vorteil gereicht hat.

(Th. Mann: *Buddenbrooks*, S.173)

私はおまえの年頃には、社長夫人たちに仕え、気に入られるように勤めたもので、それがとてもためになった…これらをおまえにも役立つ忠告として聞いておいてくれ。

(37) **Möchte** es doch … noch nicht zu spät für ihn sein, bei seinem Prinzipale Mr. Richardson etwas Tüchtiges zu lernen und **möchte** seine merkantile Laufbahn von Erfolg und Segen begleitet sein!

(Th. Mann: *Buddenbrooks*, S.172)

クリスティアンにとって、社長リチャードソン氏のもとでなにか役立つことを学ぶのが遅すぎることがなく、商人としてのキャリアが成功と神の恩恵に見守られたものでありますように。

また、wollen の場合の ich will, dass ~ と同じように、ich möchte, dass ~ で穏やかな要求、依頼を表すことがある。例えば Ich möchte, dass du Anna anrufst.「君からアンナに電話してもらいたいんだが」。実例をみてみよう。

(38) »Mali«, sagte sie, »**ich möchte**, dass der Herr Doktor einen guten Kaffee kriegt, gleich wenn er nach Hause kommt, ja?«

(Bosmanszky (1976:188f.))

「マリ」と彼女は言った。「ドクターが帰ったらすぐおいしいコーヒーを飲めるようにして欲しいの、わかった？」

Flämig (1962:126), Scholz (1991:68f.) は、Bleib gesund!「お元気で！」という祈願文に対する接続法の書き換えとして、聞き手に向けられた話者の願望

を表す „Mögest du gesund bleinen!" をあげている。この場合 mögen という話法の助動詞の意味と要請を表す接続法Ⅰ式の結び付き、さらに倒置により命令法とほぼ同じ意味になると考えられる。„Bleib gesund!" の言い換えに、今までみたように „Du sollst gesund bleiben!" を用いないのは、gesund bleiben が生理的な現象で、強い命令は不自然だからと考えられる。[12]

6.1.4.　間接引用における命令文（体験話法も含む）

　命令文を会話で間接的に引用したり、小説などの語りの中に取り込む際には書き換えられることになる。その際丁寧な願望にするときには mögen の接続法を、強い要求、命令の場合は sollen が用いられる。[13] 命令文は、話し手が相手にある行為、事柄が実行されること、現実になることを求めるもので、その要求内容は相手によってなされるべき未来の行為である。一方話法の助動詞は、本動詞が表す事柄を実現に移させる力を表す。Sengoku (1997) によれば、事柄を実現させる要因には「自然法則」と「人間意志」の２つがあり、人間の意思はさらに「他者の意志」と「自己の意思」に区分される。それは話法の助動詞の命題的用法の３区分「必然(müssen)」・「命令(sollen)」・「意欲(wollen)」に対応する。命令文が、話し手の意志によって、相手にある事柄を実現させようとするものであるなら、その命令表現の書き換えや間接引用に、話し手の意志を表す sollen、さらに接続法により話し手の願望を表す möge (möchte) が用いられることは容易に想像される。（それに対して wollen は主語の意志、müssen/können は意志というより因果関係、dürfen は許可で意味的に適さない。）[14] 以下例をみてみよう。

(39) Der Lichtstrahl des Projektors wurde von einer älteren Frau unterbrochen, die dem Mann signalisierte, *er **möge** kommen.*

　　　　　　　　　　　　　　　　　　　(C. Link: *Jenseits der Stille*, S.103)

プロジェクターの光がある中年の女性によってさえぎられた。彼女はその男の人に、来てください、と合図した。

(40) In diesem Augenblick sah man Ottilien herankommen, und die Baronesse sagte schnell zu Eduard: *er **möchte** von dieser vorhabenden Herbstreise ja nichts reden*: …

　　　　　　　　　　　　　　　　　(Goethe: *Die Wahlverwandtschaften*, S.79)

ちょうどこのときオティーリエがやってくるのが見えた。男爵夫人は
すばやくエードゥアルトに、この秋の旅行のことはなにも話さないで
ください、と言った。

(41) Da kam einer von den Häftlingen auf mich zu / und fragte ob das Kind
mir gehöre / Als ich es verneinte sagte er / *ich **solle** es der Mutter geben.*

(P. Weiss: Die Ermittlung, S.267 [1.4. 例文 (78)])

そこに一人の囚人が私のところへやってきて、この子は私の子かとた
ずねました。私が違うと言うと、彼はその子を母親に返せ、と言いま
した。

語りの中に発言が組み込まれる体験話法の場合も事情は同じで、命令文は
一般に sollte ＋不定詞で書き換えられる。ただし、間接引用の例文(39)〜(41)
が接続法 (möge, möchte, solle) であるのに対して、体験話法は直説法になる。
(鈴木 (2005:74) 参照)

(42) Hier soll ich also bleiben. Wenn möglich bis zum Abitur. … Meine
Eltern stehen neben mir. … Vor den Toren eines Internats. Meine Mutter
reicht mir einen Brief. *Ich **soll** ihn später dem Internatsleiter **geben**.* Zur
genaueren Erklärung meiner Person. (B. Lebert: *Crazy*, S.9)

ここで過ごすことになるんだ。できればアビトゥアまで。…両親も付
き添っている。… 全寮制の学校の前にいる。母が手紙を僕に渡した。
<u>あとでこの手紙を校長先生に渡して。</u>あなたのことをもっとわかって
もらうためにね。

(43) Der Konsul ging … umher und bewegte nervös die Schultern, denn das
Gesicht, mit dem sie (Tony) das Wort »dos« hervorbrachte, war gar zu
unsäglich stolz.

*Er hatte keine Zeit. Er war bei Gott überhäuft. Sie **sollte** sich gedulden
und sich gefälligst noch fünfzigmal **besinnen** …!*

(Th. Mann: Buddenbrooks, S.391)

領事は歩きまわり、いらいらと肩を動かしていた。というのも「持参
金」という言葉を口にするときのトーニの顔が、いいようもないくら
い誇らしげだったからである。

「私には暇がないんだ。仕事が山ほどあってね。<u>しばらく我慢して、その間にどうか50回も思い直してもらいたい。</u>」と領事は言った。

　例文(42)は、ベンヤミン・レーベルトの『クレイジー』で、1人称現在形の独白的なテキストのため、時称の変換がなく、例文(41)との相違はsollen が接続法か直説法かの点である。ここでは母親の依頼文が、主人公の「僕」の視点から変換されたものになっている。例文(43)は過去形のテキストであり、sollte に変換されている。最後の文が、離婚するという妹トーニに対して、思いとどまるよう説得(懇願)するトーマスの要求文である。また直説法で再現される体験話法には möge, möchte による書き換えはない。

　調べた限りでは、話法の助動詞に関する研究書や Duden 文法などの文法書に、話法の助動詞の要求表現に関する詳しい記述はなかった。また、命令文に関する研究も　―私の知る限り Bosmanszky (1976), 中川 (2009:208f.) をのぞけば―　話法の助動詞の要求や依頼の表現に詳しく触れているわけではない。多くは命令文の代用形として例文があげられる程度である。

　そこで文学作品を中心に、ドイツ語では、どの話法の助動詞が、どのような場合に、いかなる命令や要求、ないし依頼や願望の表現になっているかを具体例で調べてみた。「話者の意志」を表す sollen は、命令文の言い換えとしてしばしば用いられていた。また「必然性」の müssen や「可能性」の können は、発話状況との関連で、命令や要求の表現機能をもつことになる。「主語の意志」を表す wollen は、1人称複数形 (wollen wir/wir wollen) で「～しよう」という勧誘表現になり、Willst du ~?!, Wollen Sie ~?! といった2人称に対する疑問文ないし感嘆文で要求を表した。dürfen は「許可」で要求と少しニュアンスが異なるが、穏やかな要求になったり、否定の場合は禁止となる。mögen は接続法Ⅰ式 (möge) またはⅡ式 (möchte) で話し手の願望を表す。これが生理現象など強い命令が不自然な場合、sollen に代わって命令形の言い換えになることがある。さらに wollen, mögen は Ich will (möchte), dass … という1人称の形で要求を表す。

　また、命令文を会話で間接的に引用したり、小説の語りの中に取り込まれるときには言い換えられることになる。命令文は、話し手が相手にある行為が実行されることを求めるもので、その言い換えや間接引用には、話し手の意志を表す sollen、また mögen という話法の助動詞の意味に、話し手の願

望を表す機能が加わった接続法の möge, möchte が用いられることになる。このようにドイツ語では、話法の助動詞により様々な要求や依頼、願望の表現がなされることがわかる。

6.2. 使役動詞 lassen による命令文

前節で、ドイツ語の話法の助動詞による要求表現について考察した。ただし「準話法の」助動詞といわれる lassen や brauchen による命令・要求表現には触れなかった。そこでここでは先行研究も参考にしながら、特に lassen による命令文について具体的に考察してみたい。まず歴史的にみてみよう。

6.2.1. 古高ドイツ語と中高ドイツ語の場合

ここでも古高ドイツ語はオトフリートの『福音書』、中高ドイツ語は『ニーベルンゲンの歌』からみてみよう。

(44) Lángo, líobo druhtin mín, **láz** imo thie dága **sin**,

(Otfrid: *Ludwig* 35, S.2 [1.2. 例文 (1)])

親愛なる神よ、王を長く生きながらえさせてください。

(45) iu **lazet** únthrata thero wóroltliuto míata.　　(Otfrid: III, 14, 100, S.126)

あなたがたは世の人の報酬を無意味とさせなさい。

(46) **lâzet** iuwer swester für iuwer geste **gân**. (*Das Nibelungenlied* 272, S.82)

それゆえ御妹君（クリエムヒルト）をも客人の前にお見せください。（前 79)

(47) Nu **sitzet** … und **lât** mich rehte **hœren**, wer di frouwen sint.

(*Das Nibelungenlied* 349, S.104)

まずお座りになり、どういうお方であるか、はっきりとお聞かせください。（前 100)

例文 (44)、(45) の láz, lazet は lâzan (lassen) の 2 人称単数と複数の命令形、例文 (46)、(47) の lâzet, lât は同じく lâzen (lassen) の 2 人称複数の命令形である (1.2.2. 参照)。例文 (45) が複数の命令形であるのに対して、例文 (46) の lazet は敬称の 2 人称複数形である。lassen の命令文に関しては古高、中

高ドイツ語から現代と同じように使われている。

6.2.2. 現代ドイツ語の場合

6.2.2.1. 本動詞としての lassen

　können, müssen, sollen, wollen, mögen, dürfen の６つの話法の助動詞に準ずるものとして lassen や brauchen があげられる。lassen はもとより brauchen も話法の助動詞のように動詞の不定詞と結び付き、その動詞にある種のニュアンスを付け加えるからである。

(48)　Er **lässt** mich immer **warten**.
　　　彼は私をいつも待たせる。
(49)　Morgen **brauchst** du nicht (zu) **arbeiten**.
　　　あす君は働く必要はない。

　ただし形態的に見ると、lassen は６つの話法の助動詞および brauchen とは以下の点で区別される。Ⅱ章で見たように、一般に話法の助動詞と brauchen には命令形がないのに対して、lassen は lass!, lasst! という命令形があるからである。

(50)　**Lass** das!（やめろ！）　　　**Lasst** uns gehen!（行きましょう！）
(51)　*Könn(e) das!
(52)　*Braucht das!

　また lassen は本動詞としても、助動詞として不定詞と結び付く場合も命令形が可能である。ただ、助動詞 lassen と不定詞による構文（以下 lassen 構文）は、構文の文法上の主語、不定詞の意味上の主語、不定詞の３つの要素からなり、その意味はやや複雑である。そこでまず本動詞としての lassen の命令文からみてみよう。(15)

　本動詞 lassen の主な意味には、1.「～をやめる、～を思いとどまる」という断念、放棄、2.「～を～に置いておく、～のままにしておく」という放置、放任、3.「（方向を示す語句と）～に行かせてやる」という許容などがある。(16) それぞれの命令文をトーマス・マンの『ブデンブローク家の人々』の

例でみてみよう。

１．断念・放棄

(53) »Nein, Hanno«, sagte er (Kai), »ich gehe nicht hin. Du vielleicht? …«
… Hanno aber antwortete: »… Ja, *nun laß das nur*, Kai, und erzähle
weiter.«　　　　　　　　　　　　　(Th. Mann: *Buddenbrooks*, S.623)
「いや、ハノー、僕は行かないよ。君は？…」とカイは言った。それ
にハノーは答えた。「…うん、<u>でもその話はやめて</u>、カイ、物語の続
きを話してよ。」

(54) »… ich (Christian) will es dir (Konsul) ganz genau beschreiben … Es ist
…«　»*Laß nur*«, sagte der Konsul kalt.　　　　　　　　　　(S.404)
「兄さんに詳しく説明したいんだ…つまり、それは…」「<u>もういい！</u>」
と領事は冷ややかに遮った。

　„Laß das Weinen!"「泣くのをやめろ！」、„Lassen Sie das!"「やめてくださ
い！」などは日常会話でもよく用いられる命令文である。また „Laß nur!" の
ように目的語なしで「ほっといて」「もういいよ」といった意味になる。ま
た lassen wir ~ で「～をやめよう」という勧誘表現になる。（Ⅴ章 例文 (92)
参照）

２．放置・放任

(55) »Grünlich macht auch grade Toilette …«　»*Laß ihn nur*, mein Kind; ich
will ihn hier unten erwarten. …«　　　　　　　　　　　　(S.211)
「グリューンリヒも着替えをしているんです。…」「<u>彼はそのままにし</u>
<u>ておきなさい。</u>（呼びにやらなくていい）、トーニ、私はここで待たせ
てもらうから。」

(56) »Hast du die Schlüssel zum Silberzeug? — Gut. *Laß dem Übrigen*
seinen Lauf. …«　　　　　　　　　　　　　　　　　　(S.570)
「銀器の鍵は君がもっているんだね？　—わかった、<u>他のものはなる</u>
<u>ようにまかせておくんだね。</u>」

　この用法は Laß mich in Ruhe!「私をほっといてくれ！」に代表されるよう

に、しばしば前置詞句と用いられる。その際に対格目的語を前置詞句 (in Ruhe) の状態にするため、やめてもらう内容は所有形容詞とともに mit deinen (Ihren) ~ で表される。[(17)]

(57) »... Tun Sie mir doch die Liebe, noch eine Cigarre zu nehmen ...«
»Lassen Sie mich mit Ihren Cigarren in Ruhe! Bezahlen Sie ...«

(Buddenbrooks, S.207)

「よろしかったら葉巻をもう一本どうですか。」「葉巻のことはやめにしてください。お金を払ってください。」

(58) »Tue es doch! Handele doch danach! Aber rede nicht darüber! Schwatze nicht darüber! *Laß andere Leute mit deinen* widerlichen *Finessen in Ruhe!*«

(S.319)

「そうするがいい。その通りにやるがいい。しかししゃべるのはやめてくれ、それを吹聴するのは。他の人におまえのあさましい狡猾さを聞かせるのはやめてもらいたい。」

3．方向を示す語句と

(59) »Mach End', o Herr«, sagte sie (Tony), und Alles hörte ihr regungslos zu
— »mach Ende mit aller seiner Not; stärk' seine Fuß' und Hände und *laß bis in den Tod* ...«

(S.685)

「終わらせ給え、ああ主よ」とトーニは言い、だれも身動きせずに聞いていた。「彼の苦悩を終わらせ給え、その手足に力を与え、死の道を終わりまで歩ませ給え。」

6.2.2.2．助動詞としての lassen

このような本動詞としての用法以外に、lassen は助動詞として不定詞と結び付き「lassen 構文 (Infinitivkonstruktion mit lassen)」をつくる。この lassen 構文は、1．構文の文法上の主語、2．不定詞の意味上の主語、3．不定詞という3つの要素から構成されている。これらの3つの要素、さらに用いられるコンテキストにより lassen 構文は複雑な意味が生じることになる。例えば Hans lässt mich reden. では、Hans が lassen 構文の主語、reden が不定詞で、mich が不定詞 reden「語る」の意味上の主語になる。ではこのような lassen

構文の意味解釈はどのように考えればいいのだろうか。

Ide (1996:25-48) が詳しく触れているように、ドイツの辞書記述およびドイツ語の文法記述を比較、検討すると、lassen の意味には „zulassen“ と „veranlassen“ の区別がおよそどこでも認められる。また、この２つの意味は lassen と結び付く不定詞の性質（事柄の存続・継続を表す動詞かどうか）やコンテキストとの関係の中ではじめて一義的に定まる。例えば、上記の Hans lässt mich reden. が「ハンスが私に話させる」という veranlassen なのか、「ハンスは私に話させておく（話すことを許す）」という zulassen なのかはコンテキストによることになる (Brinkmann (1971:293), Ide (1996:29), Weinrich (1993:284), Henschel/Weydt (1994:76))。なお、„zulassen“ は日本語の辞書や文法書でいう「許可」「放任」に、„veranlassen“ は「使役」「惹起」などにあたると考えられる。ただ、なにをもって „zulassen“ または „veranlassen“ とするかは曖昧であり、辞書や文法書の記述では、このような意味タイプの分類基準は必ずしも明確ではない。

そこで Ide (1996) は、ある基準に基づいた lassen 構文の意味タイプのグループ分けを試みた。その際 Ide は lassen 構文を捉えるのに２つの基準を用いている。１つは、２つの事柄の間の時間的な関係、不定詞によって表されている行為なり事態が、lassen の文法上の主語のなんらかの関与以前より継続していて、それが lassen の文法上の主語のなんらかの関与以後も継続しているかという観点 [DURATION（不定詞の事柄の継続性）] である。つまり継続が認められる場合 [＋DUR]、一方 lassen の文法上の主語のなんらかの関与があってはじめて事柄が生起する、つまり継続が認められない場合 [－DUR] という基準である。もう１つは、不定詞によって表される事態がだれの意思 [INTENTION] によるかという点で、不定詞の事態が、文法上の主語によって引き起こされたか [＋INT, Subj-*l* (= Subjekt von lassen（文法上の主語))]、あるいは不定詞の意味上の主語によって引き起こされたか [＋INT, Subj-inf. (= Subjekt des Infinitivs（不定詞の意味中の主語))] という基準である。なおどちらの意思によるかはしばしばコンテキストによる。

さらに、[＋INT] が基本的に lassen 構文の文法上の主語と不定詞の意味上の主語が人間の場合であるのに対して、この２つのどちらか１つが人間でな

い、あるいは両方とも人間でない場合が［－INT］で、その際構文の主語が人間であるかどうかを menschlich か sachlich で区別し、lassen 構文の意味用法を分類したものが以下の表である。(18)

	/＋INT/		/－INT/	
	Subj.-*l.*	Subj.-inf.	menschl.Subj.-*l*	sachl. Subj.-*l.*
/＋DUR/	AUFFOR-DERN	ZULASSEN	LASSEN	URSACHE
/－DUR/			ZUSTANDE-BRINGEN	

　„Auffordern"、„Zulassen" は、不定詞句の事柄の継続性が意味解釈に影響を与えず、不定詞の事柄が文法上の主語の意思によって引きおこされるのが Auffordern（使役）で、不定詞の意味上の主語によるものが Zulassen（許可）である。どちらの意思あるいはイニシアティブであるかは多くの場合コンテキストによる。ただし、不定詞の意味上の主語が重要でなく、省略されている場合の多くは「使役」と解釈される。［下記例文１．では、例えば大工が省略されている。］不定詞の事柄の実現に人間間の意思性がなく、不定詞の事柄に継続性が認められるのが Lassen（放置）［例文３．］で、継続性が認められないのが Zustandebringen（惹起）［例文４．］となる。そして最後に、文法上の主語が物か事柄で、人間間の意思性がないものが Ursache（原因）［例文５．］である。lassen 構文の命令文を考える場合は、最初の４つが問題となる。（例文は筆者による。）

　１．Er ließ ein Haus bauen.　　彼は（大工に）家を建てさせた。［使役］
　２．Er lässt mich reden.　　　　彼は私にしゃべらせる（しゃべることを許す）。［許可］
　３．Er lässt das Licht brennen.　彼は明かりをつけっぱなしにしている。［放置］
　４．Er lässt den Arm sinken.　　彼は腕を下げる。［惹起］
　５．Die Frage ließ sie erröten.　その質問は彼女を赤面させた。［原因］

　ここでは、このような研究を踏まえ、lassen 構文による命令表現について具体的に用例を検討する。(19)命令文の場合、lassen 構文の文法上の主語は２

人称と考えられるので、文法上の主語と不定詞の意味上の主語との関係で次のように3つに分けて考えてみたい。1つは、今まで考察したもので、文法上の主語と不定詞の意味上の主語が異なり、一方が他方に間接的なきっかけを与え、不定詞の事柄の生起、存続を引き起こすものであり、これは「Kausativsystem(使役体系)」における lassen である。(20) 次に、文法上の主語と不定詞の意味上の主語が同じ場合、つまり再帰的な場合で、これは「Passivsystem(受動体系)」における lassen である。この場合主語が人であるか、事物であるかにより意味合いが異なり、命令表現を考える場合は前者が問題となる。最後が「~しよう」という勧誘表現で、文法上の主語が、文の語り手とともに不定詞の意味上の主語に含まれているものである。なお、勧誘表現には、命令形だけでなく接続法の Lassen wir ~ がある。上記を整理すると以下のようになる。(21)

1.「Kausativsystem(使役体系)」における lassen 構文の命令形
 1)不定詞の意味上の主語が1人称単数 (mich) の場合
 2)不定詞の意味上の主語が3人称(人間)の場合
 3)不定詞の意味上の主語が3人称(事物・事柄)の場合
2.「Passivsystem(受動体系)」における lassen 構文の命令形
 不定詞の意味上の主語が2人称 (dich, euch, sich)、つまり再帰的な場合
3.勧誘表現
 1)laß uns ~, laßt uns ~, lassen Sie uns ~ で「~しよう」と促したり、提案する場合
  不定詞の意味上の主語が1人称複数形 (uns) の場合
 2)lassen wir ~ の場合
それではやはり文学作品を中心に具体的な例文をみてみよう。

1.「Kausativsystem(使役体系)」における lassen の命令文
 1)不定詞の意味上の主語が1人称単数 (mich) の場合
  lassen 構文の命令形の中で最もよく使われるものの1つである。例文 (62) は mich が省略されている。明らかに不定詞の行為の実現のイニシアティブは意味上の主語 (mich) にあり、Ide の分類で言えば Zulassen (許可)にあたる。
 (60) »Aber, daß du *jetzt* kommst, und *so* kommst, pardon, das ist eine

Dummheit, mein Kind! … Ja … *laß **mich** zu Ende sprechen! — …«*

(Th. Mann: Buddenbrooks, S.380)

「しかし君はいま来て、こういう来かたをして、悪いけど、これはバカげているよ、トーニ、…いや…最後まで言わせておくれ！」

(61) Gerda, du bist noch schöner geworden, komm, *laß **mich** dich küssen.*

(Buddenbrooks, S.298)

ゲルダさらに美しくなったわね、さあ、キスさせて！

(62) Ei, ei Tonychen, Fieber? *Laß **mal** fühlen*, mein Kindchen …

(Buddenbrooks, S.337)

まあ、まあ、トーニ、熱があるの？　どれ、ちょっとさわらして、お嬢ちゃん。

2）不定詞の意味上の主語が３人称（人）の場合

(63) Marie konnte das nie verstehen, ein großer Teil ihrer katholischen Erziehung bestand …, im Rahmen des »*Laßt **sie** Fußball spielen*, damit sie nicht an Mädchen denken.«　(H. Böll: *Ansichten eines Clowns*, S.98)

マリーはそれが理解できなかった。彼女のカトリック的教育の大半は…で、「女の子のことを考えさせないために、彼らにサッカーをやらせろ」という枠の中にとどまっていた。

(64) Adieu! Gute Besserung übrigens! *Laß (den Zahnarzt) **ihn** (Zahn) ausziehen!* Immer gleich raus damit, das ist das Beste …

(Th. Mann: Buddenbrooks, S.676)

さようなら。お大事に！　(歯医者さんに) 歯を抜いてもらうことです。早く抜いてしまうことです。それが一番です。

(65) »Was legst dich (Sabine) mit der Traudl an«, sagt auch Frau Bauer. »Hast einen Verstand und eine Zukunft, da *lass **die Traudl** reden*.«

(I. Korschunow: Ein Anruf von Sebastian, S.212)

「なんでトラウドルなんかと言い合いをしたの？」バウアー夫人も言った。「あなた (ザビーネ) は頭も未来もあるのに。トラウドルには好きに言わせておきなさいよ。」

例文(63)では、女の子のことを考えさせないために、少年たちにサッカー

をさせるのはカトリック的な子供のしつけ方で、意思は文法上の主語にある。また例文 (64) では、不定詞の意味上の主語が省略されていること、またそれに続く「方向規定＋代名詞 (raus damit)」の要求表現からもその意思は文法上の主語にあることは明らかである。それに対して例文 (65) ではザビーネの口論相手トラウドルに言わせるのではなく、言わせるままにさせておくのであり、そのイニシアティブは不定詞の意味上の主語のトラウドルにある。

3）不定詞の意味上の主語が 3 人称（物・事物）の場合

(66) »Schnier«, sagte er, »*lassen Sie doch das Vergangene vergangen sein.*«

(H. Böll: *Ansichten eines Clowns*, S.92)

「シュニア、過ぎてしまったことは過ぎ去ったままにしておきなさい。」と彼は言った。

(67) »*Lasst das* meine Sorge sein«, antwortete Potilla.

(C. Funke: *Potilla und der Mützendieb*, S.113)

「それは私にまかせて」とポティラは言った。

(68) Und nun den Kopf hoch … und *die Arme* ruhig hängen *lassen* …

(Th. Mann: *Buddenbrooks*, S.485)

そして頭を上げて…で手は構わず下げて！

　例文 (66) では、事態は文法上の主語の関与のあとも継続しているので Lassen（放置）に、例文 (67)、(68) は主語の関与により事態が生じるため Zustandebringen（惹起）にあたる。例文 (75) は lassen の不定詞での命令であるが、„Lass die Arme ruhig hängen!" とほぼ同義と考えられる。

　使役体系の lassen 構文の命令形の場合、文法上の主語は 2 人称であり、不定詞の意味上の主語が 1 人称単数 (mich)、つまり話者の場合の意味は Zulassen（許可）になる。不定詞の意味上の主語が 3 人称の事・物の場合、Lassen（放置）ないし Zustandebringen（惹起）になり、3 人称の人の場合は、コンテキストにより Aufforderung（使役）か zulassen（許可）になると考えられ、命令形の場合も lassen 構文の意味は基本的には Ide の分類の中で考えられる。

２.「Passivsystem（受動体系）」における lassen の命令文

　　不定詞の意味上の主語が２人称 (dich, euch, sich)、つまり再帰的な場合

lassen + sich + 不定詞という構文は一般に受動文と類義ないし競合形式と

される。ただ、lassen + sich + 不定詞が werden 受動文と必ずしも同じでない

ことは、受動態では命令文がほとんど用いられないのに対して、lassen +

sich + 不定詞では容易に命令文がつくられることからも伺える。

　　井出 (1993), Ide (1996:67-79) で触れられているように、辞書などでは事・

物が主語の lassen + sich + 不定詞構造は、１）werden-Passiv mit können、２）

sein + zu 不定詞、３）sein + Adjektiv mit der Endung-bar/-lich (lösbar) とほぼ

同義として対照される。例えば

(69) Das Problem **lässt sich** leicht **lösen**. 「その問題は簡単に解決される。」

(70) Das Problem **kann** leicht **gelöst werden**.

　　　(= Das Problem **ist** leicht **zu lösen**. Das Problem **ist** leicht **lösbar**.)

　　しかし主語が人の場合は事情が異なる。その理由は、werden 受動文が主

語の意志を表さない、つまり出来事だけを述べ、命令文はつくられないのに

対して、人が主語の lassen + sich ＋不定詞は多くの場合、該当者、つまり主

語が事柄に意識的にかかわっていることを示すからである。(22) 文法上の例文

と実例をみてみよう。

(71) Du **lässt dich** von ihr **waschen**.　　**Lass dich** von ihr **waschen**!

　　　君は彼女に身体を洗ってもらう。　　彼女に身体を洗ってもらいなさい。

(72) Du **wirst** von ihr **gewaschen**.　　　*Werde von ihr gewaschen!

　　　君の身体が（彼女によって）洗われる。

(73) Er (Alasar) bemerkte sie erstmals an Magaura. Es begann damit, dass

　　　*sie **sich** morgens nicht mehr **von ihm** anziehen **lassen** musste*, sondern

　　　selbst in Rock und Umhang schlüpfte. … *Sie **ließ sich** auch nicht mehr*

　　　von ihm baden** und die Haare **waschen, das alles konnte sie nun selbst.

　　　　　　　　　　　　　　　　(J-M. Nuyen: *Das Drachentor*, S.88f.)

　　　アラザールは時の過ぎたことを妹のマガウラの変化で初めて気が付い

　　　た。マガウラは朝もう兄に服を着せてもらうことはなく、自分で行う

　　　ようになった。…また兄にお風呂に入れてもらったり髪を洗ってもら

　　　うこともなくなり、すべてをひとりでするようになった。

　例文 (71) は、Du veranlässt (lässt zu), dass du von ihr gewaschen wirst. (君はさせる (許す)、彼女によって君の身体が洗われることを) と解釈され、[23] 例文 (72) の werden 受動文のように身体が洗われるという出来事だけでなく、主語 (du) の出来事への関わりが示されている。例文 (73) も兄から独り立ちするマガウラの意思があり、受動文の場合と異なり、妹マガウラの、兄によって着替え、水浴び、洗髪されることへの意識 (拒否) 的な関わりが示されている。例文 (73) は werden 受動文では表現されないであろう。これは受動文が被動者の主語を好むこととも関連している。一方人が主語の lassen + sich + 不定詞構文では、この主語の意思性により動作主の主語を好む命令文が可能になると考えられる。具体例をみてみよう。

(74)　»Bitte«, sagte ich, »ich höre jedes Wort …, *laß dich* nicht dadurch *stören*, daß ich die Augen geschlossen habe.«

(H. Böll: Ansichten eines Clowns, S.153)

　　　「ええ」私は言った「一語一語聞いていますよ、僕が目を閉じたからって<u>気にしないでください (妨げられないでください)</u>。」

(75)　Fahrt Kahn! Fahrt doch mit dem schönen Schiffchen auf dem lieben See herum! rudert, *bitte laßt euch rudern!* (= **veranlass**, dass jemand euch rudert!)

(E. Mann: Stoffel fliegt übers Meer, S.10)

　　　ボートに乗ってよ！　きれいなボートですてきな湖を回ってよ！ボートを漕いでよ、<u>さあ、ボートに乗せて (ボートを漕いで) もらいなよ</u>！。

(76)　»Lassen Sie das, Doktor«, sagte ich, »*lassen Sie sich* nicht bestürzen und beneiden Sie mich nicht, …«　(H. Böll: *Ansichten eines Clowns*, S.94.)

　　　「そんなことはほっといてください、博士」と私は言った。「<u>当惑されないようにしてください</u>、また僕をうらやんだりしないでください。」

3．勧誘表現

　V 章 3 節で扱ったように、1 人称複数形には、～ en wir …! (～しましょう！、～しよう！) といった勧誘表現がある。同じ事を wollen wir ~!, lass uns ~! という形で表すことができる。[24] 特に lassen の場合は、lass uns ~ (一人の相手に), lasst uns ~ (二人以上の相手に), lassen Sie uns ~ (一人ないし二

人以上の敬称の相手に）の使い分けができる。[25]

1）不定詞の意味上の主語が1人称複数形 (uns) の場合

(77) **Lass uns** nachher zusammen spielen, ja?　　　　(C. Funke: *Potilla*, S.58)

あとで一緒に遊ぼうよ、な？

(78) Freunde, **lasst uns** einen Krombachern (trinken)!（クロムバッハビール
のコマーシャル）

友よ、クロムバッハ（ビール）を飲もうじゃないか！

(79) **Lassen Sie uns** immer das Beste hoffen!

(Th. Mann: *Buddenbrooks*, S.563)

いつも最善を期待することにしましょう。

例文 (79) は、掛かりつけの医師が、息子トーマスに母の病状が必ずしも
容易な状態ではないことを告げたあとの最後の言葉である。

2）接続法 lassen wir ～ の場合（不定詞の意味上の主語が3人称でもよい）

(80) Ich sehe nicht ein, lieber Freund, in wiefern meine Gegenwart … aber
gleichviel. Da du es wünschest, so sei es. *Lassen wir dies Vergnügen
über uns ergehen.*　　　　　　　　　　　　(*Buddenbrooks*, S.344)

わからないわ、あなた、私が一緒することがどのくらい意味があるの
か。でもともかく、あなたがお望みならそうします。この楽しみ（催し）
を甘受することにしましょう。

Lassen wir ～ の場合は Lass(t) uns ～ の場合と異なり、Lassen wir uns ihn
arbeiten!「彼を働かせることにしましょう！」のように、3人称の行為者 (ihn)
をとることができる。

その他の準話法の助動詞の命令・要求表現について

Bosmanszky(1976:198f.) は、話法の助動詞の要求表現の最後に、話法の助
動詞に準ずるものとして lassen とともに brauchen をあげている。ただし
Bosmanszky も述べているように、命令的な意味合いに用いられる brauchen
は zu 不定詞をとり、否定文においてである。[26]

(81) »Genug!« rief der Senator zornig. »Schweig! Ich will gar nichts mehr hören! *Du **brauchst nichts** herzusagen!* ...«

(Th. Mann: *Buddenbrooks*, S.511)

「もういい」と参事会員は叫んだ「黙れ！　もう聞きたくない。<u>なにも言わなくていい！</u>」

また、lassen 以外に使役の系統に属し、しかも助動詞的に用いられる動詞として helfen, lehren, lernen, machen, heißen などがある。これらも口頭では (82) „Hilf mir arbeiten!"「仕事を手伝ってくれ！」、(83) „Lerne Deutsch sprechen!"「ドイツ語を話すことを学びなさい」など不定詞と結び付いた命令形が可能である。（Ⅱ章注 (7)）

注 (Ⅵ章)

(1) 命令文と話法の助動詞による要求文には使い分けがあることが指摘されている。例えば、„Geh! — Was hast du gesagt? — Du sollst gehen!"「行きなさい！　―なんって言いました？　行きなさいって言ってるの！」のように sollen による要求文は命令文の問い返しによく用いられる (Donhauser (1986:261))。例文 (1)、(2) でも、命令文の言い直しとして sollen 文が用いられている。

(2) Ⅱ章でみたように、話法の助動詞そのものには wollen を除けば一般には命令形はない。話法の助動詞に関する研究については井口 (1985) が参考になる。ただ、話法の助動詞の基本文献とされる Bech (1949) や Welke (1965) にも、話法の助動詞の要求や依頼表現に関する記述は少ない。この点に詳しいのは Bosmanszky (1976:152-196) であろう。

(3) 『聖書』には „Du sollst Vater und Mutter ehren."(*Matthäus* 15.4)「父と母を敬いなさい」など、このような sollen 文が多くみられる。

(4) 真鍋 (1958:22f.) は、„Hör', du **mußt** mir die Dirne schaffen!"(*Faust I*, S.78)「おい、あの娘を手に入れてくれ。」というゲーテの『ファウスト』からの例文をあげ、müssen は「～してくれ」「是非たのむ」といった要求、依頼、また場合によっては「哀願」にすら用いられることに触れている。

(5) Duden (1984:99) によれば稀な場合とのこと。

(6) 板山 (1985:59) では „In Japan *muß* man links fahren"「日本では左側通行！

［左を走るように！］」といった例文があげられている。

(7) 話法の助動詞の疑問文に心態詞 mal が用いられると、その疑問文が要求や依頼の性格をもつことに関してはⅣ章参照。例としては „Kannst du **mal** das Fenster aufmachen?"「窓を開けてくれますか。」

(8) 「乳母車にこの子をのせて 30 分ほどお外を散歩してきていいわ。［森川訳（新潮社）］」のように望月訳（岩波文庫）、円子訳（中央公論社）も許可で訳しているが、最も古い邦訳である成瀬無極訳（1932 年）は「あれを半時間ばかし車に乗せて外へ散歩につれて行って呉れない、チンカ」と「依頼」に近い訳し方をしている。英語の can も許可と穏やかな命令（依頼）の意味がある。You can go.「君は行ってよい（行きなさい）」寺澤 (2008:127f.)。

(9) Flämig (1962:S.129) は「話法の助動詞による要求の接続法の書き換え」の中の wollen で、 2 人称単数 „Du wolltest das nicht versäumen!" を話者の丁重な要求として、また 3 人称単数 „Gotte wolle euch behüten!" を話者の控えめな願望としてあげているが、これらの接続法Ⅰ式の用法は稀であろう。

(10) „Ich will jetzt meinen Lohn! (=Ich will, dass du mir jetzt meinen Lohn auszahlst.)" のように dass 構文でなくても要求を表すことがある。話法の助動詞における wollen の特異性などを含め Wunderlich (1981:17f.) 参照。

なお、関口 (1964:231) は、wollen の用法の中で「副文章内において、丁寧な命令として用いる（接続法第Ⅰ式）」例をあげている。„Anbei sende ich Ihnen die verabredete Summe, die Sie gütigst Ihrem Herrn Bruder über-geben **wollen**."「約束の金額を同封してお送りします。どうかあなたの弟様にお渡しください。」

(11) 梶間 (1997:16) では „Wer von euch eine schöne Geschichte weiß, der **darf** sie erzählen."「だれか美しい物語を知っている人は語ってください。」のように、授業中に先生が生徒に自発的な発言を求める例があげられている。

(12) 千石「講義メモ」ならびに千石喬氏からの私信における指摘による。

(13) 中島 (2000) は Duden, Schulz/Griesbach, Engel などの文法書に、間接引用で話法の助動詞 müsse が用いられる記述や例文があることに触れて

いる。さらに、Wunderlich (1981:16f.) では müsse に加え以下のように
könne, dürfe もあげられている。

1．Sie sagte: Nimm die Füße vom Tisch! は以下のように再現されうる。

2．Sie sagte, er (**solle, müsse, möge**) die Füße vom Tisch nehmen.

3．Sie sagte: Nimm noch einen Apfel! は以下のように再現されうる。

4．Sie sagte, er (**könne, dürfe, solle, möge**) noch einen Apfel nehmen.

もちろん、どの話法の助動詞を使うかによりニュアンスの違いがでる。
また話法の助動詞の中で wollen だけは間接引用に用いられることがな
い。

(14) Sengoku (1997:259) その修正バージョンに関しては Shimizu (1999), 中島
(2000) を参照。以下 Sengoku (1999:259) である。

Das semantische System der deontisch-voluntativen Modalverben
(Kurusiv: japanische Entsprechungen)

	Quelle der veranlassend-erzwingenden Kraft		
	Subjekt (Agens)	Sprecher	Nicht-Subjekt（主語以外）
	voluntativ（意志）		kausal（因果）
aktiv （積極的）	WOLLEN MÖGEN [1] *tai (tagaru)* (gewillt)	MÖGEN [2] *tehosii* (überredet)	SOLLEN *bekida* (aufgefordert)	MÜSSEN *nebanaranai* (notwendig)
passiv （消極的）	?	MÖGEN [3] *temoyoi* (eingeräumt)	DÜRFEN *temokamawanai* (erlaubt)	KÖNNEN *[a]reru* (möglich)

(15) Eguchi (1997) によれば、新聞テキストの lassen 使用では、助動詞とし
ての lassen に対して、本動詞として lassen が使用される頻度は低い
(13%)。しかし命令形に限れば、その頻度は高くなると思われる。例え
ば『ブデンブローク家の人々』や『道化師の告白』では、lassen の命令
形のうち 35% が本動詞であった。藤縄 (2002) のような偏りのないコー
パスを用いても、命令形に関しては近い数字が出るのではないだろうか。

(16) 本動詞としての lassen と助動詞としての lassen の用法を分けて記述し

てある『独和大辞典』(小学館) 1990 年、『新アクセス独和辞典』(三修社)
2010 年を参考にしている。

(17)　このような mit の用法に関してはⅦ章 5 節を参照。

(18)　Ide (1996:47) より。ただし 2 つとも人間でも [＋INT] でない場合もある。

(19)　命令文の間接化には話法の助動詞が用いられるが、準話法の助動詞
　　　lassen の命令形の間接化もやはり話法の助動詞 sollen (sollest は接続法
　　　Ⅰ式) によって書き換えられることになる。

　　　　　Sie sagte: „Lass ihn reden!"　「彼女は、彼に話させろと言った。」
　　　　　Sie sagte, du sollest ihn reden lassen.

　　　ただし体験話法などではそのまま取り込まれることもある。体験話法に
　　　おける、その 2 つのタイプ例については、鈴木 (2005:76f., 150f. [例文
　　　157]) 参照。

(20)　Lassen (放置) も lassen 構文の主語と不定詞の事態の間に「使役的な
　　　(kausal)」関連があると捉えられるため、使役体系に含められる。Ide
　　　(1996:52f.) 参照。

(21)　Nedjalkov (1976:204ff.) は、lassen 構文の命令形を 4 つに分けている。
　　　　　1．不定詞の意味上の主語が 1・3 人称の場合
　　　　　Lass mich/ihn arbeiten!
　　　　　2．勧誘法　　　　Lasst uns arbeiten!
　　　　　3．不定詞型　　　(Alle) arbeiten lassen!
　　　　　4．3 人称の行為者 (Agens) をもつ勧誘法　Lassen wir ihn arbeiten!
　　　さらに 223 ページ以下で受動体系の lassen 構文の命令形をあげている。
　　　例えば
　　　　　5．Er weiß ihre Wohnung; **laß dich von ihm führen**. (S.225)
　　　　　「彼は彼女の住まいを知っている、彼に案内してもらいなさい。」
　　　分類の仕方は異なるが、命令・要求表現のパターンは同じである。
　　　Nedjalkov (1976:204-230) には文学作品から様々な lassen 構文の命令形
　　　があげられているが、コンテキストなしの例文のため、ややわかりにく
　　　い例文があるように思われる。

(22)　井出は「Willentlichkeit (意思性)」という言い方をしている。Rottluff
　　　(1982:337f.), 井出 (1993:147f.), Ide (1996:73f.), Ide (1998:282) 参照。関口
　　　(1964:241) では lassen ＋ sich ＋ 不定詞は「意志的受動行為」と書かれて

いる。

(23)　„Das Kind läßt sich (von ihr) waschen.“「その子供は身体を（彼女に）洗っ
　　　てもらう」は Helbig/ Buscha (1981:156) によれば、„Das Kind veranlässt
　　　[od. lässt zu], dass es (das Kind) gewaschen wird.“「その子供は、させる［許
　　　す］、自分が身体を洗われることを。」と解釈される。この文の sich の
　　　特異な振る舞い（lassen 構文は、２つの節が１つの文をなす２重構造
　　　[$_{S1}$ Er$_i$ lässt [$_{S2}$ sie ihn$_i$/*sich$_i$ waschen]] で、再帰代名詞 sich は同じ節内 (S2)
　　　の名詞との同一指示になることから、本来なら他節 (S1) の das Kind を
　　　指さないはず）に関しては黒田 (1998) を参照。

(24)　この３つの勧誘法の歴史的な使用に関してはⅤ章３節参照。また
　　　Nedjalkov (1976:206f, 214, 222, 228) にはこのタイプの例文が多くあげら
　　　れている。

(25)　英語の let-construction と比較した Davies (1986:247) 参照。

(26)　Schönherr (2011:90) では古高ドイツ語の ni tharf (nicht brauchen) が、
　　　Wunderlich (1981) では nicht brauchen が話法の助動詞の１つとして扱わ
　　　れている。

［コラム６.］フィンランド語の命令文
―ドイツ語になぜ代用形が必要か？

　稲垣美晴著『フィンランド語は猫の言葉』は楽しい留学記です。なぜ猫の言葉かと言えば、フィンランド語では相槌が「ニーン（ニャー？）、ニーン、ニーン」と聞こえるからです。私もフィンランド語を少し齧ってみましたが、変化が複雑で（例えば格は主格、属格、対格、内格、入格…と 10 以上あり）挫折しました。

　さて、ドイツの命令文の研究には、ドイツ語と英語、フランス語、イタリア語、スペイン語はもとより、ポルトガル語、ロシア語、ポーランド語、ギリシャ語、スロヴァキア語などとの比較研究がありますが、中でも興味深いのが Winkler (1989), Heinold (2012, 2015) などのフィンランド語との対照研究です。それは、ウラル語族に属すフィンランド語の命令形が、インド・ヨーロッパ語族のドイツ語や英語とパラダイムが大きく異なるからです。フィンランド語には直説法、条件法、可能法、命令法の４つの法があり、命令形は以下の表のように６つの形態（１人称複数、２人称単数と複数、３人称単数と複数、不定名詞（受動形とも））があります。（表は Heinold (2015:147) より）

　laula 歌え　IMP＝命令形　Sg.＝単数　Pl.＝複数　Indef＝非人称

1人称単数	—
2人称単数	laula-ø (sing-IMP)
3人称単数	laula-koo-n (sing-IMP-3.Sg.)
1人称複数	laua-kaa-mme (sing-IMP-1.Pl.)
2人称複数	laula-kaa (sing-IMP-2.Pl.)
3人称複数	laula-koo-t (sing-IMP-3.Pl.)
非人称 (man)	aule-tta-koo-n (sing-Indef-IMP-3.Sg.)

　１人称単数に命令形がないこと、２人称単数の無語尾であることはドイツ語をはじめとする多くのヨーロッパの言語と共通ですが、ドイツ語では命令形が２人称しかないのに、フィンランド語は１人

称複数形や３人称単数と複数に明確な命令形の形態があるのは大きな相違点です。ただ、ドイツ語などのゲルマン語もゴート語では３人称単数と複数の命令形がありました、逆にフィンランド語はもともと歴史的には命令形は２人称に還元され、ゲルマン語とは逆に後になって３人称の命令形は生じたようです。２人称しか命令形がないドイツ語では様々な代用形式が必要になります。すべての人称に命令形があるフィンランド語は、代用形はドイツ語ほど多様ではないようですが、第３不定詞 + 入格形 (die 3. Infinitive + Illativ) のような興味深い形式があるようです。

Hyvät rouvat, nyt tanssimaan ekstaasissa!
Also liebe Damen, jetzt bitte in Extase tanzen!

ご婦人方、さあ、恍惚と踊りましょう！　　　　　　　　(Heinold (2012:52))

ゲーテとシラー像（ワイマール）

Ⅶ章　命令文の代用形 Ⅱ

7.1. 直説法による要求文

7.1.1. 直説法現在形による要求文

　命令・要求表現は命令文や前章でみた話法の助動詞だけでなく直説法、不定詞、過去分詞などでも表される。ここではまず直説法現在形、未来形、疑問要求文、非人称受動文、dass 節の独立文によるものをみてみよう。

　直説法現在形による要求文は、Bosmanszky (1976:207), 桜井 (1986:256) によれば実現を確信する要求を表す。以下のブデンブロークの例も実現を強く望む（例文(1)）、あるいは息子への要求で実現が当然と想定されているもの（例文(2)）であると言える。

(1) Das **tust** du *nicht*, Papa!　　　　　　　(Th. Mann: *Buddenbrooks*, S.219)

　　そんなことなさらないで、パパ。

(2) Du **stellst dich**, wenn ich bitten darf, vor diese Tür … und **gibst acht**, daß niemand, hörst du? absolut niemand uns stört.

　　　　　　　　　　　　　　　　　　　　　　　(*Buddenbrooks*, S.661)

　　お願いがあるんだが、このドアの前に立っていてくれ、そしてだれも、いいかいだれもだよ、私たちの邪魔をしないように気を付けていてくれ。

　主語は du の場合が多いが、3 人称の場合もある。さらにいくつか例をみてみよう。

(3) Gleich **kommst** du zu mir!　　　　　(E. Kästner: *Pünktchen*, S.132)

　　すぐこっちに来なさい！

(4) Alle Schüler **begeben sich** auf schnellstem Weg nach Hause.

　　　　　　　　　　　　　　　　　(G. Pausewang: *Die Wolke*, S.13)

　　すべての生徒はただちに家に帰りなさい。

⑸ Man **nimmt** nur ein Stück Kuchen, wenn man eingeladen ist, und man
 fragt, ob man helfen kann. (J. Richter: *Hechtsommer*, S.24)
 招待されたときにはケーキを食べるのは一切れだけにすること、なに
 か手伝えるか尋ねること。

7.1.2. 直説法未来形による要求文

　上位の者が下位の者に使う未来形は多くの場合要求を表す (Liedtke
(1998:34))。シラーの『ヴィルヘルム・テル』で代官ゲスラーがテルに林檎
を自分の子どもの頭の上においてそれを射るように命じるのもこの形である
（例文⑹）。次の例文も兄トーマスの弟クリスチャンへの強い意志表示であ
る。一方命令の鋭さを避けるため、あるいは命令の語調を和らげるために
(関口 (1964:247)) werden が用いられることがあり、例文⑻はこちらである。

⑹ Du **wirst** den Apfel **schießen** von dem Kopf des Knaben.

(Schiller: *Wilhelm Tell*, S.73)

　おまえが息子の頭の上の林檎を射るのだ！

⑺ Nun, du **wirst** das Alles *nicht* **tun**! (Th. Mann: *Buddenbrooks*, S.581)

　いいか、そんなことは一切やらせないぞ。

⑻ … du **wirst** von deinem Vater nicht **glauben**, daß er damals leichtfertig
 und unüberlegt, dein Glück aufs Spiel gesetzt hat!

(*Buddenbrooks*, S.216)

　おまえの父親が、あのとき軽率に、よく考えもせずにおまえの幸福を
　犠牲にしたなどと思わないでおくれ。

上記以外の例もみてみよう。

⑼ Cora … Du **wirst** mir nun in allem die Wahrheit **sagen**.

(A. Schnitzler: *Anatol*, S.13)

　コーラ、おまえは私に今からどんなことでも本当のことを言うのだ。

⑽ Du **wirst dich** genau daran **erinnern**, Schokolade wie kleine Igel.

(F. Dürrenmatt: *Das Versprechen*, S.127)

　よく思い出すんだ、小さなハリネズミのようなチョコレートのことを。

7.1.3.　疑問要求文

　疑問要求文 (Frageaufforderung) とは、Bosmanszky (1976:233ff.) によれば、言葉ではなく、行為で要求の実現に答えなければならない疑問文で、助動詞 werden あるいは sollen 以外の話法の助動詞＋不定詞で形成され、werden の場合は荒っぽい要求、話法の助動詞の場合は丁重な依頼となるものとのことであるが、後者に関してはすでにⅥ章の例文 (22)、(27) などでも取り上げたが、必ずしも丁重とは限らないように思われる。英語の "Can (Will) you pass me the salt?"「塩を回してくれる？」と同じ表現と言える。

(11) **Wirst** du sofort zu mir **kommen**?

　　　すぐ私のところに来てくれるだろうか。

(12) **Werden** Sie sofort ruhig **sein**? Sie haben nicht zu reden, wenn Sie nicht gefragt sind! Verstanden? 　　　　　　　　(Bosmanszky (1976:234))

　　　ただちに静かにするように！ 質問されていないときには話さないように。いいですか。

(13) **Können** Sie auf die Kleine **achten**? 　　　　　(P. Härtling: *Jette*, S.77)

　　　この子のことを心配してもらえますか。

(14) **Willst** du dich nicht näher **erklären**? 　　　(A. Schnitzler: *Anatol*, S.16)

　　　もっと詳しく説明してくれませんか。

7.1.4.　非人称受動文による要求文

　非人称受動文によっても命令や要求が表されることがある。特に、掲示や政府当局による指示などでもこの形式が用いられることが多い。例をみてみよう。

(15) Jetzt **wird geschlafen**! 　（母親がなかなか寝ようとしない子供に）

　　　さあ、もう寝なさい！

(16) Vor Taschendieben **wird gewarnt**. 　（駅やデパートなどの掲示）

　　　スリに用心してください！

(17) In meinem Bus **wird** sich nicht **geprügelt**!

　　　　　　　　　　　　　　　　　(J. Richter: *Hechtsommer*, S.87)

　　　このバスの中で喧嘩は許されません。

7.1.5. 独立した dass 構文による要求・願望文

　副文がその形をそのまま保ちながら、主文に従属せず、あるいは従属すべき主文を暗黙裡のうちに前提して、独立に用いられることがある。Altmann (1987:39f.) で述べられているように、⑴このような従属接続詞 dass による独立動詞後置文には３つのタイプがある。

　1．要求文：**Dass** du mir (ja) nicht spät heimkommst!
　　　　　　　帰宅が遅くならないように！
　2．願望文：Oh **dass** ich doch ein Königssohn wär!
　　　　　　　ああ、（私が）王子であったらなぁ！
　3．感嘆文：**Dass** du aber auch so schönes Beine hast!
　　　　　　　あなたはなんて美しい足をしているの！

　Ich hoffe（私は望む）あるいは Ich wünsche（私は願う）という主文が省略されていると考えられ、dass 文が平叙文になることはない。また願望文の場合接続法が使用されることが多い。ここでは１．の要求文と２．の願望文の場合をみてみよう。

(18) **Dass** Sie mich also **ja** nicht verachten!　　(Lessing: *Emilia Galotti*, S.69)
　　　では私を軽蔑なさらないように！

(19) **Daß** du **mir** ja keinen Unsinn machst!　　　　　(Lohnstein (2000:114))
　　　バカげたことをしないように。

(20) Und **daß** du morgen nach Göttingen abkutschirst, hörst du wohl?
　　　　　　　　　　　　　　　　　　　　　　　　　(*Buddenbrooks*, S.151)
　　　あすはさっさとゲッティンゲン行きの馬車に乗るんだ、わかったな。

(21) O **dass** ihr (Lotte und Albert) glücklich **wäret** durch meinen Tod!
　　　　　　　　　　　　　　　　　　　　　　　　(Goethe: *Werther*, S.150)
　　　私の死により、ロッテとアルベルトが幸せになるように！

　Bosmanszky (1976:227f.) は、この文としての不完全さのうちに強い要求的な性格があるとしている。また、Altmann の例文や例文 (18)、(19) にもあるように、要求文の場合関心の与格 mir や強調の心態詞 ja が付くことが多い。（Ⅳ章参照）

7.2. 一般動詞による要求文

命令、要求、願い、禁止などを表す動詞 (befehlen, auffordern, bitten, verlangen, verbieten) などによっても命令、要求を表すことができる。受動文の場合も同様に要求を表す。

(22) Ich **fordere** Sie **auf**, die Entscheidung zu revidieren.
決定を変更してください。

(23) Die Bevölkerung **wird** zur sofortigen Räumung folgender Ortschaften **aufgefordert**. (G. Pausewang: *Die Wolke*, S.28f.)
次の地区の方々はただちに避難してください。

(24) Man **bittet** nichts zu berühren. 「手を触れないでください！」

(25) aber ich **verbiete** es dir, die Firma in einer Weise zu kompromittieren, wie du es gestern Abend getan hast! (Th. Mann: *Buddenbrooks*, S.319)
昨夜のように商会にまで迷惑をかけるようなことを言うのはやめてもらいたい。

例文 (23) は、小説『みえない雲』の一節で、原子力発電所で爆発事故があり、放射能汚染が危惧され、ラジオで災害本部から住民に発せられた言葉である。

命令文をこのような動詞で書き換えることができるが (例文 (26b))、その母文 (Matrixsatz) の否定が、元の命令文の否定と同じでないことが指摘されている。

(26a) **Schneide** dir die Haare! 「髪を切りなさい！」

(26b) Ich **befehle** dir, dir die Haare zu schneiden.

(27a) **Schneide** dir **nicht** die Haare! 「髪を切るな！」

(27b) Ich **befehle** dir **nicht**, dir die Haare zu schneiden.
「髪を切れとは命じていない。」

例文 (26a) と例文 (26b) はほぼ同じ意味であるが、例文 (27a) と (27b) は同じではない。前者は否定の命令文であるが、後者は要求ではなく断言 (Feststellung) でしかない。Wunderlich (1976:129f.), 吉田 (1987:28), Kleinknecht (2007:18) 参照。

7.3. 不定詞による要求表現
（話法の不定詞 sein, haben + zu 不定詞も含む）

　次に不定詞の場合をみてみよう。ドイツでの日常生活で目にしたり、聞いたりする以下の表現から、不定詞が命令や要求の表現として用いられていることがわかる。[2]

掲示など

(28) Nicht hinauslehnen!　（電車内で）窓から身を乗り出さないこと。

(29) Nicht rauchen!　禁煙。

(30) Rechts (Langsam) fahren!　右側通行（徐行）せよ。

(31) Fußgänger drücken!　　歩行者はボタンを押してください。

(32) Ab 20 Uhr bitte vorn beim Fahrer einsteigen und Fahrausweise vorzeigen.　（バスで）20時以後は前の運転手の所から乗車し、乗車券を呈示してください。

操作マニュアル

(33) Maschicnennummer wählen　　機械の番号を選ぶ、

　　　Entsprechenden Betrag einwerfen　金額を投入する、

　　　Aufleuchtenden Knopf drücken　光っているボタンを押す、

　　　Maschine starten　　機械をスタートさせる。

アナウンス

(34) Zurückbleiben, bitte!　　（電車が来るので）お下がりください。（ホームのアナウンス）

(35) Alle aussteigen, bitte!　皆さま下車願います。（電車内のアナウンス）

日常会話

(36) Maul halten!　黙れ！

(37) Leise reden!　静かに話してください。

(38) Einpacken, bitte!　包装してください。

軍隊など

　(39) Hinlegen!　　　伏せ！

　(40) Vortreten!　　　前に出ろ！

　(41) Wegtreten!　　　解散！（すべて Remarque: *Im Westen nichts Neues* より）

レシピなど[3]

　(42) Suppe Gewürze zugeben!　スープに薬味を入れる。

　(43) Dünn schälen!　　　　　薄く皮をむく。

　(44) Aber nicht waschen, … alles Blut mitnehmen.

　　　　　　　　　　　　　　　　　　(Th. Mann: *Buddenbrooks*, S.29)

　　（鯉）を洗ってはいけません、血もみんな入れるんです。

　このように独立して用いられる不定詞には、1．文の省略形式、2．文の特性をもつもの（Satzhaftigkeit）という2つの見方がある。前者に関しては、例えば Behaghel (1924a:363) は「節約の結果（Ergebnis einer Ersparung）」と記し、Dal (1966:107) は「話法の助動詞などが省略された表現」とし、やはり Erben (1980:117) も (Du sollst) aufstehen! (Ihr sollt) wegtreten! のように助動詞の省略と考える。福元・嶋﨑 (2012:22) は動詞の概念だけを述べる「省略的用法のひとつ」としている。

　それに対して、独立して用いられる不定詞を文の性質をもつものと捉えるのが Weuster (1983) や Fries (1983) である。ここでは Fries を簡単にみてみよう。Fries は、不定詞は固有の動詞文タイプ（Verbalsatztyp）をつくっているとし、これに「不定詞文（infiniter Hauptsatz）」という名称を与えた。Fries (1983:10f.) は、このような不定詞文の特殊な文法的特性とともに不定詞文が省略文（Ellipse）ではないことを示そうとした。不定詞文にまず3つのタイプが示される。要求表現で問題になるのは1と2タイプである。

　　　1格補足語（NPn）をもたない zu なし不定詞

Ⅰ Typ :　　　　Vei　　Noch heute einsenden!　「今日中に発送すること！」

　　　1格補足語（NPn）をもつ zu なし不定詞

Ⅱ Typ : NPn + Vei　　Radfahrer rechtshalten!　「サイクリストは右側通行！」

　　　　　　　　　　　Alle aufstehen!　「みんな起きるように！」

Ⅲ Typ：NPn ＋ (und) Vei　　Ich und im Lotto gewinnen.「私ならロットで勝つ」
　　　（Ⅱタイプでは NPn に ich, du という人称代名詞は取れない、Ⅲタイプ
　　　では NPn に alle, keiner はとれない）Zhang (1990:127f.) 参照。

　Fries (1983:21ff.) から、不定詞文の文法的な特性を命令文との対比のうち
に示してみよう。

1．ヴァレンツの相違
　（45a）Selber machen!　自分でやりなよ！
　（45b）Mach **dies** selber! (Du sollst **dies** selber machen!)
　命令文や話法の助動詞の場合、一般的に目的語 (dies) が必要になる。

2．再帰代名詞
　（46a）Setzen!　　　　　Hinsetzen!　「座れ！」　*Dich hinsetzen!
　（46b）Setze **dich**!　　Lege **dich** hin!
　不定詞文では多くの場合再帰代名詞を落とすことができる、ないし落とさ
なければならない。命令文では dich が必要。

3．規定詞（冠詞）などの省略
　（47a）Kopf einziehen!　「頭を引っ込めろ！」
　（47b）Zieh **den** Kopf ein!
　（47c）Du sollst **den** Kopf einziehen.
　不定詞では冠詞が省略されるが、命令文や話法の助動詞の場合一般に冠詞
が必要。

4．関心の与格
　（48a）??**Mir** ein lieber Jung sein!
　（48b）Sei **mir** ein lieber Junge!　「愛すべき少年であって！」
　関心の3格は不定詞文では許されない。［Ⅳ章4節参照］

5．イディオム表現

（49a）??Zum Teufel gehen!

（49b）Geh zum Teufel!　「とっとと失せろ！」

イディオム表現は不定詞では許されないことがある。

6．不定詞は条件的命令文をつくれない　Fries (1983:105)

（50a）??Nach Köln kommen und du siehst den stinkigsten Fluß Europas!

（50b）Komm nach Köln und du siehst den stinkigsten Fluß Europas!

　　ケルンに来ればヨーロッパで最も悪臭のする川をみれる。

　上記からも不定詞文が単なる省略文ではなく、命令文とも異なる文法的な特性があることがわかる。また、次節で扱う過去分詞による要求表現とは、以下のような類似点（1.～3.）と相違点（4.～5.）が指摘される (Fries (1983:52f.))。

1．イディオム表現の不可　*Zum Teufel gegangen!

2．冠詞などの省略　Rucksack abgelegt!「リュックサックをとりなさい！」

3．再帰代名詞の省略　*sich (dich) hingesetzt!「座れ！」

4．Leise gewesen! Mut gehabt!　・命令ではない。

　　Leise sein! (Sei leise!) Mut haben! (Hab Mut!)「勇気をもて！」→命令

5．nicht が使えない場合あり

　　*Nicht aufgestanden! → Sitzengeblieben!「座っていろ」

　ドイツ語の命令文とその機能的類義形（不定詞と過去分詞による要求表現）をフィンランド語と比較した Heinold (2012:33) は、命令・要求表現に言語により2つのタイプがあることに触れている。

1．命令形の形態的なパラディグマが不備で（例えば2人称だけ）、欠けた形態を様々な種類の機能的な類義形（話法の助動詞その他）で代用する。→ ドイツ語

2．完全な命令形の形態的なパラディグマ（すべての人称）にもかかわらず、他の形態で追加的に命令を表すことができる。→ フィンランド語

　ドイツ語の場合、その代用形（不定詞と過去分詞）に関する Heinold の結

論は以下のように要約できるであろう。不定詞も過去分詞も、意味的にみれ
ば、機能的にはプロトタイプの命令形と類似の現象、つまりともに要求・命
令（Aufforderung/Befehl）を表す。その際に過去分詞は要求だけである。不
定詞は依頼、脅し、禁止、とりわけ助言や忠告を表すことができる。これは
過去分詞がいつも具体的な状況で、ある行為の実現が問題で、一人あるいは
幾人か、その瞬間にそこにいる人に話しかけられるのに対して、不定詞は具
体的な状況の特定の人物だけでなく、一般的な状況での具体的な人物でも（助
言・忠告）、一般的に妥当性のある場所とも結び付きうるからである。不定
詞と過去分詞は時制のない形態で、人称も表示されない、しかし多くの場合
２人称、あるいは一人ないし数人の「そこにいる相手」に話しかけるために
適した形態である。

　ここで重要な指摘は、不定詞の場合文法カテゴリーの人称（Person）と数
（Nummer）がないため、先にあげた Nicht Rauchen!「禁煙」、Links halten!「左
側通行」のように特定の人というより、Maul halten!「黙れ！」などを除け
ば一般的な指示としてのみとられがちなことである。しかし実際にはその場
にいる聞き手に向けられた要求である場合も多い。いくつか例をみてみよう。

(51) Anna … So! nicht **weinen**!　　　　　　(Th. Mann: *Buddenbrooks*, S.166)
　　　アンナ、いいね、泣かないで。

(52) Nur still auf dem Rücken **liegen**, … schon gut, Hannochen, aber erst
　　　mal **ausschlafen**.　　　　　　　　　　　　(*Buddenbrooks*, S.547)
　　　ハノー静かに上向きに寝ていて…もう大丈夫、ハノー、さあその前に
　　　ぐっすりと眠りなさい。

(53) Ruhig …. nicht **reden** …. **Schlafen** …. Nicht bös **sein**!
　　　　　　　　　　　　　　　　　　(A. Schnitzler: *Anatol*, S.12, 20)
　　　静かに…しゃべらない…眠って。怒らないで！

(54) Und dann ab ins Badezimmer und Zähneputzen nicht **vergessen**!
　　　　　　　　　　　　　　　　　　(J. Richter: *Hechtsommer*, S.119)
　　　それからバスルームに行って、歯を磨くのを忘れないで。

(55) Frau Schrott, regen Sie sich nicht auf, schön ruhig **bleiben**.
　　　　　　　　　　　　　　　　　　(F. Dürrenmatt: *Das Versprechen*, S.145)
　　　シュロット夫人、そんなに興奮しないで、おとなしくしてください。

(56) Ja, meine Ehre. Smith, **anfangen**! Leute **hereinlassen**!

(B. Brecht: *Die Dreigroschenoper*, S.92)

そうさ、俺の名誉さ、スミス、始めるぞ。連中を中に入れろ！

(57) Nicht gleich **vorziehen**, sondern zunächst **ausweichen**!

(S. Zweig: *Schachnovelle*, S.17)

今すぐには攻めないで、まずは守るのです。（チェスの話）

このように、会話などでは特定の人物への要求となっている。『ブデンブローク家の人々』の中ではこの表現は、すべて親しい者（兄弟、親子、恋人）に対してのみ用いられている。これは不定詞による命令や要求がやや無礼あるいは権威的な面があるからであろう (Weuster (1983:69))。日本語でも「泣かない！」「もっと勉強する！」といった表現は一般に親しい者に向けられることが多い。また最後の例はチェスの助言であるが、日本語でも将棋で、外野からの指し手への助言は「金をとる」など不定詞的なものになることがある。

さらに、話法の不定詞 sein + zu 不定詞や haben + zu 不定詞も要求を表す。sein + zu 不定詞は、交通手段や劇場内での指示や使用説明書などに用いられ、haben + zu 不定詞は、道徳的な義務や必要な命令がなされなければならないときなどに使用されることが多い。例えば

sein + zu 不定詞

(58) Mäntel **sind** an der Garderobe ab**zu**geben.

マントはクロークに預けてください。

(59) Den Anweisungen des Schaffners **ist** Folge **zu** leisten!

車掌の指示に従ってください。

(60) Ein Aufrauhen der Oberfläche des Heizelementes **ist zu** vermeiden.

(Bartschat (1982:97))

発熱体の表面をけば立たせないようにしてください。

haben + zu 不定詞

(61) Du **hast** gefälligst **zu** schweigen!　((59)、(61) Donhauser (1986:259))

どうか黙ってください。

(62) Spätestens um neun **hast** du im Bett **zu** liegen, Jette.

(P. Härtling: *Jette*, S.24f.)

おそくとも９時にはベッドに入っていなさい、イェッテ。

(63) Ich bin älter als du, und du **hast** dich gegen mich anständig **zu** benehmen.

(Bosmanszky (1976:142))

僕は君より年上だ。君は僕にもっと礼儀正しく振る舞うべきだ。

7.4. 過去分詞による要求表現

ドイツ語の過去分詞 (Partizip Perfekt) には以下のような用法がある。

1. 助動詞 (sein, haben, werden) と現在完了などの完了時称や受動文を形成する。
   (Gestern habe ich ein Buch **gekauft**. ［きのう私は本を１冊買った。］)

2. 付加語的用法 (das **geliebte** Kind ［愛される (た) 子］)、名詞的用法 (ein **Gefangener** ［一人の捕虜］)。

3. 副詞的用法 (Da lag er **ermüdet**. ［彼は疲れ果ててそこに横たわっていた。］)

4. 述語的用法 (Angeln ist **verboten**. ［釣りは禁止］)

5. 接続詞的用法 (**vorausgesetzt**, dass … . ［…を前提として］)

6. 分詞構文 (In Freiburg **angekommen**, besuchte er sofort seinen Freund. フライブルクに着いてから、彼はすぐ友人を訪ねた。)

　このようなドイツ語の過去分詞の用法は、英語やフランス語にもみられるが、ドイツ語の過去分詞の用法の中で、オランダ語ではみられるものの、英語やフランス語では用いられない用法がある。Aufgepasst!「気をつけろ！」という過去分詞による要求表現である。例えばトーマス・マンの『ブデンブローク家の人々』には、以下のように３箇所に過去分詞による要求表現が現れる。

(64) Halt, **hiergeblieben**! Sie vergeben sich nichts, Buddenbrook!

(*Buddenbrooks*, S.189)

まて、ここにいなさい。体面をいささかも傷つけないように、ブデンブローク！

(65) Also **eingestiegen** denn nun, ihr Lieben! (S.344)

それではみなさんお乗りになってください。

(66) Frisch und schlagfertig **hergesagt**! (S.511)

元気よく、はっきりと答えるんだ。

例文 (64) のオランダ語訳、英語訳、フランス語訳を比較すると以下のようになる。

(64a) Halt, hier**geblieben**! (S.189)［ドイツ語・過去分詞］

(64b) Halt, hier **blijven**! (S.151)　［オランダ語訳・不定詞］

(64c) Wait, **stay** here! (S.187)　　　［英語訳・動詞 (stay) による命令形］

(64d) Arrêtez, **restez** ici. (S.200)［フランス語訳・動詞 (rester) による命令形］

ドイツ語の過去分詞 (hiergeblieben) による要求表現が、オランダ語では不定詞で訳されているが、英語やフランス語では動詞による一般的な命令文で訳されている。例文 (65)、(66) も簡単にみてみよう。

	ドイツ語（過去分詞）	オランダ語訳	英語訳	フランス語訳
(65)	eingestiegen（乗りなさい）—	**ingestapt** —	let us climb —	montez
(66)	hergesagt（言いなさい）　—	opzeggen	speak up —	récite-moi

ここでもオランダ語の ingestapt 以外に過去分詞は用いられておらず、英語やフランス語では過去分詞による要求表現が使われないことがわかる。このようなドイツ語における過去分詞の用法はすでに中高ドイツ語にもみられ、ルター以後頻繁に用いられるようになったと言われる。(Schötensack (1856:575), Behaghel (1924:426f.))

さて、Donhauser (1984) によれば、19 世紀以来この過去分詞の用法を記述したドイツ語の文法書には、この種の過去分詞構文に対する 2 つの解明モデルがある。[4] それらはこの構文を、不定の動詞形態から普通の構文的な機能（過去分詞の用法 1.）に戻そうとするもので、その 1 つは Behaghel (1924:427), Becker (1870:4), Heyse (1972:776) そして多少の留保付きではあるが Schiepek (1899:113) によるもので、この構文の基礎として「非人称の受動文」を見るものである。例えば

(67a) Jetzt/Es wird aufgepaßt! ＞ (67b) Aufgepaßt!「気をつけろ！」

もう1つは Ribbeck (1820:64), Bauer (1830:36), Schötensack (1856:575), Grimm (1898:95) そして Erben (1980:117) に代表されるもので、この構文が sein ないし haben をともなった現在完了の命令文に由来するとするものである。筆者の知る限り、日本の文法書で過去分詞による要求表現の由来に触れているのは高木実『標準ドイツ語』郁文堂 1993 年 254 ページと橋本文夫『詳解ドイツ大文法』三修社 1978 年 245 〜 246 ページだけであるが、ともに現在完了の命令文から説明している。

(68a) Seid weggetreten! ＞ (68b) Weggetreten! 「さがれ！」

(69a) Habt aufgepaßt! ＞ (69b) Aufgepaßt! 「気をつけろ！」

基礎構造としての非人称受動文の仮説に対する理由づけが、その代表者たちによってなされているわけではないが、上記の例文に関しては、非人称受動文のほうが、現在完了の命令文より、母語話者の直観に相応しているようである。Schiepek も同じ意見であるが、この言語現象の根源をただこれだけで決めることはできないとしている。また Behaghel (1924:427) は、中高ドイツ語におけるこの構造の出発点を

(70) wafen sī geschriet; ああ、嘆き叫ばれてあれ。

のように、接続法の要求話法からの si (sei) の省略にみているが、共時的には非人称受動文（[es wird] dageblieben.「じっとしていろ！」）からの派生を主張している。ただこのような受動文からの見方も、多価の動詞 (mehrwertige Verben) や補足語により拡張された分詞が問題になるときには、現代語の使用では説明できなくなる。例えば他動詞では対格目的語は受動文では主格になり、(71c) は非文となる。

(71a) Er zäumt den Rappen. 彼はその黒馬に馬勒をつける。

(71b) Der Rappe wird gezäumt. その黒馬に馬勒がつけられる。

(71c) *Der Rappe gezäumt!

(71c) の代わりに、過去分詞による要求表現は以下のような対格目的語を要求する。

(71d) Den Rappen gezäumt! その黒馬に馬勒をつけよ！

それゆえ Ribbeck, Schötensack, Grimm はその由来を、対格目的語をとる現在完了形の命令文から説明しようとする。なるほどこれにより対格目的語

の問題は解決されるが、この見方、つまりこの過去分詞の要求表現は、完了の命令形から完了助動詞（例えば habt）が省略されたものであるという見解も問題がないわけではない。以下この見解の２つの問題点をみてみよう。

　１．命令文はこれから行われる行為を表す。命令文の動詞は時制的には中立で、現在完了の形が用いられることはない。ただ文学作品など限られた、古い用法でのみ稀に用いられることがあるだけである。すでにみたゲーテ『ファウスト』の一部をみてみよう。

（72）ゲーテ『ファウスト』

Habt Euch vorher wohl **präpariert**,　あらかじめよく準備しておいて、

Paragraphos wohl **einstudiert**,　　　　一節一節を覚えてしまっておけ。

　　（Goethe: *Faust I*, S.57）

この場合「よく準備し、覚えてしまっておけ」というように、未来完了的な表現である。事実、未来完了の命令文は可能である（1.4.4. 参照）。しかし現在完了の命令文は現在ほとんど用いられることはない。それを現在もしばしば用いられる過去分詞の要求表現の出発点にしてよいのかという疑念である。

　２．Donhauser はさらに以下の点を指摘している。完了の命令文と過去分詞の要求表現の意味が必ずしも等価ではないという問題である。例えば

（73）Habe dich nur nicht verschrieben!

　　　書き損じてしまっていないように！＝書き損じがありませんでしたように！

（74）Nur nicht verschrieben!　書き損じるな！

　例文（73）では、書くことがすでに発話時に完了していて、書き損じがなかったことを願っている。例文（74）では、書くことがまだ始まっていない、あるいは書いている最中で、書き損じは話者の知る限りまだ生じていず、ただそのことを心配しているだけである。

　それゆえ、過去分詞による要求表現を受動文や現在完了の命令文の短縮されたヴァリエーションと安易に捉えることはできない、そうではなくまったく独自に要求を表現する動詞の形態として考えなければならないのかもしれない。

　以上 Donhauser (1984) に基づきながら、過去分詞による要求表現に関して考察した。現代ドイツ語に用いられる過去分詞による要求表現が、非人称の受動文からも、現在完了の命令文からも導き出されるものではない固有のものであるとしたら、この問題をどのように考えたらいいのであろうか。わが国はもとより、ドイツにおける文法書の「過去分詞の要求表現」に関する記述は、命令形の代用形（Ersatzform）の１つとして Aufgepasst!「気をつけろ！」、Aufgestanden!「起きろ！」といった例があげられているだけか、多少詳しい文法書でも、文学作品からの１例があげられ、その由来を非人称の受動文ないし現在完了の命令文から説明するものだけである。確かにGrimm や Behaghel には実例は多くあげられているが、実例に関する説明は少ない。ドイツ語の命令・要求表現に関する博士論文である Bosmanszky (1976:143f.) においても事情は同じであるが、この要求表現は、行為がすで完了されたものとみなされ、その遂行が疑う余地のないもの、という指摘は重要である。Donhauser (1984) は、筆者が知る限り過去分詞による要求表現に関する最初の論文であるが、すでに見た２つの解明モデルとその問題点に言及するとともに、文法的な例文や文学作品から４つの実例をあげ、この用法の２つの特性、１）人称と数がない、２）今すぐ従い遂行されるべき要求（unmittelbar zu befolgende Aufforderung）［以下、今すぐの要求］に言及している。ただ例文に関しては、過去分詞が含まれる一文のみがあげられるだけで、その過去分詞がコンテキストの中でどのような意味をもっているのかは考察されていない。福元・嶋﨑 (2012:142f.) は Donhauser (1984) に基づきながら、興味深い記述がみられるが、やはり文法的な例文だけで、実例やそのコンテキストの中での意味は考察されていない。

　さて、このようにコンテキストを重視する理由の１つは、文法書や論文などでみられる過去分詞による要求表現、例えば Aufgestanden!「起きろ！」、Vorgesehen!「注意しろ！」、Nur nicht verschrieben!「書き損じるな！」などを、インフォーマントとしてのドイツ語母語話者に提示すると、単独では不完全な文と感じられたり、文としての成立はコンテキスト次第と言われることが多いためである。[5]そこでここではルターの 16 世紀の例文から現代までの数世紀にわたる過去分詞による要求表現の例文をあげ、それらの過去分詞のコンテキストの中での意味を考え、この形式の共時的な意味やこの構造の歴

史的な出発点の一端を考察してみたい。

(75) ルター『小教理問答書』1529 年（インターネットより引用）

Der Abendsegen … Willst du, so magst du dies Gebetlein dazu sprechen:
… *Und alsdann flugs und fröhlich **geschlafen**.*

　　　　　　　(M. Luther: *Der kleine Katechismus*, Grimm (1898:95))

夕べの祈り、もしあなたが望むのなら、さらに次の祈りを唱えるがいい。…そして、その後、ただちに、心安らかに眠りなさい。

(76) グリンメルスハウゼン『阿呆物語』1669 年

… du darfst nur das linke Bein aufheben, … darneben heimlich sagen: Je pète, je pète, je pète, und *mithin so stark **gedruckt**, als du kannst,* …

　　　　　　(Grimmelshausen: *Simplicissimus*, S.103, Behaghel (1924:427))

（君は）左足を上げて、口の中で三遍ジュ・ペートという呪文を唱え、うんと息むんだよ。（望月市恵訳（上）137 ページ）

(77) レッシング『ミンナ・フォン・バルンヘルム』1767 年 (6)

Franziska.　Herr Wirt, wo haben Sie diesen Ring her?
Der Wirt.　Nun, mein Kind?　Sie hat doch wohl kein Recht daran? …
Franziska.　*Erst **geantwortet**:* von wem haben Sie ihn?

　　　　　　　　　　　　　(Lessing: *Minna von Barnhelm*, S.30)

フランツィスカ. ご主人、この指輪をどこから手に入れたのです？
亭主.　　　　え、なんです？　そこのご令嬢には指輪の詮議をする権利はないでしょう。…
フランツィスカ. まずお答えなさい。だれから手に入れたのですか？

(78) シラー『ドン・カルロス』1778 年

Prinzessin.　Carlos, Sie spielen falsch. Gestehen Sie, Sie wollen in dieser Schlangenwindung mir entgehen. ***Hiehergesehen**, Heuchler! Aug in Auge!*　　　　　　　　　(Schiller: *Don Carlos*, S.58)

公女. カルロス様。そのお手には乗りませぬ。いい加減な事を仰しゃって、のらりくらりとお逃げなされても、駄目でございまする。わたし

の眼をしっかりとごらん遊ばしませ。（佐藤通次訳 78 ～ 79 ページ）

(79) クライスト『ハイルブロンの少女ケートヒェン』1808 年

Ein Nachtwächter. Feuer! Feuer! Feuer! *Erwacht ihr Männer von Thurneck, ihr Weiber und Kinder des Fleckens erwacht!*

      (Kleist: *Das Käthchen von Heilbronn*, S.67)

夜警. 火事だ、火事だ、火事だ！ <u>トゥルネックの男ども起きろ！ 村の女も子供も起きろ！</u>

(80) ハウプトマン『織工』1892 年

Polizeiverwalter. Wo denken Sie hin!! Meine Verantwortung! … *Vorwärts, Kutsche! nich lange gefackelt!* ［原文ママ］

      (G. Hauptmann: *Die Weber*, S.50, (Donhauser (1984:368))

警察署長. 何を仰しゃる！ こりゃ、わしの責任ですぞ！ …<u>さあ、クッチェ！、早くしろ。</u>（久保栄訳 86 ページ）

(81) ボンゼルス『蜜蜂マーヤの冒険』1912 年

„Das bitte ich mir aus", sagte die Spinne. „*Also! Aufgepasst! Stillgehalten!* Es ist wirklich schade um mein Netz."

      (W. Bonsels: *Die Biene Maja und ihre Abenteuer*, S.98)

「どうかそう願いたいね」と蜘蛛は（マーヤに）言った。<u>「いいかい、気を付けて、じっとしているんだ。</u>ほんとうに私の網がもったいない。」

(82) ブレヒト『ゼチュアンの善人』1940 年

Sie sind gerettet! Solche wie Sie haben Glück, sie finden immr einen Dummen. *Jetzt aber zugegriffen!*

      (B. Brecht: *Der gute Mensch von Sezuan*, S.97)

救われたね。あなたみたいな人は運がいいのよ。いつもバカな男を見つけるからね。<u>さあ、（小切手を）取りなよ！</u>

 上記のように、ルターから現代までの例文を具体的に考察してみると、この過去分詞の用法は、よく言われるような不特定多数への命令であるという

定式が必ずしも正しくないことが明らかになる。不定詞や過去分詞による要求表現の特徴は「人称」と「数」という文法カテゴリーの欠如のため、Brinkmann に代表されるように不特定の集団命令（Aufforderung an eine Gruppe）に取られがちである。⁽⁷⁾ところが上記の例のようにコンテキストの中でみれば、過去分詞の要求表現は、ほとんど特定の聞き手たる２人称単数に向けられたやや権威的な要求であることがわかる (Aikhenvald (2012:283))。また「数」に関しても、例文 (65)、(79) や以下の例文 (83) など、コンテキストから見れば複数に向けられた要求であることがわかる。つまりコンテキストで「数」はわかる。

(83) シラー『ヴァレンシュタイン』

Kameraden, … Ins Feld, *in die Freiheit* **gezogen**.

(Schiller: *Wallenstein I*, S.43)

兵隊の諸君、…戦場へ、<u>自由へ飛び込め</u>！

また「人称」に関しても興味深い例がある。例えば

(84) ハウフ『隊商（キャラバン）』1826 年

Richtig! dreimal gen Osten geneigt und *mutabor* gesagt, so bin ich wieder Kalif und du Wesir. *Aber nur ums Himmels willen nicht* **gelacht**, sonst sind wir verloren!　　　　　(W. Hauff: *Die Karawane*, S.19)

そう、３回東に向かってお辞儀し、「ムタボル」といえば、私はカリフ、おまえは大臣に戻る。<u>ただお互い絶対笑ってはダメだ</u>、笑ったらおしまいだ。

(85) トーマス・マン『ブデンブローク家の人々』1901 年

»Sieben, acht, neun«, zählte Tony, »***aufgestanden!***« Und damit sprang sie aus dem Bette und stieß die Fensterläden auf.

(Th. Mann: *Buddenbrooks*, S.123)

「7つ、8つ、9つ」トーニは数えた、「<u>さあ、起きた！</u>」そしてその言葉とともにトーニはベッドから飛び降りて、窓のよろい戸をおし開けた。

例文 (84) では過去分詞の要求表現が１人称複数形の勧誘表現「絶対笑わ

ないようにしよう！」に近い形で使われている。つまりカリフたる自分を含めた相手への要求である。トーマス・マンの例はすでに最初に３例をあげたが、それらはすべて２人称の聞き手に対する要求であった。ところが例文(85)の場合は、２人称の聞き手ではなく「朝だ、さあ起きよう！」といった自分自身への鼓舞といった意味で使われている。いずれにせよ、自分自身を含め、特定の人に向けられた要求である。

　文法書などのように Aufgepasst!「気をつけろ！」、Weggetreten!「さがって！」の例文だけでは不特定多数への要求のように一見取られがちであるが、実際はコンテキストの中で用いられ、単数であれ、複数であれ特定の相手への要求表現であることが多い。このことは „Aufgestanden, Peter!"「起きて、ペーター！」のように呼格と結び付きうることからも伺える (Olmen/Heinnold (2017:26)。これはこの用法のもう１つの特性とも結び付いている。単に文法的な例文だけでなく、実例としてあげた例文のほとんどが「今すぐの要求」である。この点は Donhauser (1984:372) でも次のように説明されている。この表現が、今すぐの要求表現であるという点は Los!, Vorwärts!, Schnell! という表現や jetzt, sofort といった時の副詞と結び付いて用いられる点からも伺える（例文 (80)、(82) 参照)。そのため一般的な指示は過去分詞で表されることは少なく、これは以下の例文のように不定詞による要求の得意とする分野である。[8]

　　(86a)　Vor Gebrauch schütteln!　「使用前に振ってください！」

　　(86b)　? Vor Gebrauch geschüttelt!　　　　　　　　(Donhauser (1984:372))

　この点からも過去分詞による要求表現が、単独で用いられるだけでなく、コンテキストの中でも用いられる用法であることが伺われるし、ドイツ語母語話者が不定詞による命令、要求表現の場合とは異なり、過去分詞による要求表現が単独では不完全な文と感じたり、コンテキストが必要と述べる所以ではないだろうか？

　しかしなぜ過去分詞なのか？　Donhauser (1984) も、この構造の歴史的な出発点の問いや、なぜドイツ語やオランダ語にあり、英語やフランス語にはないのかの問いを立てながらも、これらの問いに明確には答えていない。過去分詞による要求表現の源泉として様々な構成が仮定されるが、その１つの可能性として以下のものをあげているだけである。しかしこれではこの表現

の特性である「今すぐの要求」を充分に説明できないのではないだろうか。

　(87a) Kommt hereinspaziert!

　(87b) Hereinspaziert!　　　　　　　　　　　　　　(Donhauser (1984:372))

　この表現の特性である、2人称性、コンテキスト性、今すぐの要求といった点を考えると、この表現の過去分詞はどのような意味をもつのだろうか？すでにみたように、2人称という聞き手に用いられている場合が多く、話し手は、その要求が聞き手によって実行されることに疑念を抱くことはなく、しかもその要求が即座に満たされることを念頭においた要求である。それはこの表現が、要求のすぐの実行を要求するあまり、表現は遂行の完了に移ってしまったかのようである。例えば、日本語に「帰った、帰った」、「急いだ、急いだ」という命令表現や「食べた、食べた」という勧誘表現がある。この日本語の「た」が過去か完了であるかはともかく、ドイツ語の過去分詞による要求表現と同様「今すぐの要求」である点など類似性が感じられる。さらに以下の getrunken! という過去分詞の表現が「飲んだ、飲んだ」という勧誘のかたちになるのも日本語の場合と似ている。

　(88) wohlauf, noch **getrunken** den funkelnden Wein (Kerner)

　　　さあ、これから、きらきら光るブドウ酒を飲んだ、飲んだ。

　上記の例は Dal (1966:120) からの引用であるが、Dal は　―そこに詳しい記述がある訳ではないが―　要求を表す過去分詞は多分ドイツ語が起源であろうと述べている。[9] このような日本語は、要求したり、勧誘したりする内容がすでに実行されてしまった表現になっているとも考えられる。そこで思い出されるのが関口存男『冠詞』第2巻「不定冠詞篇」の以下の文章である。

　西洋語はとかく遂行相動作を「完了」即ち「終了」の過程によって表現する癖があるから、たとえば「止せ！」、「やめろ！」ということを英で Have done!、「行ってしまえ！」を Be gone! ……と云い、……独でも「どうぞ御勘弁下さいませ！」を O habt mich entschuldigt! (Goethe: *Reineke Fuchs* 2) などと云う。命じたり、頼んだりするときには、遂行の一時も速からんことを望んで焦慮するの余り、遂行よりはむしろ遂行の終了へと表現が移ってしまうのである。けれども表現形式の如何にかかわらず、達意眼目は「遂行そのもの」であって、他はすべて遂行の「勢」その他微妙な色彩の問題にすぎな

い。(131 ページ)

　これは極めて稀である現在完了の命令文がなぜ生じうるかを説明している
とも言える。つまり、要求が早急に実現されることを望むあまり、要求の遂
行そのものよりも、行為の遂行終了ないし完了へと表現が移ってしまったと
いうものである。過去分詞による要求表現の成立も、不定詞ではなく、過去
分詞の使用にこのような心理的な動機が働いていると言えないだろうか？

まとめ

　過去分詞による要求表現は文法書などでは今まで単独の例文でのみ考察さ
れてきた。そのためこの表現は、単独で用いられ、不特定の個人やグループ
に対する命令・要求と考えられることが多かった。しかし使われている実例
で調べると、単独だけではなく、コンテキストと有機的に結び付き、自分自
身を他者とする場合や自分自身も含めた勧誘的な場合とともに、多くは特定
の 2 人称に向けられた要求である。Aufgepasst!「気をつけろ！」といった単
独の例文のみを、コンテキストなしで扱っているとこの表現の本質を見過ご
すことになる。この表現の特色である「今すぐの要求」も特定の 2 人称と結
び付いているからこそのことではないだろうか？　そして推量の域を出ない
が、この表現に過去分詞が用いられる理由は、— Grimm、関口の考えを援
用すれば—　この特定の相手への今すぐの要求では、要求がすぐ実現される
ことを望むあまり、表現が遂行そのもの (Pass auf!) より、遂行の完了
(Aufgepasst!) に移ってしまったのではないだろうか。またドイツ語やオラン
ダ語ではこのような表現が用いられ、英語やフランス語では用いられないの
は、ドイツ語とオランダ語が完了形や受動文で動詞が後置されることと関連
があるかもしれない。このような点はより多くの実例とともにさらなる考察
が必要である。

7.5．方向規定と mit +（代）名詞による要求表現

　レッシングの戯曲『エミーリア・ガロッティ』の5幕7場、最後に近い場面である。

(89) EMILIA. Es ist wahr, mit einer Haarnadel soll ich — (*Sie fährt mit der Hand nach dem Haare, eine zu suchen, und bekommt die Rose zu fassen.*) Du noch hier? — **Herunter mit dir!** Du gehörest nicht in das Haar einer, — wie mein Vater will, dass ich werden soll!

(Lessing: Emilia Galotti, S.86)

　エミーリア．なるほど、わたしにできるのは髪留めのピンで ―（片手で髪を探り、ピンを探すが、薔薇の花に触れ、髪から抜く）おお、おまえはまだここに？　―<u>散ってしまうがいい</u>！　おまえは ―お父さまがお望みの、これからわたしがそうなるような女の髪には、おまえはふさわしくないのだよ！

（田邊玲子訳 151 ページ）

　君主が、婚礼を控えた清純な少女エミーリア・ガロッティに一目惚れし、権力を使い彼女を奪い取る。その間婚約者は殺され、その君主の手から逃れられないと悟り、死によって純潔を守ろうと、父親に自分を短剣で刺すよう懇願する。ためらった父親も、「娘を恥辱から救うため、刃物で娘の心臓をつき、娘に2度目の生を与える、そんな父親はもういないのか」と娘に言われ、思わずエミーリアを突き刺してしまう。エミーリアは「薔薇の花が1つ手折られました。嵐が花を散らす前に」と言い息を引き取る。森鷗外が『折薔薇』としてこの戯曲を翻訳した理由もここにある。

　上記はその直前の場面で、自殺するための短剣を父に取り上げられてしまい、短剣のかわりに髪留ピンを探し、その際髪にさしてあった薔薇に触れる。この薔薇は婚約者との出会いの際に身につけていたもので、二人の愛の象徴とも言える。その薔薇に「散ってしまえ」と命ずる文 Herunter mit dir! は「方向規定と mit +代名詞」による強い口調の要求表現である。薔薇がエミーリア自身であるとすれば、この要求表現は戯曲『エミーリア・ガロッティ』を象徴する文であるとも言える。ここではこのような要求表現に焦点をあててみたい。[10]

ドイツ語では Her! といえば「こちらに来い」、Herein! といえば「お入り」、Weg! といえば「去れ、離れろ」といったように方向規定の副詞ないし副詞句だけで命令や要求が可能である。そこで以下の例をみてみよう。

(90) WIRT. **Hinaus!** Er ist sternhagelvoll, dann schwatzt er immer so. **Hinaus!** sag ich. Ich geb dir keinen Tropfen mehr.

(M. Frisch: Andorra, S.19)

亭主. <u>出ていきな</u>、へべれけに酔っ払うとあいつはいつもそう言う。<u>出ていきな</u>と言ってるんだ。おまえなんかにもう一滴もやらないぞ。

(91) Dann warf er (der Meister) den Krug an die Wand und schrie: »Geht jetzt! **Hinaus mit euch**, alle hinaus da! Ich will allein sein — allein — allein!«

(O. Preußler: Krabat, S.283f.)

それから親方はジョッキを壁に投げて叫んだ。「さあ行け！ <u>おまえたち出て行け</u>！ みんな出て行け！ 俺はひとりになりたい、ひとりに、ひとりに。」

例文 (90) の Hinaus は方向規定の副詞による命令表現「出ていきな」である。例文 (91) は同じ Hinaus でも、あとに mit euch がついている。意味は「おまえたち出て行け」で mit は「〜と一緒に」という意味ではなく、「出て行け」という命令行為の主体 (主語) を表している。つまり ihr (おまえたちは) という主語が mit euch という形で現れていることになる。関口 (2000b:27f.) によれば、Hinaus! (出て行け) は、それだけで文が完成していて、それ以上文法形式として主語を要求しない。だから Ihr hinaus! も Hinaus ihr! も言えない。Hinaus! という運動が ihr なる主体を「伴い」つつ行われるのだ、ということを mit euch で表していることになる。[11] 同じような例をみてみよう。

(92) SHUI TA. Ich kann Ihnen versichern, Herr Polizist, daß ich Sie kaum hereingebeten hätte, wenn ich einen Diebstahl hätte decken wollen.

DER POLIZIST. Das ist klar. Sie werden also auch verstehen, Herr

Shui Ta, daß es meine Pflicht ist, diese Leute abzuführen.
(Shui Ta *verbeugt sich*.) **Vorwärts mit euch!**

(B. Brecht: Der gute Mensch von Sezuan, S.37f.)

シュイタ. 断言いたしますが、巡査さん、泥棒をかくまうつもりなら
あなたを中には入れなかったでしょう。

巡査. 確かに。ではこいつらを連行するのが私の義務であるこ
ともご理解いただけますね、シュイタさん。（シュイタ会
釈する。）<u>おまえたち前え。</u>

(93) »Wir mußten Dich doch suchen«, sagten die Gehilfen, »da Du nicht
herunter zu uns in die Wirtsstube kamst, wir suchten Dich dann bei
Barnabas und fanden Dich endlich hier, …« »Ich brauche Euch bei Tag,
nicht in der Nacht«, sagte K. »**fort mit Euch!**«

(Kafka: Das Schloß, S.56)

「あなたを探さなければならなかったのですよ。」と助手たちが言っ
た。「居酒屋の私たちのところに降りて来なかったので、そこでバル
ナバスのところに行って、そしてやっとここであなたを見つけまし
た。…」「おまえたちに用があるのは昼間だけで、夜ではない」とK
は言った。「<u>おまえたちさっさと行ってしまえ。</u>」

(94) »Was denn?« Giorgio blickte offen in das Froschgesicht. »Das wirst du
noch sehen. Und jetzt **hinein mit dir**, sonst fliegst du kopfüber!«

(L. Tetzner: Die schwarzen Brüder, S.184)

「どうするっていうんだ？」ジョルジョはアンセルモのカエル顔を見
すえた。「いまにわかるさ、さあ、<u>中に入れ</u>、さもないと蹴飛ばされ
てまっさかさまに吹っ飛ぶことになるぞ。」

例文(92)、(93)では mit の後の euch が、例文(94)では dir がそれぞれ
vorwärts（前へ）、fort（行け）、hinein（入れ）という命令行為の主体になって
いる。Es ist aus **mit ihm**.「彼はおしまいだ」、Was ist **mit dir**?「君はどうした
の」といった非人称構文で、文法上の主語 es に対して、意味上の主語は mit
で表されるのと類似している。また、上記の例から、この形が多くの場合礼

を欠いた、やや乱暴な要求表現であることがわかる。

またEr nimmt es ernst **mit seiner Aufgabe**. (= Er nimmt **seine Aufgabe** ernst. 「彼は自分の課題をまじめに取っている。」) といった文では、mit は対格目的語を表している (関口 2000b:19ff.)。このことは上記の要求表現でも言える。例えば Nieder mit den Waffen「武器を捨てよ」、Heraus mit der Sprache「ことばを出せ＝話せ」などである。ここでは mit のあとの den Waffen や der Sprache は命令行為の目的語になっている。例文をみてみよう。

(95) Prinzessin. ... Sie brauchen Ruhe, lieber Karl — Ihr Blut
　　　　　　　Ist jetzt in Aufruhr, — setzen Sie sich zu mir —
　　　　　　　Weg mit den schwarzen Fieberphantasien!
　　　　　　　　　　　　　　　　　　　(Schiller: *Don Carlos*, S.57)
　　王女. カールあなたは休息が必要です。あなたの血はいま湧き立っています。私のところにお掛けなさい。熱病やみの不吉な妄想を払いのけてしまいなさい。

(96) Und nun kam der letzte der grauen Herren auf Momo zu. In seinem
　　　Mundwinkel qualmte noch ein winziger Stummel. »**Her mit der Blume!**«,
　　　keuchte er, dabei fiel ihm der winzige Stummel aus dem Mund und rollte
　　　fort. 　　　　　　　　　　　　　　　　　　(M. Ende: *Momo*, S.264)
　　　そして最後の灰色の男がモモに近づいた。その口元にはまだわずかな燃えさしがくすぶっていた。「花をよこすんだ！」男があえぐようにそう言ったとき、そのわずかな葉巻は口から落ち、ころがった。

(97) Der Kommissar, der mit dem Tisch zu Boden gestürzt war, keuchte auch
　　　schon heran. »Bindet dem Kerl die Hände!«, schrie er. »Rasch, und dann
　　　auf die Wache mit ihm.« 　　　(L. Tetzner: *Die schwarzen Brüder*, S.432)
　　　机とともに床にたおれた警部があえぎながらそこに走り寄った。「手を縛れ、すぐにそいつを交番に連れて行け。」と彼は叫んだ。

例文 (95) では mit の後の den schwarzen Fieberphantasien が、例文 (96) で

は der Blume、例文 (97) では ihm がそれぞれ weg, her, auf die Wache の目的
語になっている。また、mit + 人称代名詞は必ず人を表すが、既知の物や事
柄を表す場合には damit が用いられる。その例をみてみよう。

(98) Krabat wollte sie (Mühlknappen) aufmuntern, holte im Wald ein paar
Tannenzweige und schmückte den Tisch damit. Als die Burschen zum
Essen kamen, wurden sie zornig. »Was soll das?« rief Staschko. »**Fort
mit dem Plunder, weg damit!**«　　　　　(O. Preußler: *Krabat*, S.104)
クラバートは水車小屋の職人たちを元気付けようと、森で樅の枝を数
本とってきて、テーブルをそれで飾った。ところが職人たちが食事に
来ると、彼らは怒り出した。「これはなんなんだ。」とシュタシュコー
が叫んだ。「こんながらくた片づけろ、こんなもの捨ててしまえ。」

(99) »Lassen Sie von Augustinus ab … Sie nehmen mir diesen Rat nicht
übel?«　»Nein«, sagte ich, »ich gehe auf der Stelle hin und schmeiß
meinen Augustinus ins Feuer.«　»Recht so«, sagte er fast jubelnd, »**ins
Feuer damit.**«　　　　　(H. Böll: *Ansichten eines Clowns*, S.71)
「アウグスティヌスのものは捨てなさい。…私の忠告を悪くとられな
いでしょうね。」「ええ」私は言った。「ただちに私のアウグスティヌ
スを火の中に放り込みます。」「そう」と彼はほとんど歓呼して言った。
「それを火にくべてしまいなさい。」

(100) … »und ich wäre ebenfalls bei meiner Arbeit, wenn deine Mutter und
ich nicht in einer ernsthaften Angelegenheit mit unserem Töchterchen zu
sprechen hätten.« … »iß nur zuvor, mein Kind«, sagte die Konsulin, und
als Tony trotzdem ihr Messer niederlegte und rief: »Nur gleich **heraus
damit**, bitte Papa!« …　　　　　(Th. Mann: *Buddenbrooks*, S.101f.)
「私も今頃は仕事についているはずだよ、もしおまえのお母さんと私
があるまじめな問題でおまえと話しがあるのでなければね。」「さあ食
べてしまいなさい」とコンスル夫人が言った、それでもトーニはナイ
フを置いて言った。「早く話して、お願い、パパ。」

例文(98)は、最初は具体的な名詞（Plunder［がらくた］）でそのまま使われているが、それが二度目に用いられるときには damit になっていることがよくわかる。例文(99)はアウグスティヌス（の本）を受けている。例文(100)は前の例のような具体的なものではなく、父親が話しがあるといった、その事柄を受けている。

さらに mit が前に出て、方向規定の副詞が後にくることもある。

(101) Der Bediente. Graf Wetter vom Strahl, und die Gräfin seine Mutter!

Kunigunde. (*wirft alles aus der Hand*). Rasch! **Mit den Sachen weg.**

(Kleist: *Das Käthchen von Heilbronn*, S.48)

召使. シュトラール・フォン・ベター伯爵とお母様のおい出です。

クニグンデ. （すべてを放り出して）早く、<u>これらのものを片づけて</u>。

(102) Das Fräulein. Oh, mein Rechthaber, so hätten Sie sich auch gar nicht unglücklich nennen sollen. — Ganz geschwiegen oder **ganz mit der Sprache heraus.**

(Lessing: *Minna von Barnhelm*, S.38, 関口 (2000a:163))

令嬢. ああ、強情なお方、それなら自分のことを不幸だなんて言うべきではなかったでしょうに。まったく黙ったままでいるか、<u>さもなければなにもかもすべて言ってしまいなさい</u>。

方向規定と mit + (代)名詞による要求表現をみてきたが、Schluß damit!（もういいかんげによせ。）のように、必ずしも方向規定を伴わない mit を使った要求表現を少しみてみよう。(関口 (2018:225f.) 参照)

(103) ORSINA. … Kommen Sie mir, und verleiten Sie mich noch einmal zu so einem Frevel!

MARINELLI. (*vor sich*). Das geht weit! — Aber gnädige Gräfin —

ORSINA. **Still mit dem Aber!** (Lessing: *Emilia Galotti*, S.62)

オルシーナ. …さあやってみなさい。わたしをもう一度こんな冒瀆に駆り立ててみなさい！

マリネッリ．（独白）これは行き過ぎだ！　—しかし伯爵夫人どの—
オルシーナ．<u>いい加減その「しかし」はおやめ！</u>

（田邊玲子訳　108 ページ）

（104）Adam.　Zu seiner Zeit, Ihr wißts, schwieg auch der große

　　　　　　　　Demosthenes. Folgt hierin seinem Muster.

　　　　　　　　Und bin ich König nicht von Mazedonien,

　　　　　　　　Kann ich auf meine Art doch dankbar sein.

　　　　Licht.　**Geht mir mit Eurem Argwohn**, sag ich Euch.

(Kleist: *Der zerbrochne Krug*, S.10)

アーダム．沈黙すべき時にはな、君も承知の通り、あの偉大な雄弁家
　　　　　デモステネスでもちゃんと沈黙を守った。君もこの例にな
　　　　　らってくれ。そうすれば、たとえわしがマケドニアのアレ
　　　　　クサンダー大王じゃないにしても、わし相応には必ず君に
　　　　　酬いるから。

リヒト．　<u>そんな邪推はよしてください</u>と言ってるんです。

（手塚富雄訳　14 ページ）

（105）Ilona.　O dieser Hohn! … Dieser Betrug!

　　　　Max.　Es ist nicht das eine, nicht das andere — es ist eben das Leben!

　　　　Ilona.　Schweigen Sie — Sie — **mit Ihren Phrasen**.

(A. Schnitzler: *Anatol*, S.87)

イローナ．ああこんなに嘲られ、こんなに騙され。

マックス．嘲られたわけでも、騙されたわけでもない。これが人生な
　　　　　んだ。

イローナ．よしてください　—　あなた　—　<u>そんな文句はやめてく</u>
　　　　　<u>ださい</u>。

　例文（103）は (Sei) still mit dem Aber! で、形容詞 still（無言の、言葉にだ
さない）と結び付いた要求表現、例文（104）は geht mir（やめてくれ）といっ
た間投詞化した動詞と結び付いた要求表現、例文（105）は geht mir などが省
略された形で、相手の言葉に反発して用いられ「〜はよしてくれ」「〜には
閉口だよ」「〜もへったくれもあるか」といった、いわゆる「反発の mit」の

用法である。この場合 mit **Ihrem …** のように所有形容詞が用いられること
が多い。(12)

　このような要求表現は英語においてもみられる。ドイツ文の翻訳からその
点を見てみよう。今まであげた例文を手元に英訳があるもので調べると、プ
ロイスラー（例文 91）Hinaus mit euch → go away、ブレヒト（例文 92）
Vorwärts mit euch → out、カフカ（例文 93）fort mit Euch → clear out、エンデ
（例文 96）Her mit der Blume → give it here など別の命令表現で訳されている。
一方、ベル（例文 99）ins Feuer damit → into the fire with him、トーマス・マ
ン（例文 100）heraus damit → out with it などは同じ形の要求表現になってい
る。有田 (1997:7) は、英語にも類似の語法があることに触れ、with で導入さ
れる（代）名詞は目的語に相当するとして、Away with him「あいつを連れて
いけ」、Down with the door「そのドアをこわせ」など（代）名詞が目的語にあ
たる例文のみをあげている。今まであげた例文も mit のあとが主語のものは
別の表現になっていて、目的語のものだけが同じ用法になっていた。(13) しか
し英文の場合も主語の場合と目的語の場合の両方があることをやはりドイツ
文の別の翻訳例からみてみよう。

(106a) Thomas ergriff cinc Büchse. … Es blitzte, es knallte. Der Adler fiel
　　　 von der Stange herunter — und Thomas war Schützenkönig! … Sie
　　　 stürmten den Festplatz und hoben den glücklichen Schützen hoch. „**Auf**
　　　 den Ochsen mit ihm! Auf den Ochsen!"

　　　　　　　　　　　　　　　　　　　　(O. Preußler: *Die kleine Hexe*, S.66f.)

(106b) Thomas picked up a rifle. … There was a flash and a bang. The eagle
　　　 toppled off the post. Thomas war champion shot! … They stormed the
　　　 shooting ground and raised the happy marksman on their shoulders. "**Up**
　　　 on the ox with him! Up on the ox!" 　　　(translated by Anthea Bell, S.89)
　　　 トーマスは銃をとった。…パッと光り、ぱんと銃声が鳴った。鷲が竿
　　　 から落ちた。トーマスが射撃王になった。…みんなが射撃場になだれ
　　　 こみ、幸運な射手を胴上げした。「この子を牛に乗せよう。牛に乗せ
　　　 よう。」

(107a) Was es mit dem Feuerhund auf sich hat, weiß ich nun; und insgleichen mit all den Auswurf — und Umsturz-Teufeln, von denen sich nicht nur alte Weibchen fürchten. „**Heraus mit dir**, Feuerhund, aus deiner Tief!“ rief ich, „und bekenne, wie tief diese Tief ist!“

(F. Nietzsche: *Also Sprach Zarathustra*, S.123)

(107b) Now I know all about the fire-dog; and also about all the revolutionary and subversive devils which not only old women fear. "**Up with you**, fire-dog, up from your depth!" I cried, "and confess how deep that depth is!" (*Thus spoke Zarathustra*, translated by R. J. Hollingdale, p.153)

火の犬がどういうものか私にはわかった。また同時に、あの爆発と転覆の悪魔たちのこともわかった。この悪魔たちを恐れているのは老女だけではない。「出て来い、火の犬よ、おまえの深みから。そしてその深みがどのくらいの深さか言え」と私は叫んだ。

　例文(106)では ihm（トーマス）が Auf den Ochsen の目的語に、例文(107)では dir（火の犬）は Heraus の主語になっている。

　最後にこのような要求表現は様々なテキストに用いられることをみてみよう。例文(108)はリヒャルト・ワーグナーの楽劇『ニーベルンゲンの指輪』の「ジークフリート」、例文(109)はシュニツラーの戯曲『アナトール』、(110)はインゲ・ショルの『白バラ』、例文(111)は「フランクフルター・アルゲマイネ紙」のマンガ Strizz の1コマから。上司がドア越しにいるのがわかり、急にまじめに働いているような発言をする場面で、例文(112)同様、日常会話でも頻繁に用いられることがわかる。(14) なお『アナトール』は今までの例文と同じような戯曲であるが、1ページあまりにこのような表現が7つ用いられている場面の一部である。

(108) Siegfried. Feine Finten

　　　　　　　weiß mir der Faule;

　　　　　　　daß er ein Stümper

　　　　　　　sollt’ er gestehn:

　　　　　　　nun lügt er sich listig heraus. —

　　　　　　　Her mit den Stücken!

　　　　　　　Fort mit dem Stümper! (R. Wagner: *Siegfried*, S.42f.)

ジークフリート．怠け鍛冶屋は上手に人を騙す、自分は能無しと言っ
て、狡猾に言い逃れをする。

<u>刀のかけらをこっちへよこせ！</u>

<u>へっぽこ鍛冶はあっちへ行け！</u>

(109) Anatol. Frage das nicht. Sie hat in meinen Armen gelegen, das genügt.

Max.　　**Also fort mit der Mathilde.** …

Max.　　Wer war die? Ein gewichtiges Päckchen!

Anatol. Lauter acht Seiten lange Lügen! **Weg damit.**

Max.　　Und impertinent war sie auch?

Anatol. Als ich ihr drauf kam. **Weg mit ihr.**

Max.　　**Weg mit der impertinenten Lügnerin.**

(A. Schnitzler: Anatol, S.31f.)

アナトール．それは聞かないでくれ。彼女は僕の腕に抱かれたんだ。
それで充分だ。

マックス．　<u>ではそのマティルデはおいといて</u>…

マックス．　これはだれだった。重い包みだね。

アナトール．8ページもの嘘のかたまりだけさ。<u>それもよそう。</u>

マックス．　彼女も鼻持ちならなかったの。

アナトール．僕が彼女のことを思い至ったとき。<u>彼女はよそう。</u>

マックス．　<u>鼻持ちならない嘘つき女もやめにするか。</u>

(110) Neben mir saßen zwei Parteigenossen im Abteil, die sich flüsternd über
die jüngsten Ereignisse in München unterhielten. »Freiheit« war in großen
Buchstaben an die Universität geschrieben worden, »**Nieder mit Hitler**«
auf die Straßen, Flugblätter waren gefallen, …

(I. Scholl: Die Weiße Rose, S.11)

車室の中で、私の隣には2人のナチの党員が座っていて、ひそひそと
最近ミュンヘンで起きた出来事を話していた。「自由」と大きな字で
大学の壁に書かれ、通りでは<u>「ヒトラーを倒せ」</u>というスローガンが
書かれた、また抵抗のビラも撒かれ…

（111）Mag mein Chef ruhig in den Urlaub fahren, ich halte
　　　 die Stellung! Buchungen! Berichte! Angebote! Ordnen!
　　　 Prüfen! Erstellen! **Her mit den Ordnern!** Nimmer müde
　　　 klappert meine Tastatur!!!

　　　　　　　　　　　　（*Frankfurter Allgemeine Zeitung*, 7. August 2007, S.38）
　　　 社長には気兼ねなく休暇をとってもらいたい。会社は私が守る。予
　　　 約！ 報告！ 提供！ 整理！ 吟味！ 作成！ <u>ファイルをよこせ！</u> 私の
　　　 キーボードは倦むことなく打ち続ける。

（112）Husch! Fort! **Zurück mit Ihnen!**　　　　（Th. Mann: *Tonio Kröger*, S.21）
　　　 さあ！ どいた！ <u>さがりなさい！</u>

7.6. 対格名詞と方向規定による要求表現など

　方向を表す副詞だけでも要求表現になることがあるが（Vorwärts!「前へ進
め」、Herein!「入りなさい」、Hierher!「こちらに来い」、Raus!「出て行け」、
Fort (weiter)!「先へ行け」など）、対格名詞とこのような方向規定で要求表現
がなされる。例えば Hut ab!「帽子をとれ」、Auge (Mund) auf!「目（口）を開
けよ」、Schuhe aus!「靴を脱げ」、Bier her!「ビールをもって来い」、Fenster
zu!「窓をしめろ」などである。実例をみてみよう。

（113）**Die Lampen aus! Die Vorhänge auf! Die Fenster auf!** … Und **Alles
　　　 hinunter, hinaus, in die frische Luft …!**

　　　　　　　　　　　　　　　　　　（Th. Mann: *Buddenbrooks*, S.718）
　　　 明かりを消して！ カーテンを開けて！ 窓を開けて！ …全員教室から
　　　 おり、校庭に出て、新鮮な空気を吸って！
（114）Und nun **den Kopf hoch** … und die Arme ruhig hängen lassen.

　　　　　　　　　　　　　　　　　　　　　（*Buddenbrooks*, S.485）
　　　 そして頭を上げて…手はいいからさげて。
（115）**Finger weg.** … Laß die Finger weg, hörst du? … **Hand weg von ihm!**

　　　　　　　　　　　　　　　　　（B. Brecht: *Galilei*, S.41, 42, 107）
　　　 触るな（指をどけよ）！ 触るなって言ってるだろ。彼から手を引け。

wegに関しては Weg da!「そこをどけ」、Weg hier!「逃げろ」、Weg mit dir!「おまえ失せろ」、Weg von mir!「はなれろ」、Weg von Computer!「コンピューターをやめろ」など様々な形がある。また前置詞＋名詞でも要求表現がなされる。

(116) Tom, **an die Arbeit!**　　　　　　　(Th. Mann: *Buddenbrooks*, S.99)
　　　トム、さあ仕事だ！

(117) Mir **aus den Augen!**　　　　　(F. Hebbel: *Maria Magdalena*, S.45)
　　　帰って（私の目から消えて）！

7.7.　名詞、形容詞、省略、その他による要求表現

名詞や形容詞だけで要求表現を表すことがある。Ruhe!「静かに！」、Vorsicht!, Vorsichtig!「気をつけろ！」、Schneller「急げ！」など。名詞は強いインパクトを与えるため通常無冠詞、英語の Silence!, Attention! なども同様である。Keine Gewalt!「暴力はよせ！」、Kein Wort zu deiner Mutter!「母さんには何も話すな！」など否定冠詞付きの名詞も要求表現になる。またRuhe! や Vorsichtig! が „Gebt Ruhe!"、„Sei vorsichtig!" の省略形とも考えられるように例文 (120) は Asien den Asiaten!（アジアはアジア人に）のように動詞が省略された要求表現である。例文 (121) のように zu 不定詞が命令的な意味をもつ場合も biite などの動詞が省略されていると考えられる。また感嘆詞 Pst!, St!「しっ！、静かにして」なども加えることができよう。

(118) **Achtung!**　　　　　　　　　　(Th. Mann: *Buddenbrooks*, S.674)
　　　気をつけて

(119) Gerda, **keine Widerrede!**　　　　　　　(*Buddenbrooks*, S.755)
　　　ゲルダ、反論なんかしないで

(120) Nein, dem Verdienste seine Krone.　　　　(*Buddenbrooks*, S.667)
　　　いや、功績には栄誉を与えよ！

(121) »Bitte Madame Grünlich **herunterzukommen**«, befahl der Konsul.
　　　　　　　　　　　　　　　　　　　　　　(*Buddenbrooks*, S.228)
　　　「グリューンリヒ夫人に降りてくるように」と領事は（ドーラに）命じた。

　= Du (Köchin Dora) sollst Madame Grünlich darum bitten, herunterzukommen.

(122) Komme her. Ich sage: **St!**　 (Kleist: *Das Käthchen von Heilbronn*, S.38)

　こっちに来い。「しっ」て言ってるでしょう。

　以上、様々な命令文の代用形について述べてきた。Bartschat (1982:117) は、命令文のこのような代用形の関係について次のようにまとめている。直説法、不定詞、話法の助動詞と省略形による命令文の代用形は厳格な要求を、疑問文や接続法や条件文は丁寧な要求を表す。厳格な要求表現の中で、直説法と不定詞は話者の権威的な要求を、それに対して話法の助動詞と省略は中立的、直説法は要求の実現の確実性を強調するが、不定詞にそれはない。話法の助動詞と省略形は表出的 (expressiv) だが、直説法と不定詞はそうでないと。

　一般論としてはいいが、Bartschat がもっと広範囲の代用形を調べ、しかも例文を、単文ではなくコンテキストの中で考えていれば、疑問文もコンテキストによっては厳格な要求を表すし、話法の助動詞も、動詞によっては丁寧な要求の場合があることにも気付くであろう。われわれは日常生活の多様な状況の中で、その状況に合った適切な命令、要求、依頼表現などを発していく。そこには命令形 (Imperativ) だけでは表しきれないものがあり、それを代用形が担っていく。直説法現在や不定詞による代用形がしばしば権威的であるように、代用形にはそれぞれに特色があるが、その用法は多様で、コンテキストの中でのみその適切な意味が決まるものもある。命令・要求表現を考える場合もしばしばコンテキストが重要になる所以である。

注 (Ⅶ章)

(1) dass 独立文に関しては Altmann (1987), Truckenbrodt (2013) など参照。
　　この形は古高ドイツ語にも中高ドイツ語にもみられる。

　　　　Thaz sálig si in giwíssi thiu kindes úmbera sí. (Otfrid: IV, 26, 37, S.203)
　　　　dass die selig ist, die unfruchtbar (kein Kind gebären kann) ist.
　　　　子供が産めない女性も祝福されますように！

　　　sô der kunic welle rîten, **daz ir vil bereite sît.**
　　　　　　　　　　　　　　　　　　　(*Das Nibelungenlied* 596, S.176)
　　　国王が出かけようとされる時は用意が整っているように。(前 166)

古高ドイツ語の例に関しては、パッサウ大学研究滞在中の三瓶裕文教授を通じて、Hans-Werner Eroms 教授に質問し、現代ドイツ語訳も含めご教授いただいた。

また、Buscha (1976:276) は、dass 独立文以外に「孤立した副文」が要求を表すものとして、不変化詞 vielleicht/einmal (mal) と結び付いた直説法ないし接続法の話法の助動詞による以下のような条件文をあげている。Bosmanszky (1976:229f.) も参照。

Wenn Sie vielleicht mal nachsehen könnten?

「ちょっと確認してもらえますか？」

(2) Simmler (1989:671ff.) に多くの例があげられているように、不定詞による要求表現は古高ドイツ語より多彩に存在している。

„neomannan fien (= niemanden hassen)"

「だれも憎むな」古高ドイツ語『ベネディクト会会則』9 世紀初頭

„nu spilen, swes si wellen" (*Das Nibelungenlied* 446, S.132)

さあどんな試合もするがいい。(前126)

(3) 料理本 (レシピ) における不定詞の研究である Glaser (2002) によると、14 世紀から 19 世紀までのテキストにおけるレシピの指示形式 (1.命令形、2. man 形式の直説法 (接続法)、3.受動文、4.不定詞) において、不定詞による指示形式は 20 世紀以前にはほとんど現れない (1 ％以下)。慣用的になるのは 1950 年以降とのことである。

(4) Donhauser (1984)、この解明モデルとその問題点に関する記述はこの論文によっている。過去分詞の要求表現に関するその後の研究には Heinold (2012), 鈴木 (2017) がある。

(5) 3 名のドイツ語母語話者に尋ねると、3 つの例のうち Vorgesehen! 以外は、不可ないしコンテキストが必要とのこと。なお、前節で触れたように再帰動詞の過去分詞による要求表現では再帰代名詞は省略される。Vorgesehen! < Sieh dich vor! 「注意しろ！」

(6) レッシングの『ミンナ・フォン・バルンヘルム』には以下の例もある。

Ganz **geschwiegen** oder ganz mit der Sprache heraus. (S.38)

ひと言も話さないか、すべて話すかどちらかにしなさい。

Hentschel/Weydt (1994[2]:116) では、すべての動詞で過去分詞による要求表現が可能なわけではない、例えば *geschwiegen!* は不可能と記されて

いるが、上記のようにレッシングでは使われている。また Schötensack (1856:575) では „die Thüre zugemacht!" という例文があげられているが、福元・嶋﨑 (2012:142) では „Das Fenster zugemacht!" とは通常言わないと記されている。この例文を複数のドイツ語母語話者に尋ねると、ある者は可、あるものは不可、ある者は „Das Fenster zugemacht, bevor du gehst!"「出かけるまえに窓をしめなさい」のように、コンテキスト次第では可と意見が分かれる。どの動詞が可能か不可能かはやっかいな問題かもしれない。

(7) Brinkmann (1971²:280, 367)、その他でも「不特定の人物に向けられ、すぐ実行されるべき命令 (ein an keine bestimmte Person gerichteter, schnell auszuführender Befehl. (Schötensack (1856:575))」、「この要求は大抵は団体に向けられている (Meist aber ist die Aufforderung an eine Gemeinschaft gerichtet. Bosmanszky (1976:143))」など。これと関連して、この表現は軍隊などでよく用いられると言われるが、軍隊用語の多いレマルクの『西部戦線異状なし』における命令・要求表現を調べたとき、Hinlegen「伏せ」、Vortreten「前に出ろ」、Wegtreten「解散」など不定詞による命令表現は多々あっても、過去分詞によるものはなかった。また、軍隊用語などを調べても Stillgestanden!「気をつけ！」、Angetreten!「整列！」といった定式化されたものしか見つけることはできなかった。

(8) ただし Albertsen (1970:116f.) によれば、不定詞も一般性を表すもの „Nicht in der Kirche rauchen!"「教会内禁煙！」と直接の適用を表すもの „Maul halten!"「黙れ！」があり、後者は直接性、人称性をもつ。

(9) Dal (1966⁵:119f.)、橋本 (1978:245) 参照。類例は以下のゲーテの『ヘルマンとドロテーア』にもみられる。„Herr Nachbar, **getrunken**!"「お隣さん、お飲みなさい！」(Goethe: *Hermann und Dorothea*, S.9) Wunderlich (1901:270) 参照。

(10) 調べた限りでは Duden (2006) などの文法書や J. Schröder (1990) や W. Schmitz (1983) などの前置詞の用法に関する研究にも、このような mit の用法の説明はみられなかった。命令文に関する文法書の説明もせいぜい用例があげられるのみである。筆者の知る限り、この mit の用法に詳しく触れているのは Fries (1983:173ff.) と関口存男『ドイツ語前置詞の研究』(2000 年、初版 1957 年) のみである。なお、英語のこの用法に

詳しく触れているのは Zhang (1990:21f.) である。

(11) 関口 (2000b:27) 参照、ただし、例文 (91) の „alle hinaus!" のように „Ihr hinaus!" という形がないわけではない。

(12) 反発の mit に関しては上記の関口以外にも、真鍋 (1979:12f.), 佐藤 (2005: 30f.) も参照。

    Geht mir **mit** eurer Preußin …   (Th. Mann: *Buddenbrooks*, S.12)

    おまえたちのプロシア女（イーダ・ユングマン）には閉口だ。

    Gott, geben Sie mir doch **mit** Italien, Lisaweta!

                       (Th. Mann: *Tonio Kröger*, S.38)

    ああ—イタリアなんかよしてください、リザヴェータさん。

(13) それ以外でも „Nur immer **hinauf mit dir**."「さあ、お乗り！」(O. Preußler: *Die kleine Hexe*, S.37) → Up you get、„Nu rasch, **raus mit dir**."「さあ、早く出て行って！」(A. Döblin: *Berlin Alexanderplatz*, S.32) → Now quick, get out of here. のように主語のものは別の命令表現で訳されることが多いようである。

(14) いつもより遅く帰宅した子に母親が „Wo warst du? **Her damit!**"「どこに行っていたの。言いなさい！」と叱るように、この表現は日常でもよく用いられる。

フライブルクの市庁舎

[コラム７.] 関口存男と要求表現 (Hinaus mit dir!, Aufgepasst!)

　体験話法を研究していたとき、関口存男の評論「Indicativus minicus（扮役的直接法）」『獨文評論』1935 年のレベルの高い内容とタイトルに驚いたことがありました。ただ、タイトルは 1899 年にドイツ語の体験話法を初めて指摘した Th. Kalepky の 1928 年の論文 „Verkleidete Rede"（変装した話法）の影響か？ と思っていましたが、どうも関口の創案のようです。扮役的直接法とは語り手が作中人物に扮して語る、役者が役になりきって語ることで、体験話法の本質を突いています。この問題と関連して浜松医科大学の佐藤清昭先生から、関口存男は役者であり、戯曲家であり、そして演出家で、本来はその道に進みたかったということをお聞きし、この命名が関口のオリジナルであることを再確信しました。

　そして今回、命令・要求表現でも関口の研究に驚かされることが色々ありました。例えば「方向規定と mit ＋（代）名詞」による要求表現に関して、ドイツの前置詞や命令文などの研究書を読んでも、この要求表現に触れているものはありませんでした。ところが関口の『ドイツ語前置詞の研究』の中の「無意味な es と mit, um との関係」の箇所には Hinaus mit dir!「おまえ出ていけ！」は Hinaus! という運動が du なる主体を「伴い」つつ行われるのを mit dir で表している、という説明に出会い、驚きました。よく使われる表現で、例文をあげている文法書はありますが、mit dir を説明しているものは関口文法以外になかったからです。

　さらに過去分詞における要求表現について考えたとき、例えば Aufgepasst!「気をつけろ！」のように、なぜ過去分詞が「今すぐの要求」になるのか、その理由として「命じたり、頼んだりするときには、遂行の一時も速からんことを望んで焦慮するの余り、遂行よりはむしろ遂行の終了へと表現が移ってしまう」という関口の『冠詞』における完了の命令文に関する記述を援用して、この過去分詞の表現では「要求がすぐ実現されることを望むあまり、表現が遂行そのもの (Pass auf!) より、遂行の完了 (Aufgepasst!) に移ってしまっ

たのではないだろうか」と推論しました。ただ、その際に同じテーマを扱った Grimm (1898:94) の記述と関口の使った英語の例文が同じであったため、『冠詞』の記述は「関口の創案のようにも言われるが多分 Grimm の記述を踏まえたものと思われる」(鈴木 (2017:12)) と記しましたが、この点に関しましても佐藤清昭先生から「関口が Grimm を読んでいなかった、ということは非常に考えにくいが、関口の蔵書目録には Grimm は見当たらなかった」というご指摘を頂きました。そこで Grimm と関口の『冠詞』の箇所を改めて比較すると、英語の例文は同じでも、それは Have done!, Be gone! といった完了の命令文の例としては知られたもので、内容的に見ても Grimm をまねた訳ではなく、関口の創案と言え、やはり私の勇み足でした。そして改めて関口の発想に驚かされることになりました。また今回は利用しませんでしたが、関口には145ページにわたる「命令形 Imperativ」の文例集があります。ドイツ語だけでなく、英語、フランス語、ラテン語、ギリシャ語の例文もあげられているうえ、手書きの部分も多く、判読が大変ですが、関口が命令文をどう捉えていたか、一度考えてみたいと思っています。

Ⅷ章　命令文をめぐる問題

8.1.　西ゲルマン語（英語・オランダ語・ドイツ語）に
　　　　おける命令形の屈折形態

　古高ドイツ語では　―すでにⅠ章2節でみたように―　2人称単数の命令形の形態は、強変化動詞と弱変化動詞との間にはっきりとした区別があり、弱変化動詞の2人称単数の命令形は -i, -o, -e というテーマ母音で終わるのに対して、強変化動詞は一部を除き、子音で終わる。例えば強変化動詞 nëman (nehmen) の2人称単数の命令形は、直説法2人称単数 nimis から語尾 -is をとった形 nim（無語尾 -ø）である。ただし例外として biti > bitten などがある。また、2人称複数に対する命令形は、直説法と接続法2人称複数と同じ -et という語尾をもつ形態 nëmet である。弱変化動詞は、古高ドイツ語では語尾によって3つに区分され、2人称単数の命令形では、第1類は suochi のように -i、第2類は salbo のように -o、第3類では habe のように -e といったテーマ母音で終わることになる。なお、複数2人称の命令形は、直説法と接続法と同じ -et という語尾をもつ suochet, salbōt, habēt である。

　これを古英語[1]、古オランダ語（古低地フランケン語）と比較してみよう。古オランダ語の場合は、推測による語尾のみである (Franck (1888:92))。

	古高ドイツ語		古オランダ語		古英語	
	強変化	弱変化	強変化	弱変化	強変化	弱変化
2人称 単数	-ø, [-i]	-i, -o, -e	-ø, [-i]	-i, -o, -e	-ø	-e, -a
	nim	suochi, salbo, habe			bind	freme, lufa
2人称 複数	-et	-et	-ad	-jad, -ôd, -êd	-(i)aþ	-(i)aþ
	nëmet	suochet, salbōt, habēt			bindaþ	fremmaþ, lufiaþ

　2人称単数は、強変化動詞ではほぼ無語尾であるのは西ゲルマン語に共通であるが、弱変化動詞の2人称複数形をみると、古オランダ語は、古高ドイツ語の -et、古英語の -(i)aþ といった統一的複数語尾をもたない点ではドイツ語や英語と異なるが、単数は強変化、弱変化とも古高ドイツ語に類似している。また上記にはないが、古ザクセン語（古低地ドイツ語）は、強変化 -ø、弱変化 -i, -e、複数 -ad で古英語に近い。石川 (2002:201) に触れられているように、古ザクセン語はブリテン島に移住しなかったザクセン人の言語であるので当然とも言える。

　中高ドイツ語になると、強変化動詞2人称単数の語尾なしは同じであるが、弱変化動詞の -i, -o, -e といったテーマ母音は -e に統一される。ドイツ語の場合と同様に中世オランダ語、中英語も語尾なし、ないし -e になるが、強変化動詞と弱変化動詞の区別は消える (Franck (1888:92))。さらに中世オランダ語は、2人称単数形には -e 付きも -e なしも選択的になり、英語では -e なしが必須となる。Wratil (2005:32f.) の例を参考にみてみよう。

	中高ドイツ語		中世オランダ語	中英語
	強変化	弱変化		
2人称単数	-ø	-e	-ø　or　-e	-ø
	Nim!	Sage!	Peins (Denk)! Peinse!	Drink!
2人称複数	-et	-et	-(e)t	-eþ or -es → -ø (13c~)
	Nemet!	Saget!	Comt (Kommt)! Comet!	Drinkeþ! → -Drink!

　上記より明らかなように、この時代まではオランダ語も英語も現在のドイツ語と同様に2人称複数の命令形は基本的に明確に語尾があり有標だった (Mossé (1966:104f.))。ただし、水鳥・米倉 (1977:67) によれば、英語の複数2人称の語尾はすでに13世紀初めに失われ始め、15世紀には単数、複数とも無語尾が一般的となる。最後に現代のものをみてみよう。ただしドイツ語のSie、オランダ語の u などの敬称の2人称はここでは扱わない。

	現代ドイツ語		現代オランダ語	現代英語
	強変化　　弱変化			
2人称 単数	-ø or -e		-ø	-ø
	Trink! Trinke!		Drink!	Drink!
2人称 複数	-t		-ø [-t]	-ø
	Trinkt!		Drink! [Drinkt!]	Drink!

　ドイツ語は、初期新高ドイツ語の時代になると、一方には語末音消失により弱変化動詞に -e なしが現れ、他方では語末音添付により強変化動詞に -e 付きも現れるようになる。その際中部ドイツ地域は基本的に中高ドイツ語の規則に沿っているが、南ドイツは語末音消失で規則動詞でも -e なしが顕著になる。ルターの 1545 年の聖書訳は -e 付きで、その後 2 人称単数の命令形は、(i)e 型の動詞などを除き、-e を付けるのが書き言葉では一般的になるが、言語的な経済性の傾向から話し言葉では -e が省略されることも多く、現代ドイツ語では (i)e 型動詞の -e なし、-dm, -tm, -gn, -chn で終わる動詞の -e 付きを除くと、強変化動詞も弱変化動詞も、どちらにでも用いられる動詞が多い。2 人称単数の命令形はインドゲルマン語では動詞の語幹が用いられていたが (Bergmann (1990:255))、活用システム内の融合など様々な理由から変化語尾が生じた (Wratil (2005:31))。現代の英語とオランダ語は、オランダ語が文語では複数形に一部 -t 語尾を残すが、ほぼ動詞語幹で命令形をつくり、元のインドゲルマン語に相応した形になったと言える。一方、ドイツ語は単数の -e 付き、複数の -t という形をもち続けている。[2]

8.2. Satzname（文約名）
―名詞化された命令文を中心に―

　Satzname（文約名）とは、文を構成している要素がそのまま結合して 1 つの名詞になったもので、命令文の場合が多く Imperativname（命令文名）とも言われる (Behaghel (1924b), 川島 (1994: 821))。例えばよく知られているのは Vergiss-mein-nicht（ワスレナグサ（植物）：Vergiss mein nicht! ＝私を忘れないで！）である。[3]造語論の分野になるが、Fleischer (1976) などの造語論

の研究書などでも詳しく扱われることはなく、筆者の知る限りわが国ではほとんど論じられることはなかったので、簡単に紹介してみたい。

Satzname は、一部にはサンスクリット語やギリシャ語にもみられるが、多くはロマンス語、ゲルマン語、スラブ語で、興味深いことに古高ドイツ語や古英語ではあまり現れていない (Schulze (1868:13f.))。ドイツ語では最も古いものは 1150 年以前にケルンでみられる家族名 Brechseif (brich die Seife!) で、14 ～ 15 世紀の中高ドイツ語から初期新高ドイツ語時代が最盛期で、後にはその数は減るが、現代でもつくられている。由来は自然発生的とも考えられているが、ドイツ語の場合は、ドイツ語より先に現れたフランス語の影響も考えられる (Kunze (1999:152f.))。

種類として圧倒的に多いのは家族名や人名である。家族名では Bringfriede < Bring Friede!「ブリングフリーデ＜平和をもたらせ！」、Haßenteufel < Hasse den Teufel!「ハッセントイフェル＜悪魔を憎め！」、[4] 英語ではあるが有名なものは Shakespeare シェイクスピアで、Schüttle den Speer!「槍を振れ！」の意味である（詳しくは Schützeichel (1982) 参照）。名前では Fürchtegott < Fürchte Gott!「フュルヒテゴット（男）＜神を恐れろ！」、Traugott < Traue Gott!「トラウゴット（男）＜神を信頼せよ！」などは敬虔主義時代（17 世紀末から 18 世紀前半）の造語である。その他、鳥では Wendehals < Wende Hals!「アリスイ（キツツキ科）＜首を回せ！」、植物では Rühr-mich-nicht-an < Rühr mich nicht an!「ホウセンカ＜私に触れるな！」（フランス語のホウセンカ (nolimetangere) のドイツ語化 (Paul (1959:31))、Siehdichum < Sieh dich um!「ズィーディッヒウム＜見回せ！」といった地名や Schindenhengst < Schind den Hengst!「馬を酷使せよ！」といった耕地名に、Mensch-ärgere-dich-nicht < Mensch, ärgere dich nicht!「まあ、怒るな！」といったゲーム名や Tischlein-deck-dich < Tischlein, deck dich!「魔法の食卓＜食卓よ、食事の用意をせよ！」などグリム童話からのもの[5]、さらに Timm-dich < Trimm dich!「トリム運動＜体を鍛えよ！」、Trimm-dich-Pfad「アスレチックコース」などがある。

シェイクスピア以外の英語では breakfast < Break fast!「朝食＜断食を終わりにせよ！」、farewell < Fare well!「さようなら＜良き旅をせよ！」、さらに knowhow「ノウハウ」、shake up「シェープアップ」、sit-in「座り込み」などがある。(Schützeichel (1987:241))

　　Satzname、特に名詞化された命令文にはいかなる結び付きがあるか、Schulze (1868), Dittmaier (1956) を参考に簡単にみてみよう。

　　１．分離動詞：Stehauf < Stehe auf! 起きあがり小法師（玩具）（起きろ！）
　　　　（前綴り）：Kehraus < Kehr aus! お開き、締めくくり　（掃きだせ！）
　　２．副詞　　：Leberecht < Lebe recht! レーベレヒト（男名）（正しく生きろ！）
　　　　　　　　：Lebewohl < Lebe wohl! さようなら　（幸せに暮らせ！）
　　３．代名詞　：Stelldichein < Stelle dich ein! 待ち合わせ　（ある場所に姿を現せ！）
　　４．名詞１格：Gotthelf < Gott helfe! ゴットヘルフ　（神様がお助けくださるように！）
　　　　　　　　：Gottseibeiuns < Gott sei bei uns! 悪魔　（神様が私たちのもとにありますように！）
　　　　２格：Vergissmeinnicht ワスレナグサ　（私を忘れないで！）
　　　　３格：Schademirnicht < Schade mir nicht! 家族名　（私を傷つけないで！）
　　　　４格：Habedank < Habe Dank! 感謝　（感謝をもて！）
　　５．句　　　：Springinsfeld < Spring ins Feld! 暴れん坊（野に飛び出せ！）
　　６．２つの動詞の結び付き：Mischmasch < Mische, mansche! ごたまぜ（混ぜ、こね回せ！）

　　Schulze は Satzname には言語精神 (Sprachgeist) が詩的に形態化され、たいていユーモアやアイロニーがそこに現れている、と述べる。なぜ命令文なのか、という点は読んだ文献には記されていなかったが、例えばワスレナグサの場合、１）Du vergisst mein (mich) nicht. ２）Vergisst du mein nicht? ３）Vergiss mein nicht! という平叙文、疑問文、命令文でみた場合、命令文の場合は主語省略に加え、動詞の変化語尾がないことから、形式的にも結合して１つの名詞にしやすいと考えられるし、意味内容を考えても、命令文のもつ、聞き手の存在を指向した指令性が、先に触れたユーモアやアイロニーを生みやすいのではないか。その意味ではこれからもつくられる可能性はあるだろう。

8.3. 広告における命令文

　広告で使用される英語の特徴については、すでに Leech (1966) の研究があり、その特質として形式的よりも口語的 (colloquial)、複雑より単純 (simple) をあげ、命令文が多用されることに触れている (鈴木繁 (2009:41f.))。また、英語圏の命令文の研究 Davies (1986:42f.), Jary/Kissine (2014:61) においても、広告命令文 (Advertising imperatives) として、特定の個人より、一般に向けられ、注意を喚起するもので、命令的 (directive) な力をもたないという広告における命令文の特質に触れている。Davies (1986) にあげられている例の１つは語学学校などの広告であろうか、次のようなものである。"Speak a new language after as little as eight weeks"「８週間以内に新たな言葉（外国語？）が話せます。[可能性]（あるいは「を話そう」[勧誘]）」。

　ドイツ語圏では、広告における命令文に関しては、ドイツ語とフランス語における広告を比較した Kaeppel (1985), (1987)、ドイツ語とポーランド語の場合を比較した Markiewicz (2000:135ff.)、そしてドイツ語と英語とスペイン語の場合を比較した Wahl (2011) などがある。ともに広告において命令文が大きな役割を果たすことが述べられているが、ここでは Kaeppel にも触れながらも、ドイツ語に関して最も詳しい Wahl (2011) を紹介してみたい。

親称 (du) を使うか、敬称 (Sie) を使うか？
　英語以外のドイツ語、フランス語、スペイン語では親称 (du, tu, tú) を使うか、敬称 (Sie, vous, usted (sg.), ustedes (pl.)) を使うかが問題になる。Kaeppel (1985:137f.) によれば、フランス語はもっぱら敬称を使うが、ドイツ語は親称も用いる。例えば以下の例である。

（1）**Pack'** den Tiger in den Tank.　(Esso, Kraftstoff)
（1'）**Mettez** un tigre dans votre moteur.
　　　タイガー（ガソリン）を車に（入れよう）！

ドイツ語も敬称を用いることが多いが、ここでは親称 du に対する命令形が用いられている。同じ広告でもフランス語では tu (du) の敬称としての vous に対する命令形が用いられている。一方 Wahl (2011:31f.) では興味深いことに、ドイツ語とスペイン語を比較すると、ドイツ語では敬称が多く（68%）、

スペイン語では圧倒的に親称が多い (80%)。ドイツ語の場合、重要なスローガンは親称が用いられる。例えば „Entdecke Opel!"「オペル（ドイツ車）を発見しよう！」、しかしどちらの形式にするかの選択は容易ではないようで、あるオペルの広告ではスローガンは親称でも、見出し語 (headline) や本文では敬称が用いられている。例えば以下の例をみてみよう。

(2) **Entdecke** den Opel Insignia.　（親称）

　　Seien Sie unter den ersten, die ihn fahren!　（敬称、以下続く本文も敬称）

　　オペル・インジグニアを発見しよう

　　この車を運転する最初の人になろう

この点スペインでのオペルの広告は、見出し語や本文には親称を、そしてスローガンは英語の Discover Opel! を用いて、この問題に対応している。スローガンを英語にすれば、ドイツ語の場合も親称、敬称の不一致が解消されるが、オペルはドイツ企業ということで、ドイツ語のスローガンを使っている。ただ、親称・敬称の選択を避けれるうえに、国際性をもつという利便性からドイツやスペインでもスローガンには英語が用いられることも多い。特に外国系の企業などでは、国外の広告であっても、例えばフォード (Ford) は Feel the difference.「違いを感じよう（ることができる）」のように英語を用いている。

　ところで、このような広告における命令文で気付くことは、宣伝にもかかわらず、命令の性格を和らげる bitte や please（どうぞ）があまり使われていないことである。bitte を省くことにより命令文は直接的、あるいは失礼になるにもかかわらず、である。それは広告の命令文ではコンパクトさが求められるとともに、その１つの説明は、私たちがだれかに、自分のためではなく、聞き手のためになにかするように勧める場合も bitte を使わないということである、というのも広告における命令文は、助言や推奨の機能をもっているからである。例えば Speak a new Language! や Entdecke Opel! でも「新しい言語を話せ！」や「オペルを発見しろ！」といった命令よりも「新しい言語を話してみよう！（が話せる）」「オペルを発見してみよう（発見できる）」といった推奨や可能性の意味で受け取ることができる。広告における命令形でしばしば「！」（感嘆符）がないのもこの点と関係するかもしれない。

広告において推奨的に用いられる不定詞

Fries (1983:247) は、だれに向けられたかはっきりしない不定詞文の曖昧さは、広告に使用されるのに特に適していると述べている。不定詞には人称はなく、親称か敬称かという呼びかけの問題も生じない。ただ、スペイン語では不定詞文は広告には用いられない、その理由の1つと思われるものは、ドイツ語の場合と同様にスペイン語でも確かに要求表現として不定詞が日常会話で使われるが、ドイツ語以上にその使用は no fumar「禁煙」といった権威的テキストに特徴的なもので、広告にふさわしいものでないためである。ドイツ語の不定詞による要求表現にも権威的な面はあるが広告にも用いられる。例えば携帯電話のサプライヤー O_2 の広告の見出し語に以下のものがある：„Testen ohne lange Bindung.“「均一料金を試してみよう」。また Jetzt を加えると Jetzt testen!「さあやってみよう」というより強い推奨になる。

広告における命令文の動詞

Wahl (2011:42) は、英語、スペイン語、ドイツ語の広告宣伝に最もよく用いられるそれぞれ4つの動詞を以下のようにあげている。

	1.	2.	3.
英語	visit (12.5%)	call/text (それぞれ 7.8%)	discover (3.0%)
スペイン語	descubrir (13.8%)	informarse (7.7%)	disfrutar/llamar (それぞれ 4.6%)
ドイツ語	entdecken (18.0%)	erleben/testen (それぞれ 10.0%)	probieren (4.0%)

ここで visit, call, text (SMS), llamar (call), informarse (inform) は受け手に、製品に対するさらなる情報を得るように求めるものであり、entdecken (discover, descubrir) も disfrutar (enjoy), erleben, testen も kaufen（買う）とは同じではなく、ウェブ上でのコマーシャルなど、ある企業の製品世界を巡り、発見したあとで、„jetzt kaufen"「購入」ボタンをクリックすることで購入になる。その意味で Kaeppel (1987:31) がフランス語の広告について述べているように、ドイツ語や英語やスペイン語の広告にも、購入要求は少なくなって

きている。現代の命令文によって言い表されているのは、購入アピールではなく、さらなる情報入手への勧誘である。

　以上、Wahl の紹介をしたが、購読している Frankfurter Allgemeine Zeitung (FAZ) 紙に掲載された広告等を一定期間アットランダムに調べてみると以下のような命令文や不定詞表現がみられた。

[Sie]（敬称）

　(3)　**Entdecken Sie** die Welt mit Imagine Crusing

(Imagine Crusing のパンフレット)

　　　イマジン・クルージングで世界を発見しよう！

　(4)　**Erleben Sie** die atemberaubende Schönheit des Indischen Ozeans.
　　　インド洋の息をのむ美しさを体験しよう！　　　　　[FAZ 12.03.2019]

　(5)　**Nehmen Sie** die digitale Zukunft selbst in die Hand.　(FAZ Digitec)
　　　デジタルの未来をわが手にとろう！　　　　　　　　[FAZ 16.03.2019]

　(6)　Hier **sehen Sie** einen riesigen Unterschied.　(SALCOS)
　　　ここ（製鉄における CO_2 の削減）に大変な違いが見られます。

[FAZ 01.04.2019]

[du]　[ihr]（親称）

　(7)　**Mach**, was wirklich zählt.　(Bundeswehr)
　　　ほんとうに大事なことをなそう！（ドイツ連邦国防軍）

[FAZ 18.03.2019]

　(8)　**Werde** Teil unseres deutschlandweiten Teams …　(Media Broadcast)
　　　ワンチーム・ドイツの一員になろう！　　　　　　[FAZ 06.04.2019]

　(9)　**Macht** kluge Köpfe mobil　(Frankfurter Allgemeine Zeitung)
　　　頭を賢く使おう。　　　　　　　　　　　　　　[FAZ 14.03.2019]

[不定詞]

　(10)　Jetzt die F.A.Z. Woche **testen**!
　　　さあ F.A.Z. Woche（雑誌）を試してみよう！　　[FAZ 19.03.2019]

　(11)　Das japanische Kirschblütenfest und den epochalen Fuji hautnah
　　　erleben.　(Imagine Crusing)
　　　日本のお花見と感動の富士山をまぢかに体験しよう！[FAZ 10.04.2019]

(12) Jetzt den Frühling **buchen! Nutzen Sie** die attraktiven Angebote der
F.A.Z. Leserreisen.
さあ春を予約しよう！　FAZ 旅行誌「読者の旅」の魅力的な提案を
活用してみよう。　　　　　　　　　　　　　　　　　[FAZ 14.03.2019]

　やはり圧倒的に多いのは敬称の 2 人称 (~ en Sie) のものである。ただ、連
邦国防軍 (Bundeswehr) など応募広告には dutzen が使われている。また、不
定詞による広告もよく見られる。bitte が用いられているものはなく、使わ
れる動詞は Wahl が記しているように、やはり entdecken（発見する）、
erleben（体験する）、testen（試す）などが多く見られる。Wahl の記述と大ま
かには一致するが、インターネット情報などによると最近は広告における命
令文の使用に拒否反応 (Trotzreaktion) があるとのことである。

注 (Ⅷ章)

(1) 古英語に関しては近藤・藤原 (1993:51f.) を借用している。bind, bindaþ
は強変化動詞 bindan (bind) の 2 人称単数、複数の命令形、freme, frem-
maþ は弱変化動詞 fremman (perforn) の、lufa, lufiaþ は弱変化動詞第 2
類 lufian (love) のそれぞれ 2 人称単数、複数の命令形である。

(2) 北ゲルマン語のスウェーデン語、デンマーク語やノルウェー語でも命令
形に単数と複数の形態的な区別はない。また命令形も多くは語根で形成
されている。

(3) Vergiss はこの場合 2 格支配、mein は ich の 2 格、中高ドイツ語 1 人称
単数 2 格 mîn がそのまま残っている。ちなみに英語は "forget-me-not"。

(4) Behaghel (1924b:133) は、Hassenpflug はもともと Ich hasse den Pflug.
Habenichts は Ich habe nichts. に還元されると考える。上記の文の ich の
欠落の後に命令文への解釈が行われるとするが、1 人称の平叙文か命令
文かはケースバイケースで、多くは命令文からの由来を否定できないだ
ろう。(Vgl. Gottschald (1982:56f.))

(5) Tischchendeckdich, Goldesel und Knüppel aus dem Sack. (Brüder Grimm,
S.184-197)。

┌─［コラム８．］最後に ──────────────────────────

　様々なテキストから多くの命令文を収集しましたが、本書ではその一部しか使用できませんでしたので、最後にマンガ、歌詞、小説、演劇、叙事詩から少し紹介したいと思います。

１．マンガ

Ab durch die Mitte!　「さっさと（ゴミ出しに）行って！」
　　　　　　　　　　　　　　（*Strizz* In: FAZ, 26.11.2008, S.38）

Wird's **bald**!　「さっさとしろ！」　　（R. Kleist: *Der Boxer*, S.57）

　ドイツのマンガなどを読んでいると出てくる要求表現です。Ab durch die Mitte は演劇用語で、中央のセットからの通り抜けが最も早く舞台から去ることで、abtreren durch die Mitte の省略形「とっとと出て行け」という意味です。次の bald は、口語で話し手のいらいらした気持ち「さっさと、いい加減に」を表し、werden には督促的用法があり、関口 (2000a:163) は、この成句を Wird's bald geschehen? の省略形と推量しています。最初は旦那さんにゴミ出しを命じる奥さんの言葉、次はナチの強制収容所で囚人に対するカポ（監守）の言葉です。

２．歌詞

Bitte **nehme** mich und **besitze** mich!　Meine Liebe und Lust sind
für dich.　　　　　　　　　　　　　　　　　　　（G. Hænning）

　私を選んで、あなたのものにして！　私の愛と喜びはあなたのためにあるの。

　デンマーク出身の歌手、ギッテ・ヘニングの 1993 年の歌「Liebster（最愛の人）」の一節です。FAZ の記事 „Bitte nehme mich" (24. Juli 2019, S.9) はこの歌の命令形の使い方に嚙みつき、これは「白痴化が最近の現象ではないことを示し、四半世紀前から人生には命令形より重要なものがある（命令形などどうでもいい？）と思っていたのだ」と批判します。確かに nehme は nimm, besitze は使わないか

もしれませんが、中世低地ドイツ語では nim に対して **nem** も使われていましたし、現代でも北ドイツでは **Nehme** dir eine Auszeit!「一息入れろ！」が使われるようですので、FAZ もそれほど目くじらを立てなくても、と思います。

3．小説

Mein Sohn, **sey** mit Lust bey den Geschäften am Tage, aber **mache** nur solche, daß wir bey Nacht ruhig schlafen können!

(Th. Mann: Buddenbrooks, S.174)

わが子よ、昼は仕事に喜びをもって勤め、されど夜安らかに眠ることができる仕事にのみ励め。

『ブデンブローク家の人々』の中で、ブデンブローク商会を設立した祖先が遺した訓戒ですが、現代にも通じるところがあるかもしれません。例えばアルバイトやりすぎの学生へ。

Mein Student, **sei** mit Fleiss beim Jobben am Abend, aber **mache** nichts, wegen dessen du am nächsten Tag im Unterricht fehlst!

わが学生よ、夜にアルバイトに励むのはいい、しかしそれゆえ次の日授業に出れなくなるようなアルバイトはするな！

4．演劇

Sei die Meine, **und** gegen eine Welt beschütz ich dich.

(Schiller: Die Jungfrau von Orleans, S.128)

おまえが私のものになるなら、世界を敵にしても私はおまえを護ってみせる。

条件的命令文で、この文の「おまえ」はジャンヌ・ダルクです。シラーの演劇を読んでいるとコンテキストを離れて取り出したくなる文によく出会います。例えば「太陽が輝くかぎり、希望もまた輝く」という名言のある『メッシーナの花嫁』から要請・願望文を1つあげてみます。

Wer im Glück ist, der **lerne** den Schmerz.

(Schiller: *Die Braut von Messina*, S.85)

　幸福にあるものは、苦しみを学べ！

5．叙事詩

　『ニーベルンゲンの歌』で、命令文がらみで私が最も感銘を受けたのは 2190 詩節からのリュエデゲールとハゲネの会話です。2190 詩節でハゲネは „**Belîbet** eine wîle, vil edel Rüedegêr.“「しばらく待たれい、気高いリュエデゲール殿」と敬称の 2 人称複数の命令形を使いながら、その後すぐ 2192 詩節ではリュエデゲールに duzen し、争いのさ中にリュエデゲールに、彼の楯をもらえないかと頼みます。それに対してリュエデゲールもハゲネに duzen し、以下のように答えます。

　Vil gerne ich dir wære　guot mit mînem schilde,
　torst ich dirn bieten　vor Kriemhilde.
　doch **nim** du in hin, Hagene, unt **trag** in an der hant.　　　(2193, S.634)

　クリユムヒルト様に憚ることなく差しあげてよろしければ、
　わしは欣んでおん身にこの楯をご用立ていたすであろうが。
　いや、ハゲネ殿、これはおん身に差しあげる、もってゆかれよ。

(後 287)

　ブリュンヒルトとクリエムヒルトが dutzen から、仲たがいにより ihrzen に代わるのとは対照的で、しかもこの二人の女性の確執から生じる悲惨な争いの犠牲になるのがリュエデゲールです。クリエムヒルトとグンテル王の板挟みになるリュエデゲールの最後は『ニーベルンゲンの歌』の白眉の場面とも言えます。

あとがき

「命令文は私たちの生活に充ちている（Imperatives pervade our lives.）」、この文で Hamblin の命令文の研究は始まる。確かに、一日家にいれば家内から命令の嵐である。それにもかかわらず命令文にはあまり関心が示されなかった。命令文が、直説法や接続法の文と異なり、時制も人称もなく、形態的に貧弱で、意味も単純と思われたことが１つの理由かもしれない。しかし命令文が要求を表すだけの単純なものでないことは本書から理解してもらえると思う。またドイツ語に限っても、なぜ sein 動詞の命令形が接続法であるのか、なぜ３人称複数形が２人称に対する敬称表現になるのか、helfen の命令形がなぜ hilf! になり、同じタイプの werden の命令形がなぜ werde! なのか、ドイツ語初学者が疑問に思う点であるが、それが説明されることはあまりないし、その説明もそれほど容易ではない。また、ドイツ語を勉強しはじめたころ、„Komm, gehen wir!"「さあ、行こう！」といった kommen と gehen という逆の方向の動詞が結び付いた勧誘文や „Sieh mal einer an!"「こりゃ驚いた！」といった間投詞化した命令文、さらに 18 〜 19 世紀の小説に現れる接続法Ⅰ式＋ Er/Sie の敬称的な命令、依頼文が理解しにくかった。事情は現在でも同じと思われるが、ドイツ語の命令文について詳しい情報を与えるものはないように思える。またドイツ語では、命令文は記述文法でも、生成文法でも扱われることが少なかった。その数少ない研究もほとんどが共時的な研究で、古高ドイツ語から現代ドイツ語までを通時的に考察するものはなかった。しかし sein 動詞の問題のように、歴史的な研究により明らかになることも多々あるように思う。本書は、今まで研究され、現在も考察されている内容を簡単にまとめたものにすぎず、ドイツ語の命令文に新たな視点を提供するような研究書ではないが、このような疑問にはある程度答えることができるのではないかと思う。

　本書は当初大学書林の「ドイツ語文法シリーズ」の一冊として、大阪外国語大学名誉教授の乙政潤先生から執筆を勧められた。その後シリーズは残念ながら実現しなかったが、命令文には関心を持ち続けた。それは１つには話法をずっと研究していて、平叙文はもとより、疑問文、感嘆文などすべてのタイプの文が間接（体験）話法や従属文に埋め込まれるのに、命令文だけが

埋め込むことが出来ず、命令文そのものに大きな関心があったことに加え、すでに述べたように日常生活でこれだけ使われながら、研究者の関心が低い点が逆に学問的な刺激となった。研究を続けていると、乙政先生から改めてまとめるように励まされた。しかし乙政先生から声をかけられてから随分時間が経ってしまった。大学内での役職としての仕事に追われたことに加え、中高ドイツ語、古高ドイツ語、オランダ語の再勉強、相変わらずよくわからないが生成文法の理解に時間がかかってしまった。ささやかな本であるが様々な方にお世話になった。まず研究の契機を与えてくれた乙政潤先生に改めてお礼申し上げたい。また内容的にいろいろとお世話になった東京大学名誉教授の岸谷敞子先生、千石喬先生、愛知大学名誉教授土屋洋二先生、北海道大学名誉教授の高橋英光先生、名古屋大学名誉教授の小栗友一先生、一橋大学名誉教授の三瓶裕文先生、浜松医科大学名誉教授の佐藤清昭先生、関西大学の工藤康弘教授、日本大学の保阪靖人教授、愛知大学の北尾泰幸教授に心よりお礼申し上げる。のんびりと進めていたため、岸谷敞子先生、千石喬先生にはご報告することもできなくなり、とても残念である。

　また 2015 〜 16 年ドイツ、フライブルク大学の研究機関 (Freiburg Institute for Advanced Studies (FRIAS)) にフェローとして加わり、委員会や研究会への出席の義務はあったものの、世界の著名な研究者たちと自由に研究させていただいた。2017 年以降に多くの研究成果を出せたのは FRIAS の支援のおかげである。FRIAS 所長の Bernd Kortmann 教授、研究を支えてくれた FRIAS 職員の皆さん、またフライブルク大学の Peter Auer 教授、Christian Mair 教授、Monika Fludernik 教授、レーゲンスブルク大学の Benjamin Kohlmann 教授、さらに滞在中お世話になったフライブルク教育大学元学長の Rudolf Denk 教授、Karl Lüke 氏、Markus Pilshofer 氏、Lena Murakami さん、Nicolaus 夫妻に感謝申し上げたい。特に 30 年来の友人である Monika には FRIAS のフェローへの推薦から、フライブルク滞在中の生活、ドイツ語や英語にかかわる学術的な質問などでお世話になり感謝の言葉もない。また Monika にとってはもちろん、私にとっても師である物語論の Franz K. Stanzel 先生の 93 歳の誕生日にお祝いの手紙とともに、命令文に関する拙稿を同封したところ、思いもよらず長いお返事をいただきドイツ語母語話者にない視点の重要性を指摘していただいた。それは本書でも活かされていると思う。またこのようなドイツでの研究生活を支えてくれた家内や子供たちに

も感謝したい。

　最後に、どんな言語も大切に、敬意を示された大学書林前社長の佐藤政人氏に心よりお礼を申し上げたい。1つの言語全体ではなく、私のようにある言語の一部分に特化した研究にもいつも暖かい眼差しをそそいでくださった。佐藤政人氏に原稿を見ていただき、ご了解をいただき、これからというときに佐藤氏の訃報に接することになった。佐藤政人氏のこれまでのご恩に本書が多少なりとも報いるものになればと思う。本書の成立は、その後大学書林社長の佐藤歩武氏のご理解とご尽力のお陰であり、佐藤歩武氏に心よりお礼を申し上げたい。

Dankesworte:

Während eines Forschungsaufenthaltes als Fellow am FRIAS (Freiburg Institute for Advanced Studies. [Forschungsthema: Der Imperativ im Deutschen]) im Studienjahr 2015-16 habe ich mit deutschen Forschern über den Imperativ im Deutschen diskutiert und das Thema weiter vertieft. Den größten Teil dieses Buches schulde ich meinem Forschungsaufenthalt am FRIAS. An dieser Stelle sei dem gesamten FRIAS, Herrn Professor Bernd Kortmann (FRIAS Director), Herrn Professor Peter Auer, Herrn Professor Christian Mair, Frau Professorin Monika Fludernik an der Universität Freiburg, Herrn Prof. Benjamin Kohlmann an der Universität Regensburg, Herrn Professor Rudolf Denk an der Pädagogischen Hochschule Freiburg, Herrn Professor Franz K. Stanzel an der Universität Graz, Herrn Karl Lüke, Herrn Markus Pilshofer, Frau Lena Murakami und der Familie Nicolaus mein tiefster Dank für die Unterstützung meiner Arbeit ausgesprochen.

使用テキスト

Akin, Fatih: *Gegen die Wand*. Das Buch zum Film. Köln (Kiepenheuer & Witsch) 2004.

Bach, Johann Sebastian: *Matthäus-Passion* u.a.. Stuttgart (Reclam) 2007.

Böll, Heinrich: *Ansichten eines Clowns*. München (dtv) 1981. ［英訳］*The Clown*. Translated by L. Vennewitz (Penguin Books) 1994.

Bonsels, Waldemar: *Die Biene Maja und ihre Abenteuer*. Bindlach (Gondrom) 2003.

Brecht, Bertolt: *Die Dreigroschenoper*. Frankfurt am Main (Suhrkamp) 1968.

Brecht, Bertolt: *Leben des Galilei*. Frankfurt am Main (Suhrkamp) 1963.

Brecht, Bertolt: *Mutter Courage und ihre Kinder*. Frankfurt am Main (Suhrkamp) 1963.

Brecht, Bertolt: *Der gute Mensch von Sezuan*. Frankfurt am Main (Suhrkamp) 1964.

Brecht, Bertolt: *Die unwürdige Greisin und andere Geschichten*. Frankfurt am Main (Suhrkamp) 1990.

Bertolt Brecht: Die Tage der Kommune, In: *Bertolt Brecht Stücke 8*. Frankfurt am Main (Suhrkamp) 1992. ブレヒトに関しては岩淵達治氏の翻訳を参照させていただいた。

Brüder Grimm: *Ausgewählte Kinder- und Hausmärchen*. Stuttgart (Reclam) 2001.

Busch, Wilhelm: *Max und Moritz auf englisch,* Stuttgart (Reclam) 2006.

Das Neue Testament in der deutschen Übersetzung von Martin Luther. Band 1 Text in der Fassung des Bibeldrucks von 1545. Stuttgart (Reclam) 1989. ［ルター現代語訳］ Die Bibel. Nach der Übersetzung Martin Luthers. Mit Apokryphen, Stuttgart (Deutsche Bibelgesellschaft) 1999. ［統一訳］Die Bibel Einheitsübersetzung der Heiligen Schrift. Stuttgart (Verlag Katholisches Bibelwerk GmbH) 2016.

Das Nibelungenlied. Mittelhochdeutsch / Neuhochdeutsch. Nach der Handschrift B. herausgegeben von Ursula Schulze. Ins Neuhochdeutsche übersetzt und kommentiert von Siegfried Grosse. Stuttgart (Reclam) 2015. 『ニーベルンゲンの歌』相良守峯訳 岩波文庫 前・後編 1988 年。

Döblin, Alfred: *Berlin Alexanderplatz*. München (dtv) 1965.

Dürrenmatt, Friedrich: *Das Versprechen*. Zürich (Diogenes) 1985.

Dürrenmatt, Friedrich: *Die Panne*. Zürich (Diogenes) 1998.

Dürrenmatt, Friedrich: *Die Physiker*. Zürich (Diogenes) 1985.

Ende, Michael: *Momo*. München (Goldmann) 2002.

Fallada, Hans: *Geschichten aus der Murkelei*. Berlin (Aufbau) 2012.

Fontane, Theodor: *Effi Briest*. München (dtv) 1990.

Frisch, Max: *Andorra*. Frankfurt am Main (Suhrkamp) 1975.

Funke, Cornelia: *Potilla und der Mützendieb*. Frankfurt am Main (Fischer

Taschenbuch Verlag) 2004.

Gellert, Chr. F.: *Leben der schwedischen Gräfin von G****. Stuttgart (Reclam) 1997.

Goethe, Johann Wolfgang: *Gedichte*. Stuttgart (Reclam) 1975.

Goethe, Johann Wolfgang: *Die Leiden des jungen Werther*. Stuttgart (Reclam) 2014.

Goethe, Johann Wolfgang: *Götz von Berlichingen*. Stuttgart (Reclam) 1976.

Goethe, Johann Wolfgang: *Egmont*. Stuttgart (Reclam) 1975.

Goethe, Johann Wolfgang: *Hermann und Dorothea*. Stuttgart (Reclam) 1976.

Goethe, Johann Wolfgang: *Die Wahlverwandtschaften*. Stuttgart (Reclam) 1998.

Goethe, Johann Wolfgang: *Faust Erster Teil*. Stuttgart (Reclam) 1976.［英訳］Faust Part One. Translated by David Luke, Oxford University Press.
　ゲーテ『ファウスト』第一部 手塚富雄訳 中央公論社 1964 年。

Gottfried von Straßburg: *Tristan*. Band 1 Mittelhochdeutsch / Neuhochdeutsch. Stuttgart (Reclam) 2013.

Grass, Günter: *Die Blechtrommel*. Darmstadt (Luchterhand) 1979.

Grillparzer, Franz: *Medea*. In: *Das goldene Vließ*. Stuttgart (Reclam) 2015.

Grimmelshausen: *Der abenteuerliche Simplicissimus*. Stuttgart (Reclam) 2012.
　グリンメルスハウゼン『阿呆物語』(上)(中) 望月市恵訳 岩波文庫 1986 年。

Hauff, Wilhelm: *Die Karawane*. In: Sämtliche Märchen. Stuttgart (Reclam) 2011.

Hartmann von Aue: *Der arme Heinrich*. Mittelhochdeutsch / Neuhochdeutsch. Stuttgart (Reclam) 2013.

Hartmann von Aue: *Iwein*. Mittelhochdeutsch / Neuhochdeutsch. Stuttgart (Reclam) 2015. ハルトマン・フォン・アウエ『ハルトマン作品集』(平尾浩三他訳) 1982 年 郁文堂。

Härtling, Peter: *Jette*. Weinheim, Basel (Beltz & Gelberg) 1998.

Hauptmann, Gerhart: *Die Weber*. Berlin (Ullstein) 2016.
　ハウプトマン『織工』久保栄訳 岩波文庫 1988 年。

Hebbel, Friedrich: *Maria Magdalena*. Stuttgart (Reclam) 2012.

Kafka, Franz: *Das Schloß*. Frankfurt am Main (Fischer Taschenbuch Verlag) 2005.

Kästner, Erich: *Pünktchen und Anton,* München (dtv) 2002.

Kleist, von Heinrich: *Der zerbrochne Krug*. Stuttgart (Reclam) 1977.
　クライスト『こわれがめ』手塚富雄訳 岩波文庫 1976 年。

Kleist, von Heinrich: *Das Käthchen von Heilbronn*. Stuttgart (Reclam) 2005.

Knabe, Bernhard: *Das grüne Geheimnis im Stein*. Gaggenau (Metz) 1998.

Korschunow, Irina: *Ein Anruf von Sebastian*. München (dtv) 2001.

Kudrun. Mittelhochdeutsch / Neuhochdeutsch. Herausgegeben, übersetzt und kommentiert von Uta Störmer-Caysa. Stuttgart (Reclam) 2010.

Lebert, Benjamin: *Crazy*. München (Goldmann) 2001.

Lessing, Gotthold Ephraim: *Miss Sara Sampson*. Stuttgart (Reclam) 2012.

Lessing, Gotthold Ephraim: *Minna von Barnhelm*. Stuttgart (Reclam) 1997.

Lessing, Gotthold Ephraim: *Emilia Galotti*. Stuttgart (Reclam) 2006.

レッシング『エミーリア・ガロッティ他』田邊玲子訳 岩波文庫 2006 年。

Lessing, Gotthold Ephraim: *Nathan der Weise*. Stuttgart (Reclam) 2015.

Lindow, Wolfgang (Hrsg.) *Ein kurtzweilig Lesen von Dil Ulenspiegel*. Nach dem Druck von 1515 mit 87 Holzschnitten. Stuttgart (Reclam) 2010.

Link, Caroline: *Jenseits der Stille*. Berlin (Aufbau Taschenbuch Verlag) 2001.

Lohenstein, Daniel Casper von: *Cleopatra*. Stuttgart (Reclam) 2008.

Luther, Martin: *Der kleine Katechismus*. Bielefeld (Ludwig Bechauf) 1987. http://catechism.cph.org/de/gebete.html

Mann, Erika: *Stoffel fliegt übers Meer*. Hamburg (Rowohlt Taschenbuch Verlag) 2005.

Mann, Thomas: *Buddenbrooks Verfall einer Familie*. Frankfurt am Main (Fischer Taschenbuch Verlag) 1996, [オランダ語訳] *De Buddenbrooks Verval van een familie*. vertaald door Thomas Graftdijk, Amsterdam / Antwerpen (Uitgeverij De Arbeiderspers) 2014, [英訳] *Buddenbrooks The Decline of a Family*. 1) Translated by John E. Woods, (Everyman s Library) 1994, 2) Translated by H. T. Lowe-Porter (Vintage) 1999, [フランス語訳] *Les Buddenbrook Le déclin d'une famille*. (Fayard) 2016.

Mann, Thomas: *Tonio Kröger*. Frankfurt am Main (Fischer Taschenbuch Verlag) 1977.

Mann, Thomas: *Die Erzählungen Band 1*. Frankfurt am Main (Fischer Taschenbuch Verlag) 1977.

Nietzsche, Friedrich: *Also sprach Zarathustra*. Stuttgart (Reclam) 1977. [英訳] *Thus spoke Zarathustra*. Translated by R. J. Hollingdale. (Penguin Books) 1984.

Noll, Ingrid: *Die Apothekerin*. Zürich (Diogenes) 1996.

Nöstlinger, Christine: *Wir pfeifen auf den Gurkenkönig*. Hamburg (Rowohlt Taschenbuch Verlag) 2009.

Nuyen, Jenny-Mai: *Das Drachentor*. München (cbt/cbj Verlag) 2007.

Otfrids *Evangelienbuch*. Herausgegeben von Oskar Erdmann, besorgt von Ludwig Wolff, Tübingen (Max Niemeyer Verlag) 1957[3], [現代語訳] 1) Christi Leben und Lehre besungen von Otfrid. Aus dem atlhochdeutschen übersetzt von Johann Kelle, (Verlag von Friedrich Tempsky) Prag 1870, 2) *Otfrid von Weißenburg Evangelienbuch Auswahl*. Althochdeutsch / Neuhochdeutsch. Herausgegeben, übersetzt und kommentiert von Gisela Vollmann-Profe. Stuttgart (Reclam) 2010.

Pausewang, Gudrun: *Die letzten Kinder von Schewenborn*. Ravensburg (Ravensburger) 1997.

Pausewang, Gudrun: *Die Wolke*. Ravensburg (Ravensburger) 1997.

Pausewang, Gudrun: *Ich gebe dir noch eine Chance, Gott!* Ravensburg (Ravensburger) 2004.

Preußler, Otfried: *Die kleine Hexe*. Stuttgart / Wien (Thienemann Verlag) 1957.

［英訳］*The Little Witch.* Translated by Anthea Bell, Tokyo (Kodansha) 2004.

Preußler, Otfried: *Krabat.* München (dtv) 2002.

Remarque, Erich Maria: *Im Westen nichts Neues.* Köln (Kiepenheuer & Witsch) 2016.

Richter Jutta: *Hechtsommer.* München (dtv) 2006.

Sachs, Hans: *Prosadialoge.* Berlin (Holzinger) 2013.

Sachs, Hans: Das heiße Eisen. In: *Meisterlieder, Spruchgedichte, Fastnachtsspiele.* Stuttgart (Reclam) 2011, 102-115.

Schenkel, Andrea Maria: *Tannöd.* Hamburg (Lutz Schulenburg) 2007.

Schiller, Friedrich: *Gedichte. Eine Auswahl.* Stuttgart (Reclam) 1974.

Schiller, Friedrich: *Die Räuber.* Stuttgart (Reclam) 2015.

Schiller, Friedrich: *Die Verschwörung des Fiesco zu Genua.* Stuttgart (Reclam) 2010.
シラー『フィエスコの叛乱』野島正城訳 岩波文庫 1999 年。

Schiller, Friedrich: *Don Carlos.* Stuttgart (Reclam) 1975.
シラー『ドン・カルロス』佐藤通次訳 岩波文庫 1977 年。

Schiller, Friedrich: *Maria Stuart.* Stuttgart (Reclam) 2016.
シラー『マリア・ストゥアルト』相良守峯訳 岩波文庫 1983 年。

Schiller, Friedrich: *Die Jungfrau von Orleans,* Stuttgart (Reclam) 2005.

Schiller, Friedrich: *Wilhelm Tell.* Stuttgart (Reclam) 2006.

Schiller, Friedrich: *Die Braut von Messina.* Stuttgart (Reclam) 1976.

Schiller, Friedrich: *Wallenstein I, Wallensteins Lager. Die Piccolomini.* Stuttgart (Reclam) 2012.

Schiller, Friedrich: *Wallenstein II, Wallensteins Tod.* Stuttgart (Reclam) 1971.

Schlink, Bernhard: *Selbs Betrug.* Zürich (Diogenes) 1994.

Schnitzler, Arthur: *Anatol. Anatols Größenwahn, Der grüne Kakadu.* Stuttgart (Reclam) 1989.

Schnitzler, Arthur: *Reigen.* Stuttgart (Reclam) 2014.

Schnitzler, Arthur: *Liebelei.* Frankfurt am Main (Fischer Taschenbuch Verlag) 2014.

Scholl, Inge: *Die Weiße Rose,* Frankfurt am Main (S. Fischer Verlag) 1995.

Shakespeare, William: *Hamlet.* Englisch / Deutsch (Reclam) 2018.

Stowe, Harriet Beecher: *Uncle Tom's cabin.* (Bantam Books) 1981. ［独訳］*Onkel Toms Hütte.* In der Bearbeitung einer alten Übersetzung. Herausgegeben von W. Herzfelde. (Insel) 1977.

Sudermann, Hermann: *Heimat.* Stuttgart (Reclam) 1989.

Tatian: Lateinisch und altdeutsch: Mit ausführlichem Glossar. herausgegeben von Eduard Sievers. Paderborn (Verlag von Ferdinand Schöningh) 1872.

Tepl, Johannes von: *Der Ackermann.* Frühneuhochdeutsch / Neuhochdeutsch. Stuttgart (Reclam) 2009.

Tetzner, Lisa: *Die schwarzen Brüder.* Hamburg (Carlsen Verlag) 2002.

Wagner, Richard: *Siegfried.* Stuttgart (Reclam) 2004.

Wagner, Richard: *Tristan und Isolde.* Stuttgart (Reclam) 1976.

Weiss, Peter: *Die Ermittlung,* In: *Stücke I.* Frankfurter am Main (Suhrkampf) 1976.

Wölfel, Ursula: *Die grauen und die grünen Felder.* Weinheim, Basel (Beltz & Gelberg) 2004.

Zweig, Stefan: *Schachnovelle.* Berlin (Holzinger) 2016.

Geyer, Christian: *Machen Sie einfach das Beste daraus!* Die Welt als Witz und Vorstellung In: *Frankfurter Allgemeine Zeitung,* 4. April 2007, S.31.

Comics

Kleist, Reinhard: *Der Boxer. Die wahre Geschichte des Hertzko Haft.* Hamburg (Carlsen) 2012.

Oda, Eiichiro: *One Piece.* 1, Hamburg (Carlsen) 2001. (ドイツ語版)

Oda, Eiichiro. *Wan piisu.* 1, Tokyo (Shuei-sha) 1997/2007.

Toriyama, Akira: *Dragonball.* 1, 3, Hamburg (Carlsen) 1997. (ドイツ語版)

Toriyama, Akira. *Dragonball.* 1, 3, Tokyo (Shuei-sha) 1984/2007.

CD

Beatles, The: *Past Master,* Volume one, 1988 EMI Records Ltd.

Fischer, Helene: *Farbenspiel* 2013 Polydor (Universal music).

＊＊上記以外にも邦訳がある場合は、例文の邦訳に際して参考にさせていただきました。既訳に敬意を表すとともに、訳者の方々に感謝申し上げます。

参考文献

［本書と直接関係なくても重要なものは参考にあげてあります。＊印は研究史上重要な文献、＊＊印はドイツ語の命令・要求表現に関して特に重要な文献です。］

Adelung, Joh. Christoph (1782): *Umständliches Lehrgebäude der deutschen Sprache zur Erläuterung der deutschen Sprachlehre für Schulen.* Zweiter Band. Leipzig: Breitkopf.

*Aikhenvald, Alexandra Y. (2012): *Imperatives and Commands.* Oxford: Oxford University Press.

Albertsen, Leif Ludwig (1970): Nicht hinauslehnen! Sprachstilistische Bemerkungen zum sogenannten imperativischen Infinitiv. In: *Zeitschrift für deutsche Sprache* 26, 116-118.

Alcázar, Asier/Saltarelli, Mario (2014): *The Syntax of Imperatives.* Cambridge: Cambridge University Press.

Altmann, Hans (1987): Zur Problematik der Konstitution von Satzmodi als Formtypen.

In: Meibauer, J. (Hrsg.): *Satzmodus zwischen Grammatik und Pragmatik.* Tübingen: Niemeyer, 22-56.

Altmann, Hans (1993): Satzmodus. In: Jacobs, J., Stechow, A. v., Sternefeld, W., Vennemann, Th. (Hrsg.): *Syntax. Ein internationales Handbuch zeitgenössischer Forschung.* Berlin / New York: de Gruyter, 1006-1029.

*Ascoli, Christina (1978): Some pseudo-imperatives and their communicative function in English. In: *Folia Linguistica* 12, 405-415.

Auer, Peter / Günthner, Susanne (2005): Die Entstehung von Diskursmakern im Deutschen — ein Fall von Grammatikalisierung? In: Leuschner, T., Mortelmans, T., De Groodt, S. (Hrsg.): *Grammatikalisierung im Deutschen.* Berlin / New York: de Gruyter, 335-362.

Auer, Peter (2017): Epilogue: Imperatives — The language of immediate action. In: Sorjonen, M-L., Raevaara, L. and Couper-Kuhlen, E. (ed.): *Imperative Turns at Talk. The design of directives in action.* Amsterdam / Philadelphia: John Benjamins, 411-423.

Barbiers, Sjef (2007): On the periphery of imperative and declarative clauses in Dutch and German. In: Wurff (2007), 95-112.

Bartschat, Brigitte (1982): Struktur und Funktion verbaler Aufforderungen. In: *Linguistische Studien* (Akademie der Wissenschaften der DDR) Reihe A 98, Berlin, 67-121.

Bauer, Heinrich (1830): *Vollständige Grammatik der neuhochdeutschen Sprache.* Bd. 3, Berlin: Reimer.

Bausch, Karl-Heinz (1979): *Modalität und Konjunktivgebrauch in der gesprochenen deutschen Standardsprache.* München: Max Hueber.

Bech, Gunnar (1949): Das semantische System der deutschen Modalverba. In: *Travaux du Cercle Linguistique de Copenhague* 4, 3-46.

Becker, Karl F. (1870[2]): *Ausführliche deutsche Grammatik als Kommentar der Schulgrammatik.* Bd. 2., Prag. (Nachdruck 1969, Hildesheim: G. Olms).

Behaghel, Otto (1903): Die Herstellung der syntaktischen Ruhelage im Deutschen. In: *Indogermanische Forschungen* 14, 438-459.

Behaghel, Otto (1924a): *Deutsche Syntax, Band 2. Die Wortklassen und Wortformen.* Heidelberg: Carl Winter's Universitätsbuchhandlung.

Behaghel, Otto (1924b): Zu den Imperativnamen. In: *Neuphilologische Mitteilungen* 25, 133-134.

Bennis, Hans (2006): Agreement, Pro, and Imperatives. In: Ackema, P., Brandt, P. Schoorlemmer, M. and Weerman, F. (ed.): *Arguments and Agreement.* Oxford: Oxford University Press, 101-123.

Bennis, Hans (2007): Featuring the subject in Dutch imperatives. In: Wurff (2007), 113-134.

*Bergmann, Rolf (1990): Die Imperativform als Normproblem. In: Dinkelacker, W. et al (Hrsg.): *Ja muz ich sunder riuwe sin. Festschrift für Karl Stackmann zum 15. Februar 1990.* Göttingen: Vandenhoeck & Ruprecht, 253-260.

Besch, Werner (1967): *Sprachlandschaften und Sprachausgleich im 15. Jahrhundert. Studien zur Erforschung der spätmittelhochdeutschen Schreibdialekte und zur Entstehung der neuhochdeutschen Schriftsprache.* München: Francke.

Besch, Werner (2003[2]): Anredeformen des Deutschen im geschichtlichen Wandel, In: Besch, W. / Betten, A. / Reichmann, O. / Sonderegger, S. (Hrsg.): *Sprachgeschichte. Ein Handbuch zur Geschichte der deutschen Sprache und iherer Erforschung.* 3. Teilband Berlin / New York: de Gruyter, 2599-2628.

Beukema, Frits / Coopmans, Peter (1989): A Government-Bindung perspective on the imperative in English. In: *Journal of Linguistics* 25, 417-436.

*Birjulin, Leonid A. / Xrakovskij, Victor S. (2001): Imperative sentences: theoretical problems. In: Xrakovskij (2001), 3-50.

Blatz, Friedrich (1896[3]): *Neuhochdeutsche Grammatik: Mit Berücksichtigung der historischen Entwicklung der deutschen Sprache.* Bd. 2 Satzlehre (Syntax). Karlsruhe: Lang. (Nachdruck 1970, Tokyo: Sansyusya).

Boettcher, Wolfgang / Sitta, Horst (1972): *Deutsche Grammatik III, Zusammengesetzter Satz und äquivalente Strukturen.* Frankfurt am Main: Athenäum.

Bolinger, Dwight (1967): The imperative in English. In: Halle, M. et al. (ed.) *To honor Roman Jakobson. Essays on the occasion of his seventieth birthday.* volume I. The Hague / Paris: Mouton, 335-362.

*Bolinger, Dwight (1977): *Meaning and Form.* London and New York: Longman. D. ボリンジャー『意味と形』(中右実訳) こびあん書房 1981 年。

**Bosmanszky, Kurt (1976): *Der Imperativ und seine Stellung im Modalsystem der deutschen Gegenwartssprache. Untersuchungen über Ausdrucksmöglichkeiten der Aufforderung.* masch. Dissertation Wien.

Brandt, Margareta / Reis, Marga / Rosengren, Inger / Zimmermann, Ilse (1992) : Satztyp, Satzmodus und Illokution. In: Rosengren, I. (Hrsg.): *Satz und Illokution.* Band 1, Tübingen: Niemeyer, 1-90.

Braune, Wilhelm / Eggers, Hans (1987[14]): *Althochdeutsche Grammatik.* Tübingen: Niemeyer.

Braune, Wilhelm / Ebbinghaus, A. Ernst (1981[19]): *Gotische Grammatik mit Lesestücken und Wörterverzeichnis.* Tübingen: Niemeyer.

Brinkmann, Hennig (1971[2]): *Die deutsche Sprache. Gestalt und Leistung.* Düsserdorf: Schwann.

Buscha, Annerose (1976): Isolierte Nebensätze im dialogischen Text. In: *Deutsch als Fremdsprache* 13, 274-279.

Buscha, Joachim / Zoch, Irene (1984): *Der Konjunktiv.* Leipzig: Verlag Enzyklopädie.

Businer, Martin (2011): *<Haben> als Vollverb. Eine dekompositionale Analyse.* Berlin / New York: de Gruyter.

Crnič, Luka / Trinh, Tue (2009): Embedding Imperatives in English. In: Riester, A., Solstad, T. (ed.): *Proceedings of Sinn und Bedeutung* 13, 109-123.

Curme George O. (1977[2]): *A Grammar of the German Language.* New York: Frederick Ungar Publishing Co.

Czochralski, Jan A. (1978): Primäre Imperativformen im Polnischen und Deutschen. In: *Acta Philologica* 10, 41-57, 59-76.

Dal, Ingerid (1966[3]): *Kurze deutsche Syntax. Auf historischer Grundlage.* Tübingen: Niemeyer.

Darski, Józef Paweł (2010): *Deutsche Grammatik. Ein völlig neuer Ansatz.* Frankfurt am Main: Peter Lang.

*Davies, Eirlys (1986): *The English Imperative.* London / Sydney / Dover / New Hampshire: Croom Helm.

Dittmaier, Heinrich (1956): Ursprung und Geschichte der deutschen Satznamen. In: Meisen, K. (Hrsg.) *Rheinisches Jahrbuch für Volkskunde. Siebenter Jahrgang.* Bonn: Dümmler, 7-94.

Dobrovie-Sorin, Carmen (1984): Impératifs conditionnels. In: *Le français moderne 52,* 1-21.

*Donhauser, Karin (1982): Ein Typ mit *und* koordinierter Imperative des Deutschen. In: *Sprachwissenschaft* 7/2, 220-257.

*Donhauser, Karin (1984): Aufgepaßt! — Überlegungen zu einer Verwendung des Partizips II im Deutschen. In: Eroms, H. -W. / Gajek, B. / Kolb, H. (Hrsg.) *Studia linguistica et philologica, Festschrift für Klaus Matzel zum 60. Geburtstag.* Heidelberg: Winter, 367-374.

**Donhauser, Karin (1986): *Der Imperativ im Deutschen. Studien zur Syntax und Semantik des deutschen Modussystems.* Hamburg: Buske.

Donhauser, Karin (1987): Verbaler Modus oder Satztyp? Zur grammatischen Einordnung des deutschen Imperativs. In: Meibauer, J. (Hrsg.): *Satzmodus zwischen Grammatik und Pragmatik.* Tübingen: Niemeyer, 57-74.

Downes, William (1977): The imperative and pragmatics. In: *Journal of Linguistics* 13, 77-97.

*Downing, Bruce T. (1969): Vocatives and Third-person Imperatives in English. In: *Papers in Linguistics* 1, 570-592.

Dowty, David, R. (1979): *Word Meaning and Montague Grammar.* Dordrecht / Boston / London: D. Reidel.

Duden (1984[4], 1995[5]): *Die Grammatik der deutschen Gegenwartssprache.* Mannheim / Wien / Zürich: Dudenverlag.

Duden (2006[7]): *Die Grammatik. 7., völlig neu erarbeiteten und erweiterten Auflage.*

Mannheim / Leipzig / Wien / Zürich: Dudenverlag.

Ebert, Robert Peter / Reichmann, Oskar / Solms, Hans-Joachim und Wegera, Klaus-Peter (1993): *Frühneuhochdeutsche Grammatik*. Tübingen: Niemeyer.

Eguchi, Yutaka (1997): Zu lassen-Konstruktionen im Zeitungsdeutsch — Bilanz einer computergestützten Korpusanalyse. In: *Gengo Bunkabu Kiyo 32*. Hokkaido University, 151-170.

Eisenberg, Peter (2013[4]): *Grundriss der deutschen Grammatik. Band 1: Das Wort, Band 2: Der Satz*. Stuttgart / Weimar: J. B. Metzler.

Engel, Ulrich (1988): *Deutsche Grammatik*. Heidelberg: Julius Groos.

Engelen, Bernhard (1975): *Untersuchungen zu Satzbauplan und Wortfeld in der geschriebenen deutschen Sprache der Gegenwart*. München: Max Hueber.

*Erben, Johannes (1961): Lasst uns feiern / Wir wollen feiern! In: *Beiträge zur Geschichte der deutschen Sprache und Literatur 82. Sonderband. Elisabeth Karg-Gasterstädt zum 75. Geburtstag am 9. Februar 1961 grwidmet*. Halle (Saale): Niemeyer, 459-471.

Erben, Johannes (1966): Zur Frage des Konjunktivs. In: *Zeitschrift für deutsche Sprache* 22, 129-139.

Erben, Johannes (1980[12]): *Deutsche Grammatik. Ein Abriss*. München: Max Hueber.

Erben, Johannes (1983a): Sprechakte der Aufforderung im Neuhochdeutschen. In: *Sprachwissenschaft* 8/4, 399-412.

Erben, Johannes (1983b): Zu den Ausdrucksvarianten des „Adhortativus inclusivus" („inclusive / joint imperative") im Neuhochdeutschen. In: Askedal, J. O. / Christensen, C. / Findreng, Å. / Leirbukt, O. (Hrsg.), *Festschrift für Laurits Saltveit zum 70. Geburtstag am 31. Dezember 1983*. Oslo / Bergen / Tromsö: 50-57.

*Erdmann, Oskar (1886): *Grundzüge der deutschen Syntax nach ihrer geschichtlichen Entwicklung*. Stuttgart: Verlag der J. G. Gotta'schen Buchhandlung.

Fabricius-Hansen, C. / Solfjeld, K. / Pitz, A. (2018): *Der Konjunktiv Formen und Spielräume*. Tübingen; Stauffenburg.

Fischer, Bernd-Jürgen (1980): Zur oberflächengrammatischen Behandlung von Imperativsätzen des Deutschen. In: *Folia Linguistica* 14, 1-46.

Flämig, Walter (1961): Sagen — Fragen — Heischen. Über die unterschiedliche Leistung sprachlicher Elemente im Satz. In: *Deutschunterricht* 13/5, 62-87.

Flämig, Walter (1962): *Zum Konjunktiv in der deutschen Sprache der Gegenwart. Inhalte und Gebrauchsweisen*. Berlin: Akademie-Verlag.

Fourquet, Jean (1973): Zum Gebrauch des deutschen Konjunktivs. In: *Linguistische Studien IV, Festgabe für Paul Grebe zum 65. Geburtstag*. Teil 2, Düsseldorf: Schwann, 61-72.

Franck, Johannes (1888): *Mittelniederländische Grammatik mit Lesestücken und Glossar*. Leipzig: T. O. Weigel.

Franck, Johannes (1909): *Altfränkische Grammatik. Laut- und Flexionslehre.* Göttingen: Vandenhoeck und Ruprecht.

*Fries, Norbert (1983): *Syntaktische und semantische Studien zum frei verwendeten Infinitiv und zu verwandten Erscheinungen im Deutschen.* Tübingen: Narr.

*Fries, Norbert (1992): Zur Syntax des Imperativs im Deutschen. In: *Zeitschrift für Sprachwissenschaft* 11(2), 153-188.

Gading, Walter (1952): Die Anrede. Ein Stück Kulturgeschichte. In: *Muttersprache* 62, 217-225.

Gärtner, Hans-Martin (2013): Infinite Hauptsatzstrukturen. In: Meibauer (2013), 202-231.

Gerstenkorn, Alfred (1976): Das „Modal"-System im heutigen Deutsch, München: F. Fink.

Glaser, Elvira (2002): *Fein gehackte Pinienkerne zugeben!* Zum Infinitiv in Kochrezepten. In: Restle, D., Zaefferer, D. (Hrsg.): *Sounds and Systems. Studies in Structure and Change. A Festschrift for Theo Vennemann.* Berlin / New York: de Gruyter, 165-183.

Gottschald, Max: (1982⁵): *Deutsche Namenkunde. Unsere Familiennamen.* Berlin / New York: de Gruyter.

Grimm, Jacob (1852): Über eine construction des imperativs. In: *Zeitschrift für vergleichende Sprachforschung auf dem Gebiete des Deutschen, Griechischen und Lateinischen* 1, 144-148.

Grimm, Jacob (1898): *Deutsche Grammatik,* Bd. 4, Gütersloh: Bertelsmann.

Grimm, Jacob und Wilhelm (1960): *Deutsches Wörterbuch. Band 29.* Leipzig: Verlag von S. Hirzel.

*Gysi, Martin (1997): *Die Verbalgrösse Imperativ im Spanischen. Überlegungen zum Grundwert des spanischen Imperativs und seiner Stellung innerhalb des Modussystems.* Bern / Berlin / Frankfurt a. M. / New York / Paris / Wien: Peter Lang.

*Haftka, Brigitta (1982): Zur semantischen Charakteristik von Imperativpropositionen. In: *Linguistische Studien* (Akademie der Wissenschaften der DDR) Reihe A 99, Berlin, 178-196.

Haftka, Brigitta (1984): Zur inhaltlichen Charakteristik von Imperativsätzen. In: *Linguistische Studien* (Akademie der Wissenschaften der DDR) Reihe A 116, Berlin, 89-163.

Hamblin, Charles L. (1987): *Imperatives.* Oxford: Blackwell.

*Han, Chung-Hye (2000): *The Structure and Interpretation of Imperatives. Mood and Force in Universal Grammar.* New York / London: Garland.

Heidolph, von Karl Erich / Flämig, Walter und Motsch, Wolfgang u.a. (1981): *Grundzüge einer deutschen Grammatik.* Berlin: Akademie-Verlag.

*Heinold Simone (2012): *Gut durchlesen!* Der deutsche Imperativ und seine funktionalen Synonyme. Ein Vergleich mit dem Finnischen. In: *Deutsche Sprache* 1/12, 32-56.

*Heinold Simone (2013): Eigenschaften von direktiven Partizipien im Deutschen. In: *Deutsche Sprache* 4/13, 313-334.

Heinold Simone (2015): *Tempus, Modus und Aspekt im Deutschen. Ein Studienbuch.* Tübingen: Narr.

Helbig, Gerhard (1990): *Lexikon deutscher Partikeln.* Leipzig: Verlag Enzyklopädie.

Helbig, Gerhard / Buscha, Joachim (1981[7]): *Deutsche Grammatik. Ein Handbuch für den Ausländerunterricht.* Leipzig: Verlag Enzyklopädie.

Held, Karl (1903): *Das Verbum ohne pronominales Subjekt in der älteren deutschen Sprache.* Berlin: Mayer & Müller.

Hentschel, Elke / Weydt, Harald (1994[2]): *Handbuch der deutschen Grammatik,* Berlin / New York: de Gruyter. E. ヘンチェル / H. ヴァイト 『現代ドイツ文法の解説』 西本美彦・高田博行・河崎靖訳 同学社 1996 年。

Heyse, Johann Christoph August (1838): *Theoretisch-praktische deutsche Grammatik oder Lehrbuch der deutschen Sprache.* Bd. 1, Hannover: Sahn'sche Hofbuchhandlang, (Nachdruck 1972, Hildesheim: G. Olms).

*Hindelang, Götz (1978): *Auffordern. Die Untertypen des Aufforderns und ihre sprachlichen Realisierungsformen.* Göppingen: Alfred Kümmerle.

Hoffmann, Ludger (2014): *Deutsche Grammatik.* 2., neu bearbeitete und erweiterte Auflage, Berlin: Erich Schmidt.

*Horváth, Katalin (2004): Aufforderungssatztypen vom Mittelhochdeutschen bis zum frühen Neuhochdeutschen — eine Fallstudie. In: Orosz, M. / Herzog, A. (Hrsg.) *Jahrbuch der ungarischen Germanistik 2003.* Gesellschaft ungarischer Germanisten. Bonn-Budapest, 249-265.

House, Juliane (1982): Gambits in deutschen und englischen Alltagsdialogen. Versuch einer pragmatisch-kontrastiven Analyse. In: *Grazer linguistische Studien* 17/18, 110-132.

Huber, Walter / Kummer, Werner (1974): *Transformationelle Syntax des Deutschen I.* München: Wilhelm Fink.

Huber-Sauter, Margrit (1951): *Zur Syntax des Imperativs im Italienischen.* Bern: Francke.

Huntley, Martin (1984): The semantics of English imperatives. In: *Linguistics and Philosophy* 7, 103-133.

*Ibañez, Roberto (1976): Über die Beziehungen zwischen Grammatik und Pragmatik: Konversationspostulate auf dem Gebiet der Konditionalität und Imperativität. In: *Folia Linguistica* 10, 223-248.

Ide, Manshu (1996): *Lassen und lâzen. Eine diachrone Typologie des kausativen Satzbaus.* Würzburg: Königshausen & Neumann.

Ide, Manshu (1998): Die Formen des Infinitivsubjekts in der *lassen*-Konstruktion. Ihre Kontextuellen Bedingungen. In: *Deutsche Sprache* 26, 273-288.

Iwan, Piotr (1997): Ersatzformen und selten gebrachte Formen des Imperativs im Deutschen und im Polnischen. Versuch einer konfrontativen Analyse. In: *Glottodidactica* 25, 41-48.

Jäger, Siegfried (1970): Indirekte Rede und Heischesatz. Gleiche formale Strukturen in ungleichen semantischen Bereichen. In: *Studien zur Syntax des heutigen Deutsch. Paul Grebe zum 60. Geburtstag.* 1. Aufl. Düsseldorf: Schwann, 103-117.

Jäger, Siegfried (1971): *Der Konjunktiv in der deutschen Sprache der Gegenwart. Untersuchungen an ausgewählten Texten.* München: Max Hueber.

Jary, Mark / Kissine Mikhail (2014): *Imperative. Key topics in semantics and pragmatics.* Cambridge: Cambridge University Press.

Jørgensen, Peter (1966): *German grammar, Band 3.* Englische Übersetzung. London: Heinemann.

Jespersen, Otto (1940): *A modern English grammar. on historical principles.* Part 5. Syntax. Fourth volume, Copenhagen: Ejnar Munksgaard.

Jung, Walter (1982[7]): *Grammatik der deutschen Sprache.* Leipzig: VEB Bibliographisches Institut.

Kaeppel, Eleonore (1985): Der Imperativ im Deutschen und Französischen. Vergleichende Beobachtungen zu seiner Verwendung in der deutschen und der französischen Anzeigenwerbung. In: Kürschner, W. / Vogt, R. (Hrsg.): *Grammatik, Semantik, Textlinguistik.* Tübingen: Niemeyer, 137-148.

Kaeppel, Eleonore (1987): *Der Imperativ in der französischen Anzeigenwerbung.* Tübingen: Narr.

Kauffer, Maurice (2013): Phraseologismen und stereotype Sprechakte im Deutschen und im Französischen. In: *Linguistik online* 62, 119-138.

*Kaufmann, Magdalena (2012): *Interpreting Imperatives.* Dordrecht, Heidelberg, London, New York: Springer.

*Kaufmann, Magdalena / Poschmann, Claudia (2013): Embedded imperatives: Empirical evidence from Colloquial German. In: *Language* 89, 619-637.

Kaufmann, Magdalena (2014): Embedded imperatives across languages: Too rare to expect, too frequent to ban, Handout (updated April 11, 2014) 1-29.

*Kibardina, Svetlana M. (2001): Imperative constructions in German. In: Xrakovskij (2001), 315-328.

Kieckers, Ernst (1920a): Zum nhd. Infinitivgebrauch. In: *PBB* (Beiträge zur Geschichte der deutschen Sprache und Literatur) 44, 509-512.

Kieckers, Ernst (1920b): Die 2. Sing. Imperativ im Nhd. als Indicativ. In: *PBB* 44, 513.

Kieckers, Ernst (1922): Imperativisches in indikativischer Bedeutung im Neuhochdeutschen. In: *Indogermanische Forschungen* 40, 160-162.

*Kleinknecht, Friederike (2007): *Der Imperativ im gesprochenen Italienisch. Form und Funktion im Spannungsfeld zwischen Semantik und Pragmatik.* Norderstedt: GRIN Verlag.

Knuth, Felix (2013): V2-imperatives in Modern High German and Old Norse. With a few remarks on the diachrony and closely related languages. (Manuskript)

Konieczna-Zięta, Hanka (2000): Bemerkungen zu den sogenannten Satznamen im Deutschen im Vergleich mit dem Polnischen. In: *Studia Germanica Posnaniensia* 26, 37-45.

*König, Ekkehard / Siemund, Peter (2007): Speech act distinctions in grammar, In: Shopen, T. (ed.): *Language Typology and Syntactic Description vol. 1: clause Structure.* Cambridge: Cambridge University Press, 276-324.

Kraft, Barbara (1999): Aufforderungsausdrücke als Mittel kommunikativer Lenkung. Überlegungen zu einem Typ von Sprechhandlungsaugmenten. In: Bührig, K. / Matras, Y. (Hrsg.) *Sprachtheorie und sprachliches Handeln. Festschrift für Jochen Rehbein zum 60. Geburtstag.* Tübingen: Stauffenburg, 247-263.

*Krascheninnikowa, J. A. (1954): Der Modus der Aufforderung im Deutschen. In: *Sowjetwissenschaft. Gesellschaftwissenschaftliche Abteilung,* 252-266.

Kretschmer, Paul (1910): Zur Erklärung des sogenannten Infinitivus historicus. In. *Glotta* 2, 270-287.

Kunze, Konrad (1999): *dtv-Atlas Namenkunde. Vor- und Familiennamen im deutschen Sprachgebiet.* München: Deutscher Taschenbuch Verlag.

*Kurrelmeyer, William (1900): *The historical development of the types of the first person plural imperative in German.* Straßburg: Karl J. Trübner.

Lawler, John M. (1975): Elliptical conditionals and/or hyperbolic imperatives: Some remarks on the inherent inadequacy of derivations. In: *Papers from the 11. regional meeting Chicago Linguistic Society* 11, 371-382.

Leech, Geoffrey N. (1966): *English in Advertising. A Linguistic Study of Advertising in Great Britain.* London: Longmans.

Leisi, Ernst (1975[5]): *Der Wortinhalt. Seine Struktur im Deutschen und Englischen.* Heidelberg: Quelle & Meyer. エルンスト・ライズィ『意味と構造』(鈴木孝夫訳) 講談社 1994 年。

*Liedtke, Frank (1993): Imperativsatz, Adressatenbezug und Sprechakt-Deixis. In: Rosengren, I. (Hrsg.) *Satz und Illokution. Band 2.* Tübingen: Niemeyer, 49-78.

*Liedtke, Frank (1998): Grammatikalisierung und Imperativ — eine historisch vergleichende Skizze. In: Barz, I. / Öhlschläger, G. (Hrsg.): *Zwischen Grammatik und Lexikon.* Tübingen: Niemeyer, 27-35.

Löfstedt, Leena (1966): *Les expressions du commandement et de la défense en Latin et leur survie dans les langues romanes.* Helsinki: Société Néophilologique.

*Lohnstein, Horst (2000): *Satzmodus — Kompositionell. Zur Parametrisierung der*

Modusphrase im Deutschen. Berlin: Akademie Verlag.

Magnusson, Kerstin (1976): *Die Gliederung des Konjunktivs in Grammatiken der deutschen Sprache.* Uppsala. Studia Germanistica Upsaliensia 16.

Maier, Emar (2010): Quoted imperatives. In: Prinzhorn, M. / Schmitt, V. / Zobel, S. (ed.) *Proceedings of Sinn und Bedeutung* 14, 289-304.

Marillier, Jean-François (2006): Zur Definition des Imperativs. In: Marillier, J-F., Dalmas, M., Behr, I. (Hrsg.): *Text und Sinn. Studien zur Textsyntax und Deixis im Deutschen und Französischen. Festschrift für Marcel Vuillaume zum 60. Geburtstag.* Tübingen: Stauffenburg, 149-166.

Marillier, Jean-François (2007): Imperativ und Person. In: Behr, I., Larrory, A. und Samson, G. (Hrsg.): *Der Ausdruck der Person im Deutschen.* Tübingen: Stauffenburg, 101-109.

*Markiewicz, Aleksandra (2000): *Der Imperativ im Deutschen und Polnischen.* Kraków: TAiWPN UNIVERSITAS.

Matzel, Klaus / Ulvestad, Bjarne (1976): Asymmetrie im syntaktischen Regelwerk. In: *Sprachwissenschaft* 1, 73-107.

*Matzel, Klaus / Ulvestad, Bjarne (1978): Zum Adhortativ und *Sie*-Imperativ. In: *Sprachwissenschaft* 3, 146-183.

Matzel, Klaus / Ulvestad, Bjarne (1982): Futur 1 und futurisches Präsens. In: *Sprachwissenschaft* 7, 282-328.

Matzel, Klaus / Ulvestad, Bjarne (1985): Ergänzendes zu zwei früheren Veröffentlichungen. In: *Sprachwissenschaft* 10, 1-6.

Meibauer, Jörg (1986): Rhetorische Aufforderungen und Rhetorizität. In: Burkhardt, A. und Körner K.-H. (Hrsg.) : *Pragmantax*, Tübingen: Niemeyer, 201-212.

Meibauer, Jörg / Steinbach, Markus / Altmann, Hans (Hrsg.) (2013): *Satztypen des Deutschen.* Berlin / Boston: de Gruyter.

Moser, Hugo (1971): Sprachliche Ökonomie im heutigen deutschen Satz. In: *Studien zur Syntax des heutigen Deutsch. Paul Grebe zum 60. Geburtstag.* 2. Aufl. Düsseldorf: Schwann, 9-25.

Mossé, Fernand (1969): *Handbuch des Mittelenglischen.* München: Max Hueber.

Nedjalkov, Vladimir P. (1976): *Kausativkonstruktionen.* Tübingen: Narr.

Öhlschläger, Günther (1989): *Zur Syntax und Semantik der Modalverben des Deutschen.* Tübingen: Niemeyer.

*Olmen, Daniël Van / Heinold, Simone (2017): Imperatives and directive strategies from a functional-typological perspective: An introduction. In: Olmen / Heinold (ed.) *Imperatives and directive strategies.* Amsterdam / Philadelphia: John Benjamins, 1-49.

Palmer, Frank R. (1986): *Mood and Modality.* Cambridge: Cambridge University Press.

使用テキスト・参考文献

Paul, Hermann (1958[4], 59[4]): *Deutsche Grammatik,* Band IV (1958), V (59). Halle (Saale). Niemeyer.

Paul, Hermann/Wiehl, Peter/Grosse, Siegfried (1998[24]): *Mittelhochdeutsche Grammatik.* Tübingen: Niemeyer.

*Péteri, Attila (2004): Der Imperativsatz im Deutschen und im Ungarischen, In: Kulcsár-Szabó, Ernö/Manherz, Karl/Orosz, Magdolna (Hrsg.): *„das rechte Maß getroffen".* Festschrift für László Tarnói zum 70. Geburtstag. Budapest, Gondolat [Berliber Beiträge zur Hungarologie 14. und Budapester Beiträge zur Germanistik 43], 321-338.

*Péteri, Attila (2012): Nicht zweipersonige Imperativsätze im Ungarischen, im Deutschen und im Russischen. Analoge Entwicklungen satzmodusmarkierender Hilfswörter. In: Lang, E./Pólay, V./Szatmári P./Takács D. (Hrsg.) *Schnittstellen: Sprache-Lietratur-Fremdsprachendidaktik.* Hamburg: Verlag Dr. Kovač, 125-139.

Petrova, Svetlana (2008): *Die Interaktion von Tempus und Modus. Studien zur Entwicklungsgeschichte des deutschen Konjunktivs.* Heidelberg: Winter.

*Platzack Christer/Rosengren Inger (1998): On the subject of imperatives: A minimalist account of the imperative clause. In: *Journal of Comparative Germanic Linguistics* 1, 177-224.

Platzack, Christer (2007): Embedded imperatives. In: Wurff (2007), 181-203.

Polikarpov, Aleksandr M. (1996): Parataktische Strukturen mit dem konditionalen Imperativ in der deutschen Umgangssprache. In: Ehlert, A. (Hrsg.) *Das Wort, germanistisches Jahrbuch Russland,* 175-185.

Potsdam, Eric (1998): *Syntactic Issues in the English Imperative.* New York: Garland.

Proske, Nadine (2014): °h ach KOMM; hör AUF mit dem klEInkram. Die Partikel *komm* zwischen Interjektion und Diskursmarker. In: *Gesprächsforschung-Online-Zeitschrift zur verbalen Interaktion* 15, 121-160.

Redder, Angelika (1983): Zu ‚WOLLEN' und ‚SOLLEN'. In: Brünner, G./Redder, A.: *Studien zur Verwendung der Modalverben.* Tübingen: Narr, 107-164.

Redder, Angelika (1992): Funktional-grammatischer Aufbau des Verb-Systems im Deutschen. In: Hoffmann, L. (Hrsg.) *Deutsche Syntax. Ansichten und Aussichten.* Berlin/New York: de Gruyter, 128-154.

Reis, Marga (1982): Zum Subjektbegriff im Deutschen. In: Abraham, W. (Hrsg.): *Satzglieder im Deutschen, Vorschläge zur syntaktischen, semantischen und pragmatischen Fundierung.* Tübingen: Narr, 171-211.

Reis, Marga/Rosengren, Inger (1992): What do *Wh*-imperatives tell us about *wh*-movement? In: *Natural Language and Linguistic Theory* 10, 79-118.

Reisigl, Martin (1999): *Sekundäre Interjektionen: Eine diskursanalytische Annäherung.* Frankfurt am Main: Peter Lang.

*Ribbeck, August Ferdinand (1820): Über Bedeutung und Stellvertretung des deutschen Imperativus. In: *Jahrbuch der Berlinischen Gesellschaft für Deutsche Sprache.* Bd. 1, Berlin, 35-72.

Rögnvaldsson, Eirikur (1998): *The Syntax oft the Imperative in Old Scandinavian.* Manuskript, University of Iceland.

*Rosengren, Inger (1993): Imperativsatz und „Wunschsatz" — zu ihrer Grammatik und Pragmatik. In: Rosengren, I. (Hrsg.): *Satz und Illokution.* Band 2. Tübingen: Niemeyer, 1-47.

Rottluff, Angela (1982): Zum Verhältnis von werden-Passiv und der lassen + sich + Infinitiv-Fügung als Passivsynonym in eingebetteten Sätzen. In: *Deutsch als Fremdsprache* 19, 335-341.

Rupp, Laura (2003): *The Syntax of Imperatives in English and Germanic: Word Order Variation in the Minimalist Framework.* Basingstoke: Palgrave.

Saito, Hiroaki (2017): Toward the Parameter Hierarchy of Embedded Imperatives. In: *University of Pennsylvania Working Paper in Linguistics,* 23.1, 211-220.

*Saltveit, Laurits (1973): Der Imperativ als Ausdruck für Bedingung im Deutschen. In: Sitta, H./Brinker, K. (Hrsg.): *Studien zur Texttheorie und zur deutschen Grammatik. Festgabe für Hans Glinz zum 60. Geburtstag.* Düsseldorf: Schwann, 209-222.

Schiepek, Josef (1899): *Der Satzbau der Egerländer Mundart.* Erster Theil. Prag: Verlag des Vereins für Geschichte der Deutschen in Böhmen.

*Schilling, Ulrike (1999): *Kommunikative Basisstrategien des Aufforderns. Eine kontrastive Analyse gesprochener Sprache im Deutschen und im Japanischen.* Tübingen: Niemeyer.

*Schmerling, Susan F. (1975): Imperative Subject Deletion and Some Related Matters. In: *Linguistic Inquiry* 6, 501-511.

Schmidt, Wilhelm (1977[5]): *Grundfragen der deutschen Grammatik, Eine Einführung in die funktionale Sprachlehre.* Berlin: Volk und Wissen Volkseigener Verlag.

Schmitz, Werner (1983): *Der Gebrauch der deutschen Präposition.* München: Max Hueber.

Scholz, Ulrike (1991): *Wunschsätze im Deutschen — Formale und funktionale Beschreibung. Satztypen mit Verberst- und Verbletztstellung.* Tübingen: Niemeyer.

*Schönherr, Monika (2011): *Modalität im Diskurs und im Kontext: Studien zur Verwendung von Modalitätsausdrücken im Althochdeutschen.* Frankfurt am Main: Peter Lang.

Schötensack, H. August (1856): *Grammatik der neuhochdeutschen Sprache mit besonderer Berücksichtigung ihrer historischen Entwickelung.* Erlangen: F. Enke.

Schröder, Jochen (1990): *Lexikon deutscher Präpositionen.* Leipzig: Verlag Enzyklopädie.

Schulze, C. (1868): Imperativisch gebildete substantiva. In: *Archiv für das Studium der neueren Sprache und Literaturen* 43, 13-40.

Schützeichel, Rudolf (1982): Shakespeare und Verwandtes. In: Dick, E. S., Jankowsky, K., R. (Hrsg.) *Festschrift für Karl Schneider zum 70. Geburtstag am 18. April 1982.* Amsterdam / Philadelphia: John Benjamins, 137-152.

Schützeichel, Rudolf (1987): Imperativsätze als Derivationsbasen. In: Dyhr, M., Olsen, J. (Hrsg.) *Kopenhagener Beiträge zur Germanistischen Linguistik. Sonderband 3. Festschrift für Karl Hyldgaard-Jensen zum 70. Geburtstag am 3. Februar 1987,* S.238-243.

Schützeichel, Rudolf (2006[6]): *Althochdeutsches Wörterbuch.* Tübingen: Niemeyer.

Schwager, Magdalena (2011): Imperatives and Tense. In: Musan, R., Rathert, M. (ed.): *Tense across Languages.* Berlin / Boston: de Gruyter, 37-58.

Schwartz, Ulrike (1973): *Modus und Satzstruktur. Eine syntaktische Studie zum Modussystem im Deutschen.* Kronberg / Taunus: Scriptor Verlag.

Searle John R. (1969): *Speech acts: an essay in the philosophy of language.* Cambridge: Cambridge University Press.

Sekiguchi, Tsugio (1994): *Deutsche Präpositionen. Studien zu ihrer Bedeutungsform. Mit Beiträgen von E. Coseriu und K. Esawa.* Tübingen: Niemeyer.

Sengoku, Takashi (1997): Gewißheitsgrad und Potentialitätsart als Verbalkategorien der Modalverben —Mit deutsch-japanischer Kontrastierung—. In: Hayakawa, T. / Sengoku, T. / Kimura, N. / Hirao. K. (Hrsg.): *Sprache, Literatur und Kommunikation im kulturellen Wandel, Festschrift für Eijiro IWASAKI anläßlich seines 75. Geburtstags.* Tokyo: Dogakusha, 231-261.

Sheppard, Milena Milojević / Golden, Marija (2002): (Negative) imperatives in Slovene. In: Barbiers, S., Beukema, F. and Wurff, W. van der (ed.): *Modality and its Interaction with the Verbal System.* Amsterdam: John Benjamins, 245-259.

Shimizu, Makoto (1999): Zum Wortfeld der Modalverben im Deutschen In: Nitta, H., Shigeto, M. und Wienold, G. (Hrsg.) *Konstrastive Studien zur Beschreibung des Japanischen und des Deutschen.* München: Indicium, 213-228.

Shirooka, Keiji (1984): Zur Problematik der Absichtsverben und der absichtsfreien Verben. In: *Die Deutsche Literatu* 73. Hrsg. von der Japanischen Gesellschaft für Germanistik, 138-149.

*Simmler, Franz (1989): Zur Geschichte der Imperativsätze und ihrer Ersatzformen in Deutschen. In: Matzel, K. und Roloff, H-G. (Hrsg.): *Festschrift für Herbert Kolb zu seinem 65. Geburtstag.* Frankfurt am Main: Peter Lang, 642-691.

Simon, Horst J. (2003): *Für eine grammatische Kategorie >Respekt< im Deutschen. Synchronie, Diachronie und Typologie der deutschen Anredepronomina.* Tübingen: Niemeyer.

Späth, Andreas (1996): *Der Imperativsatz im Slowakischen mit Blick auf andere westslawische Sprachen: Syntax. Semantik und Pragmatik eines Satztyps.*

München: Sagner.

Spitzer, Leo (1918): *Aufsätze zur romanischen Syntax und Stilistik.* Halle: Niemeyer.

Stegovec, Adrian / Kaufmann, Magdalena (2015): Slovenian Imperatives: You Can't Always Embed What You Want! In: Csipak, E. / Zeijlstra, H. (ed.) *Proceedings of Sinn und Bedeutung* 19, 641-658.

Stellmacher, Dieter (1972): Die Aufforderung im gegenwärtigen Deutsch und ihre didaktische Behandlung. In: *Zielsprache Deutsch* 3, 103-108.

Stockwell, Robert P. / Schachter, Paul / Partee, Barbara Hall (1973): *The major syntactic structures of English.* New York: Holt, Rinehart and Winston, Inc., 633-671.

Streitberg, Wilhelm (1896): *Urgermanische Grammatik: Einführung in das vergleichende Studium der altgermanischen Dialekte.* Heidelberg: Carl Winter's Universitätsbuchhandlung.

Suzuki, Yasushi (2018a): Über die Imperativierbarkeit der deutschen Verben. In: *Energeia. Arbeitskreis für deutsche Grammatik* 43, 1-17.

Suzuki, Yasushi (2018b): Über den Aufforderungsausdruck „Richtungsbestimmung und mit + Substantiv / Pronomen". In: *Annals of the college general educatin* 54. Aichi University, 33-42.

Suzuki, Yasushi (2020): Die Aufforderungsausdrücke von „lassen". In: *Language and Culture* 43. Aichi-University, 37-55.

Takahashi, Hidemitsu (2000): "Pseudo-imperatives" & Conditionals: a preliminary survey. In: *The annual reports on cultural science* 101. Hokkaido University, 59-92.

Takahashi, Hidemitsu (2005): Imperatives in Subordinate Clauses. In: *The annual reports on cultural science* 117. Hokkaido University, 45-87.

Takahashi, Hidemitsu (2009): *Let's*-imperatives in Conversational English. In: *Journal of the Graduate School of Letters.* Hokkaido University, vol.4, 23-36.

*Takahashi, Hidemitsu (2012): *A Cognitive Linguistic Analysis of the English Imperative. With special reference to Japanese imperatives.* Amsterdam / Philadelphia: John Benjamins.

Tarvainen, Kalevi (1976): Die Modalverben im deutschen Modus- und Tempussystem. In: *Neuphilologische Mitteilungen* 77, 9-24.

Thieroff, Rolf (2010): Mood in German. In: Rothstein, B., Thieroff, R. (Hrsg.) *Mood in der Language of Europe.* Amsterdam / Philadelphia: John Benjamins, 133-154.

Thorne, J. P. (1966): English imperative sentences. In: *Journal of Linguistics* 2, 69-78.

Thurmair, Maria (1989): *Modalpartikeln und ihre Kombinationen.* Tübingen: Niemeyer.

Tiittula, Liisa (1993): *Metadiskurs. Explizite Strukturierungsmittel im mündlichen Diskurs.* Hamburg: Buske.

Truckenbrodt, Hubert (2013): Selbständige Verb-Letzt-Sätze. In: Meibauer (2013), 232-

246.

*Ukaji, Masatomo (1978): *Imperative Sentences in Early Modern Englisch*. Tokyo: Kaitakusha.

*Ulvestad, Bjarne (1985): Die kanonischen deutschen Adhortative im Auslandsdeutschunterricht. In: Stötzel, G. (Hrsg), *Germanistik, Forschungsstand und Perspektiven. 1. Teil, Germanistische Sprachwissenschaft, Didaktik der Deutschen Sprache und Literatur.* Berlin / New York: de Gruyter, 518-534.

Wackernagel-Jolles, Barbara S. (1973): „Nee also, Mensch, weißt du ...“ Zur Funktion der Gliederungssignale in der gesprochenen Sprache. In: Wackernagel-Jolles (Hrsg.) *Aspekte der gesprochenen Sprache. Deskriptions- und Quantifizierungsprobleme.* Göppingen: Alfred Kümmerle, 159-181.

*Wahl, Sabine (2011): Entdecken Sie...! Die Geschichte des Imperativs in der deutschen, englischen und spanischen Werbung. In: Steinmann, C. (Hrsg.): *Evolution der Informationsgesellschaft,* Wiesbaden: Springer Fachmedien, 25-50.

Waltereit, Richard (2002): Imperatives, interruption in conversation, and the rise of discourse makers: A study of Italian *guarda*. In: *Linguistics* 40, 987-1010.

Wegener, Heide (1985): *Der Dativ im heutigen Deutsch.* Tübingen: Narr.

Weinhold, Karl (1883²): *Mittelhochdeutsche Grammatik.* Paderborn: Ferdinand Schöningh.

Weinrich, Harald (1993): *Textgrammatik der deutschen Sprache.* Mannheim: Dudenverlag.

Welke, Klaus (1965): *Untersuchungen zum System der Modalverben in der deutschen Sprache der Gegenwart.* Berlin: Akademie Verlag.

Welke, Klaus (1971): Dienen Modalverben der Umschreibung des Konjunktivs? In: *Probleme der Sprachwissenschaft,* The Hague / Paris: Mounton, 298-304.

Werner, Angelika (2001): *Modalpartikeln im Japanischen. Ein Vergleich mit deutschen Modalpartikeln.* Siegen: Universitätsverlag Siegen.

*Weuster, Edith (1983): Nicht-eingebettete Satztypen mit Verb-Endstellung im Deutschen. In: Weuster, E. / Olszok, K. *Zur Wortstellungsproblematik im Deutschen.* Tübingen: Narr, 7-87.

Weydt, Harald (1969): *Abtönungspartikel. Die deutsche Modalwörter und ihrer französichen Entsprechungen.* Bad Homberg: Gehlen.

Wichter, Sigurd (1978): *Probleme des Modusbegriffs im Deutschen.* Tübingen: Narr.

Wilmanns, Wilhelm (1906): *Deutsche Grammatik. Gotisch, Alt-, Mittel- und Neuhochdeutsch. 3. Abteilung: Flexion.* Strassburg: Verlag von Karl J. Trübner.

*Wilson, Deirde / Sperber Dan (1988): Mood and the Analysis of Non-declarative Sentences. In: Dancy, J., Moravcsik, J. M. E. and Taylor, C. C. W. (ed.) *Human Agency. Language, Duty and Value.* Stanford: Stanford University Press, 77-101.

*Windfuhr, Gernot (1967): Strukturelle Verschiebung: Konjunktiv Präsens und

Imperativ im heutigen Deutsch. In: *Linguistics* 3, 84-99.

**Winkler, Eberhard (1989): *Der Satzmodus >Imperativsatz< im Deutschen und Finnischen.* Tübingen: Niemeyer.

Wratil, Melani (2000): Die Syntax des Imperativs. In: *Linguistische Berichte* 181, 71-118.

*Wratil, Melani (2005): *Die Syntax des Imperativs. Eine strukturelle Analyse zum Westgermanischen und Romanischen.* Berlin: Akademie Verlag.

*Wratil, Melani (2013): Imperativsatz. In: Meibauer J., Steinbach, M., Altmann, H. (Hrsg.): *Satztypen des Deutschen.* Berlin / Boston: de Gruyter, 120-145.

Wratil, Melani (2015): On the licensing and recovering of imperative subjects. In: http://www.hum2.leidenuniv.nl/pdf/lucl/sole/console11/console11-wratil.pdf.

Wunderli, Peter (1976): *Modus und Tempus. Beiträge zur synchronischen und diachronischen Morphosyntax der romanischen Sprachen.* Tübingen: Narr.

Wunderlich, Dieter (1976): *Studien zur Sprechakttheorie.* Frankfurt am Main: Suhrkamp.

Wunderlich, Dieter (1981): Modalverben im Diskurs und im System. In: Rosengren, I. (Hrsg.) *Sprache und Pragmatik.* Lund: CWK Gleerup, 11-53.

*Wunderlich, Dieter (1984): Was sind Aufforderungssätze? In: Stickel, G. (Hrsg.): *Pragmatik in der Grammatik: Jahrbuch 1983 des Instituts für deutsche Sprache.* Düsseldorf: Schwann, 92-117.

Wunderlich, Hermann (1894): *Unsere Umgangsprache in der Eigenart ihrer Satzfügung.* Weimar und Berlin: Verlag von Emil Felber.

Wunderlich, Hermann (1901[2]): *Der deutsche Satzbau. Erster Band.* Stuttgart: J. G. Gotta'sche Buchhandlung Nachfolger.

*Wurff, Wim van der. (ed.) (2007): *Imperative Clauses in Generative Grammar. Studies in honour of Frits Beukema.* Amsterdam / Philadelphia: John Benjamins.

*Xrakovskij Victor S. (ed.) (2001): *Typology of Imperative Constructions.* München: Lincom Europa.

*Zhang, Shi (1990): *The Status of Imperatives in Theories of Grammar.* Ph. D. dissertation, University of Arizona.

Zifonun, Gisela / Hoffmann, Ludger / Stecker, Bruno et al. (1997): *Grammatik der deutschen Sprache.* Berlin / New York: de Gruyter.

朝倉純孝 (2000[3]):『オランダ語文典』大学書林。
荒川清秀 (2015):『動詞を中心にした中国語文法論集』白帝社。
荒木一雄・安井稔 編 (1992):『現代英文法辞典』三省堂。
有田　潤 (1997):『ドイツ語学講座 VI』南江堂。
千種眞一 (1989):『ゴート語の聖書』大学書林。
千種眞一 編著 (1997):『ゴート語辞典』大学書林。

藤代幸一・岡田公夫・工藤康弘 (1983)：『ハンス・ザックス作品集』大学書林。

藤代幸一・檜枝陽一郎・山口春樹 (1987)：『中世低地ドイツ語』大学書林。

*藤縄康弘 (2000)：「現代ドイツ語における文のムード ―要求文と願望文を中心に―」『愛媛大学法文学部論集』人文学科編 第9号 231-267 ページ。

藤縄康弘 (2002)：「コーパスによる不定詞付き対格構文分析 ― lassen の下における事例を対象に」井口靖編『コーパスによる構文分析の可能性』（日本独文学会研究叢書 009 号）60-75 ページ。

藤縄康弘 (2013)：「自由な与格」岡本順治・吉田光演編『講座ドイツ言語学第1巻 ドイツ語の文法論』ひつじ書房 所収 145-167 ページ。

福元圭太・嶋﨑啓 (2012)：『ドイツ語 不定詞・分詞』大学書林。

浜崎長寿 (1986)：『中高ドイツ語の分類 語彙と変化表』大学書林。

浜崎長寿・野入逸彦・八本木薫 (2008)：『動詞』大学書林。

橋本文夫 (1978)：『詳解ドイツ大文法』三修社。

保阪靖人 (2001)：「ドイツ語統論論の展開」吉田光演他共著『現代ドイツ言語学入門』大修館書店 所収 25-60 ページ。

石川光庸 訳・著 (2002)：『古ザクセン語 ヘーリアント（救世主）』大学書林。

今井邦彦・中島平三 (1978)：『現代の英文法 文（Ⅱ）』第5巻 研究社。

今井邦彦 (2009)：『語用論への招待』大修館書店。

井出万秀 (1993)：「動詞 lassen の用法に関する考察（4）―「受動体系」の中での lassen ―」『信州大学教養部紀要』第27号 143-152 ページ。

板山眞由美 (1985)：「Modalverb „müssen" の意味分析」『ドイツ文学』（日本独文学会編）第74号 特集：話法性、特に話法の助動詞をめぐって、54-63 ページ。

井口 靖 (1985)：「文献解題：現代ドイツ語の話法の助動詞」『ドイツ文学』（日本独文学会編）第74号 100-107 ページ。

井口 靖 (2000)：『副詞』大学書林。

岩崎英二郎 (1986)：「独和辞典と心態詞」『エネルゲイア』（ドイツ文法理論研究会）第12号 34-39 ページ。

岩崎英二郎 編 (1998)：『ドイツ語副詞辞典』白水社。

岩崎英二郎 (1999)：「„So komm doch endlich!" ―副詞 so に導入される要求文―」『獨協大学 ドイツ学研究』第42号 1-21 ページ。

岩崎英二郎 (2000)：「ゲーテ時代の心態詞」『ゲーテ年鑑』（日本ゲーテ協会編）第42巻 25-46 ページ。

岩崎英二郎 (2003)：「要求文に用いられる心態詞 nur」『慶応義塾大学独文学研究室年報』第20号 41-72 ページ。

門脇恵里香・田中江扶 (2015)：「日英語の条件命令文 ― 'Say that again, and I'll beat you' が「もう言うな」という意味になるのはなぜか―」『信州大学教育学部研究論集』第8号 51-60 ページ。

梶間 博 (1997)：「LASSEN による要求表現」『北九州大学文学部紀要』第55号 7-20 ページ。

苅部恒徳 (1999)：「親称の "Thou" と敬称の "You" ─英語における 2 人称代名詞の
　　歴史について」『新潟大学英文学会誌』第 28 号 1-15 ページ。

川島淳夫 (編集主幹) (1994)：『ドイツ言語学辞典』紀伊國屋書店。

神田靖子 (2002)：「ドイツ語心態詞ＭＰから見えてくるもの」『日本語学』(明治書
　　院) 第 21 巻 7 号 59-73 ページ。

小泉　保 (1983)：『フィンランド語文法読本』大学書林。

小坂光一 (1992)：『応用言語科学としての日独語対照研究』同学社。

近藤健二・藤原保明 (1993)：『古英語の初歩』英潮社。

幸田　薫 (1985)：「心態詞 doch と日本語の対応表現」『東京学芸大学紀要』第 2 部
　　門 人文科学 第 36 集 123-132 ページ。

黒田　享 (1998)：「Lassen ─ 構文の構造の歴史的変遷」『言語文化論集』(筑波大学)
　　第 46 号 203-213 ページ。

古賀允洋 (1979)：『演習　中高ドイツ語文法』大学書林。

工藤康弘・藤代幸一 (1992)：『初期新高ドイツ語』大学書林。

工藤康弘 (1985, 1986)：「ルター聖書における接続法の統語論的考察 (Ⅰ)、(Ⅱ)」『山
　　口大學　文學會志』第 36 号、37 号 85-106、37-50 ページ。

工藤康弘 (2018)：『初期新高ドイツ語小辞典』大学書林。

久野　暲・高見健一 (2017)：『謎解きの英文法　動詞』くろしお出版。

前島儀一郎 (1952)：『英独比較文法』大学書林。

真鍋良一 (1958)：『話法の助動詞の用法』三修社。

真鍋良一 (1979)：「保有描写の mit と付帯描写の mit (付. 反発の mit)」真鍋良一編
　　『ドイツ語研究』三修社 第 1 号 5-14 ページ。

三瓶裕文 (1999)：書評「岩崎英二郎編『ドイツ語副詞辞典』について」 Brunnen
　　399 号 郁文堂 9-12 ページ。

水鳥喜喬・米倉　綽 (1997)：『中英語の初歩』英潮社。

中川裕之 (2009)：「命令表現の日独語対照研究」『言語文化研究』(大阪大学大学院言
　　語文化研究科) 第 35 号 199-219 ページ。

中島耕太郎 (1988)：「現代ドイツ語における＜関心の与格＞」『藝文研究』(慶應義塾
　　大学藝文学会) 第 52 号 101-116 ページ。

中島　伸 (2000)：「命令法 (Imperativ) と間接引用文　─助動詞 sollen, mögen, müssen
　　の扱い」『報告』(日本大学大学院独文学研究会) 第 29 号 45-61 ページ。

長友雅美 (1988)：「ドイツ語における敬語諸形式の働き　呼称形式の歴史的変遷に
　　ついて」『京都ドイツ語学研究会会報』第 2 号 23-52 ページ。

野入逸彦 (1985)：Modus に関する若干の問題『ドイツ文学』(日本独文学会) 第 74
　　号 11-19 ページ。

荻野蔵平・齋藤治之 編著 (2005)：『ドイツ語史小辞典』同学社。

荻野蔵平・齋藤治之 (2015)：『歴史言語学とドイツ語史』同学社。

荻野蔵平 (2016)：「19 世紀におけるドイツ語呼称代名詞の用法について　─ゲオル
　　ク・ビューヒナーの戯曲『ヴォイツェク』を手がかりにして─」『熊本大学文学

部論叢』第 107 号 23-35 ページ。

岡村三郎 (1994)：「ドイツ語の呼称代名詞 (Anredepronomen) ―今日のドイツ語を中心に―」千石喬・川島淳夫・新田春夫編『ドイツ語学研究 2』クロノス 421-443 ページ。

相良守峯 (1990)：『ドイツ語学概論』博友社。

桜井和市 (1986)：『改訂ドイツ広文典』第三書房。

佐藤清昭 (2005)：「関口存男における前置詞 mit」『浜松医科大学紀要』一般教育 第 19 号 25-47 ページ。

島岡 茂 (1999)：『フランス語統辞論』大学書林。

関口存男 (1964[10])：『新ドイツ語文法教程』三省堂。

関口存男 (1972)：『冠詞』第 2 巻「不定冠詞篇」三修社。

*関口存男 (2000a)：『接続法の詳細』『関口存男著作集』ドイツ語学篇 1 三修社。

関口存男 (2000b)：『ドイツ語前置詞の研究』『関口存男著作集』ドイツ語学篇 4 三修社。

関口存男 (2018)：「高級文法 *Mit deinen Possen!*」『関口存男著作集』別巻 ドイツ語論集 所収 三修社 225-231 ページ。

関口存男：文例集 50「命令形 Imperativ」145 ページ。

千石 喬 (2007)：[話] 法助動詞 6 個の命題内用法。[2007 年講義メモ]

城岡啓二 (1983)：「意志動詞と無意志動詞の対立」『Der Keim』(東京外国語大学大学院ドイツ語学文学研究会) 第 7 号 56-70 ページ。

新保雅浩 訳著 (1993)：『古高ドイツ語 オトフリートの福音書』大学書林。

鈴木繁幸 (2009)：「英文広告における命令文の一研究」『英語英文研究』(東京家政大学人文学部) 第 15 号 39-48 ページ。

鈴木康志 (2005)：『体験話法 ドイツ文解釈のために』大学書林。

鈴木康志 (2007)：「ドイツ語命令・要求表現のさまざまな形態について ―『ブデンブローク家の人々』を例として―」『言語と文化』(愛知大学語学教育研究室) 第 17 号 49-71 ページ。

鈴木康志 (2008a)：「ドイツ語命令・要求表現における心態詞について」『言語と文化』(愛知大学語学教育研究室) 第 18 号 85-110 ページ。

鈴木康志 (2008b)：「方向規定と mit + (代) 名詞による命令・要求表現」『愛知大学文学論叢』(愛知大学文学会) 第 137 号 153-170 ページ。

鈴木康志 (2008c)：「ドイツ語話法の助動詞による命令・要求表現」『言語と文化』(愛知大学語学教育研究室) 第 19 号 1-20 ページ。

鈴木康志 (2010)：「lassen による命令・要求表現」『言語と文化』(愛知大学語学教育研究室) 第 23 号 17-33 ページ。

鈴木康志 (2012)：「Imperativ (命令形) をつくらない動詞について」『言語と文化』(愛知大学語学教育研究室) 第 27 号 25-38 ページ。

鈴木康志 (2016a)：「要求を表さない命令文 ―交話的 (phatisch) な用法を中心に―」『言語と文化』(愛知大学語学教育研究室) 第 35 号 1-15 ページ。

鈴木康志(2016b):「命令文の主語について ―不定代名詞を主語とする命令文を中心に」『ドイツ文学研究』(日本独文学会東海支部) 第 48 号 75-92 ページ。

鈴木康志(2017a):「ドイツ語の条件的命令文について」『言語と文化』(愛知大学語学教育研究室) 第 36 号 29-44 ページ。

鈴木康志(2017b):「過去分詞による要求表現について」『Sprachwissenschaft Kyoto』(京都ドイツ語学研究会) 第 16 号 1-12 ページ。

鈴木康志(2017c):「ドイツ語命令形の形態について ―2人称単数のe付き、eなしの問題を中心に―」『一般教育論集』(愛知大学一般教育研究室) 第 53 号 31-43 ページ。

鈴木康志(2017d):「ドイツ語における勧誘表現について」『言語と文化』(愛知大学語学教育研究室) 第 37 号 61-76 ページ。

鈴木康志(2017e):「敬称の命令・要求表現の歴史的変遷について ―中高ドイツ語から新高ドイツ語まで―」『ドイツ文学研究』(日本独文学会東海支部) 第 49 号 73-86 ページ。

鈴木康志(2018a):「3人称に対する要求・願望表現について ―接続法Ⅰ式の用法を中心に―」『言語と文化』(愛知大学語学教育研究室) 第 39 号 37-54 ページ。

鈴木康志(2018b):「中高ドイツ語における命令・要求表現について ―『ニーベルンゲンの歌』を中心に―」『一般教育論集』(愛知大学一般教育研究室) 第 55 号 45-58 ページ。

鈴木康志(2018c):「Satzname(文約名)について ―名詞化された命令文を中心に―」『ドイツ文学研究』(日本独文学会東海支部) 第 50 号 81-83 ページ。

鈴木康志(2019a):「古高ドイツ語における命令・要求表現について ―オトフリートの『福音書』(9 世紀)を中心に―」『言語と文化』(愛知大学語学教育研究室) 第 40 号 29-44 ページ。

鈴木康志(2019b):「西ゲルマン語(英語・オランダ語・ドイツ)における命令形の屈折形態について」『ドイツ文学研究』(日本独文学会東海支部) 第 51 号 133-137 ページ。

鈴木康志(2020a):「現代ドイツ語に埋め込まれた命令文は可能か?」『Sprachwissenschaft Kyoto』(京都ドイツ語学研究会) 第 19 号 13-23 ページ。

鈴木康志(2020b):「広告における命令文」『ドイツ文学研究』(日本独文学会東海支部) 第 52 号 103-107 ページ。

鈴木康志(2021):「親称の duzen と敬称の ihrzen, siezen の使い分けと訳し分け ―命令文の場合を中心に―」『ドイツ文学研究』(日本独文学会東海支部) 第 53 号 43-47 ページ。

高田博行(2004):「ドイツ語辞典における心態詞の記述史―伝統のなかの改新」河崎靖他編『ドイツ語学の諸相』西本美彦先生退官記念論文集 郁文堂 所収 141-155 ページ。

高田博行(2011):「敬称の笛に踊らされる熊たち 18 世紀のドイツ語呼称代名詞」高田・椎名・小野寺(編著)『歴史語用論入門』大修館書店 143-162 ページ。

高田博行 (2013):「「正しい」ドイツ語の探求 (17 世紀) 文法家と標準文章語の形成」高田博行・新田春夫編『講座ドイツ言語学　第 2 巻　ドイツ語の歴史論』所収 199-223 ページ。

高橋輝和 (1994):『古期ドイツ語文法』大学書林。

高橋輝和 編訳 (2003):『古期ドイツ語作品集成』渓水社。

高橋輝和 (2015):『ドイツ語の様相助動詞』ひつじ書房。

高橋英光 (1989):「命令文と話者の認識的立場」『北海道大学文学部紀要』第 38 号 47-61 ページ。

高橋英光 (1991):「"Imperative or Declarative" 構文」『北海道大学文学部紀要』第 40 号 181-205 ページ。

高橋英光 (1994):「命令文と「命令性」」『北海道大学文学部紀要』第 43 号 113-125 ページ。

高橋英光 (1999):「英語の命令文と動詞形　―機能主義から認知言語学へ」『英語学と現代の言語理論』葛西清蔵編著 北海道大学図書館刊行会 所収 203-214 ページ。

高橋英光 (2004):「命令文の日英比較」JELS (日本英語学会) 21 号 179-188 ページ。

*高橋英光 (2017):『英語の命令文　神話と現実』くろしお出版。

戸沢　明 (1968):「Wollte Gott　―願望文と神の意志」『人文学報』(東京都立大学) 第 65 号 1-22 ページ。

*常木　実 (1996[13]):『接続法　その理論と応用』増訂版 郁文堂。

常木　実 (1974):「接続法は現代ドイツ語において果たして後退しつつあるか？」『外国語科研究紀要』(東京大学教養学部外国語科編) 第 22 巻 第 1 号 67-92 ページ。

寺澤　盾 (2008):『英語の歴史　過去から未来への物語』中公新書。

田中春美 編集主幹 (1988):『現代言語学辞典』成美堂。

*吉田光演 (1987):「命令文と要求行為をめぐって」『独文研究室報』(金沢大学文学部独文研究室編) 第 4 号 21-42 ページ。

吉田光演 (2008):「Satzstruktur と Satzmodus　―構造と意味のインターフェースをめぐって」2008. 6. 14. 日本独文学会 (立教大学)、シンポジウム 3。

山口和洋 (1998):「Imperativ の形式を欠く動詞語彙」「Lynkeus」(日本大学文理学部独文研究室桜門ドイツ文学会) 第 31 号 91-96 ページ。

湯淺英男 (2008):「間接話法、あるいは接続法 1 式の機能について」『ドイツ文学論集』(神戸大学ドイツ文学論集刊行会) 第 37 号 35-55 ページ。

湯淺英男 (2009):「接続法第一式の「要請」と「認容」の用法について　―非存在な命題内容とモダリティとの関わり―」『ドイツ文学論集』(神戸大学ドイツ文学論集刊行会) 第 38 号 1-34 ページ。

事項の索引

（f. = 次ページまで、ff. = 2ページ以上にわたって）

著者紹介

鈴木　康志 ［すずき・やすし］ 愛知大学文学部教授 （ドイツ語学）

目録進呈　落丁本・乱丁本はお取替えいたします。

令和3年11月30日　　　Ⓒ第1版発行

著　者	鈴　木　康　志
発　行　者	佐　藤　歩　武

発　行　所

株式会社 **大 学 書 林**

東京都文京区小石川4丁目7番4号
振替口座　　00120-8-43740
電話　(03)3812-6281〜3番
郵便番号　112-0002

ISBN978-4-475-00928-7　　　ロガータ・横山印刷・常川製本

大学書林
語学参考書

― 目録進呈 ―